21 世纪高等学校物流管理与物流工程规划教材

互联网环境下的城市物流配送

汪晓霞　编著

扫描二维码，安装加阅 App，
可在线学习更多相关拓展内容

清　华　大　学　出　版　社
北京交通大学出版社
·北京·

内 容 简 介

本书以现代物流思想和供应链理论为基础，借鉴欧盟最佳城市货运解决方案"BESTUFS"项目近十年的经验，结合国内外典型城市物流配送实例，介绍城市物流配送的概念、需求与供给、信息平台及电子商务环境下的城市物流配送，分析城市物流配送的发展环境。本书的主要特色在于理论与实例相结合，研究性与应用性并重。

本书可作为高等学校物流专业本科生或研究生的专业理论教材，也可作为城市物流研究或咨询部门、物流管理部门、物流企业工作人员的参考用书。

图书在版编目（CIP）数据

互联网环境下的城市物流配送 / 汪晓霞编著. —北京：北京交通大学出版社：清华大学出版社，2018.8

21世纪高等学校物流管理与物流工程规划教材

ISBN 978 - 7 - 5121 - 3702 - 8

Ⅰ.① 互…　Ⅱ.① 汪…　Ⅲ.① 互联网络-应用-城市-物资配送-高等学校-教材　Ⅳ.① F252

中国版本图书馆 CIP 数据核字（2018）第 198614 号

互联网环境下的城市物流配送
HULIANWANG HUANJING XIA DE CHENGSHI WULIU PEISONG

责任编辑：许啸东

出版发行：清 华 大 学 出 版 社　　邮编：100084　　电话：010－62776969　　http://www.tup.com.cn
　　　　　北京交通大学出版社　　邮编：100044　　电话：010－51686414　　http://www.bjtup.com.cn
印 刷 者：北京时代华都印刷有限公司
经　　销：全国新华书店
开　　本：185 mm×260 mm　　印张：16.50　　字数：412 千字
版　　次：2018 年 8 月第 1 版　　2018 年 8 月第 1 次印刷
书　　号：ISBN 978 - 7 - 5121 - 3702 - 8/F · 1809
印　　数：1～3 000 册　　定价：46.00 元

前　言

随着全球经济一体化趋势和市场竞争的日益加剧,现代物流技术在世界范围得到了广泛的应用和发展。人们已经认识到,包含城市货运交通在内的,涵盖了产品生产、流通和消费过程诸环节的城市物流系统已成为城市经济在高起点上持续发展的重要基础。货运交通不仅与物流产业息息相关,还与城市国民经济其他各产业有着密切的关联,是有效实现社会再生产、提高国民经济运行质量和效率、提高城市经济综合实力和竞争力的重要基础。货运交通的发展水平已成为一个城市或地区综合经济实力的重要标志。欧洲、日本等发达国家和地区的城市货运交通发展过程表明:适时地制定和完善与城市货运交通相关的、不同层次的政策,不仅有利于改善和优化城市交通,还能保障和推动区域物流及经济的快速健康发展。

随着我国城市化进程的加快,城市规模的不断扩大,城市居民居住日益分散,城市城区之间、城乡之间及城际之间的货物配送需求快速增长。

本书突出物流配送的地域环境约束,探讨在交通拥堵背景下城市物流配送的有关理论框架、方法体系及技术手段。

北京交通大学是教育部直属的全国重点大学,是全国首批博士、硕士学位授予高校,是首批进入国家"211工程"建设高校和"985工程""优势学科创新平台"项目重点建设高校,是全国具有研究生院的56所高校之一。北京交通大学物流学科是国内物流领域的著名学科,物流管理本科专业被评为教育部特色本科建设专业,第一个获得"物资流通工程"硕士学位授予权;第一个获得"物资流通工程"博士学位授予权;第一批获得"管理科学与工程"博士学位物流管理授予权。

本书具有如下特色。

第一,创新性。由于城市物流配送以城市为背景,其服务对象、服务需求、服务供给等较传统物流均存在较大差异。本书在继承基础上创新知识体系,在阐明"城市物流配送"概念的基础上,对城市物流配送的需求与供给、信息平台及电子商务、城市物流配送发展环境等内容进行了系统论述。

第二,活泼性。全书各章采用了便于读者阅读和自学的体例。给出知识要求、技能要求,有助于读者明确学习目标及应用方向;导入案例启发思考,配合练习题、批判性思考(案例)等内容,有助于读者总结和延伸思考;在正文穿插小案例、小贴士等,以便活跃思维同时拓展知识点。

本书运用系统的观点从城市物流配送的需求和供给出发,探讨城市物流配送过程中的信息技术及环境建设,初步明确了城市物流配送管理的研究范畴,建立了城市物流配送管理的理论方法架构。全书共分为6章,第1章"导论",阐述城市物流配送的产生背景和意义,发展环境及其发展现状和趋势。第2章"城市物流配送概述",阐述城市物流配送的发展背景及其相关概念。第3章"城市物流配送需求",介绍城市物流配送需求的影响因素、需求主体、需求预测等方面的内容。第4章"城市物流配送供给",论述城市物流配送供给框架、城市物流配送供给方、城市物流配送供给分析。第 5 章"城市物流配送信息技术及平台"，概括总结了与城市物流配送相关的自动识别技术、电子数据交换技术、全球卫星定位系统等信息技术，并对物流公共信息平台的定义与类型、城市物流公共信息平台的设计进行了初步介绍。第 6 章"电子商务与城市物流配送"，阐述电子商务环境下的城市物流配送及电子商务最后一站解决方案。

感谢北京交通大学教材出版基金的资助，感谢北京交通大学出版社许啸东编辑、吴嫦娥编辑及其同事的辛勤细致的工作。

感谢国家自然科学基金青年科学基金项目《基于行为分析的城市物流服务能力时空优化配置研究》（项目批准号 71303018）资助。为了更好地满足教师教学需要，本教材提供配套的电子课件，以及丰富的案例。

在本书的编写过程中，大量参考、吸收运用了国内外众多学者的研究成果，主要参考文献列于书后，如有遗漏，敬请原谅。在此，谨向本书引用、参考过的所有文献的作者致以衷心的谢意。

由于城市物流配送正在不断加速发展，加上本人水平有限，书中难免有疏漏及不足之处，敬请读者批评指正。

汪晓霞

2018 年 3 月于北京

学 习 辅 导

本书在借鉴国外发达国家有关城市物流配送先进经验的基础上,分析我国城市物流配送的实际案例,构建分析城市物流配送的理论框架,为我国城市物流配送发展提供具有可操作性的理论方法。具体表现为以下几方面。

第一,本书从城市物流配送的基本概念入手,介绍城市物流配送的相关概念、内涵、产生机理及特点,借鉴欧盟 2000 年兴起的最佳城市货运解决方案(BESTUFS)项目的经验,探讨推动中国城市物流配送跨越式发展的理论方法,总结现代城市物流配送的发展规律。

第二,需求是城市物流配送发展的原动力。当前电子商务与连锁经营的发展极大地拉动了城市物流配送的需求。本书重点分析了电子商务与城市物流配送的关系,以促进两者共同协调发展。

第三,只有良好的城市物流供给保障才能促进城市物流配送更好、更快的发展。在市场经济环境下,相关企业是开展城市物流配送的主要力量。本书介绍城市配送供给企业的类型及特点,以及其运用的现代物流管理技术,旨在大力发展共同配送,提高城市物流配送的专业化水平。

第四,城市物流配送的发展离不开外界环境。本书分析了影响城市物流配送的自然、人口、社会文化、经济政策等环境,并介绍了城市物流配送政府干预的有关内容,旨在优化、协调物流监管机构的职能,为我国城市物流配送创造更好的发展环境。

本书分为 6 章。第 1 章为"导论",阐述城市物流配送的产生背景和意义及其发展环境,总结国内外城市物流配送的现状及发展趋势,并辅以典型城市物流配送的发展进行介绍,从而阐明城市物流配送的理论基础。

第 2 章为"城市物流配送概述",阐述城市物流配送的发展背景及其相关概念,具体介绍了城市物流配送的内涵及体系,概要介绍了城市物流配送体系的优化理论与方法。

第 3 章为"城市物流配送需求",包括城市物流配送需求概述、城市物流配送需求对供给的影响、城市物流配送的需求主体,并介绍了相关的物流配送需求预测的理论和方法。

第 4 章为"城市物流配送供给",本章在介绍城市物流配送供给特性及分析其影响因素的基础上,也介绍了:① 城市物流配送供给基础设施,包括城市物流配送的节点、通道两方面;② 城市物流配送供给方的类型及其目标;③ 城市物流配送供给能力,分为社会供给能力与企业供给能力。

第 5 章为"城市物流配送信息技术及平台",概括总结了与城市物流配送相关的信息技术,并对物流公共信息平台的定义与类型、城市物流公共信息平台的设计进行了初步介绍。

第 6 章为"电子商务与城市物流配送",主要包括电子商务与城市物流配送概述,电子商务环境下的城市物流配送服务框架及特征,并区分企业主导、政府主导及客户主导三种配送模式通过相关实例对电子商务的最后一站解决方案进行介绍。

目　　录

第1章

导 论

【引言】

城市物流配送是指为城市服务的物流，它服务于城市经济发展的需要。相对于以区域物流、国际物流为主要内容的宏观物流和以企业物流为主要内容的微观物流而言，城市物流属于在宏观物流和微观物流之间起衔接作用的中观物流。随着我国城镇化进程的不断加快，城市物流配送对商品的高效集散作用日益显现，对城市经济发展的重要影响更不容忽视。加快我国城市物流配送的发展有助于更好地适应城市需求，同时促进社会资源的节约与合理利用，并促进城市经济的发展。

本章目的是了解城市物流配送产生的背景、发展环境、现状及城市物流配送的发展趋势，明确城市物流配送研究的基础理论。

【知识要求】

➤ 了解城市物流配送的产生背景及发展历程；

➤ 理解城市物流配送的环境构成；

➤ 理解物流配送管理体制对城市物流配送发展的影响；

➤ 了解国外城市物流配送的发展现状，以及重点理解国内城市物流配送的发展现状；

➤ 掌握城市物流配送的基础理论；

➤ 了解城市物流配送的发展趋势。

【技能要求】

➤ 能够分析不同城市的物流配送所处的外部环境；

➤ 运用所学知识对城市物流配送监管体制进行分析；

➤ 了解城市物流配送对城市环境的影响；

➤ 运用相关物流基础理论分析城市物流配送的发展趋势；

➤ 分析社区配送、共同配送的优劣势。

导入案例 ●●●●

多点——网上好超市

多点（Dmall）成立于 2015 年 3 月，是一家线上线下一体化全渠道运营新零售平台，品类覆盖生鲜、日用百货等日常消费品，依托与本地大型传统商超的深度合作，提供高品质、低价格、2 小时送达服务。2017 年 3 月，多点复制在北京的成功模式，启动"多点＋"战略，成立华东线上运营中心。随着互联网技术的发展，多点从技术、商品、库存、仓储、会员、营销等方面对传统零售进行升级。

　　资料来源：http://www.dmall.com/index.html.

1.1   城市物流配送的产生背景

　　城市本质上是人类为满足自身生存和发展需要而创造的人工环境。① 城市物流环境的背后是人类社会的存在，而人类的需要又是人创造城市的动力之源。可以说，城市的产生和发展都来自于人的生命力量，来自于人的需要和欲望。人一旦失去了需要和欲望，人类社会就会停滞，城市的发展也就无从谈起。城市物流配送就是在满足人类日益丰富的需求与永不停止的追求中产生的，并且城市物流配送随着城市的发展将有着不可阻挡的发展前景。

1.1.1   城市物流配送的发展历程

　　城市物流配送作为物流的衍生，是在物流的基础上发展起来的。自从人类社会有了商品交换，就有了物流活动。而将物流作为一门科学，从系统的角度和观点来研究则始于 20 世纪初。

　　1905 年，Chauncey B. Baker 写道："与战术部门相关的军备流通和供应称之为物流。"其最早从军事后勤的角度提出 "logistics" 物流概念。1918 年，英国犹尼利弗的哈姆勋爵成立了"即时送货股份有限公司"，旨在全国范围内把商品及时送达到批发商、零售商和用户手中。1921 年，Arch W. Shaw 从市场分销（market distribution）的角度提出传统物流（physical distribution），并在《市场流通中的若干问题》（*Some Problem in Market Distribution*）一书中指出"物流是与创造需求不同的概念，物质经过时间和空间的转移会产生附加价值"。1935 年，美国销售协会（American Marketing Association）最早定义了传统物流（physical distribution）："传统物流是包含于销售之中的物质资料和服务，以及从生产地到消费地流动过程中伴随的各种活动"。

　　第二次世界大战期间，由于前方战线变动很快，针对如何组织军需品的供给，各供应基地、中间基地、前线供应点的合理配置，如何确定最佳的运输路线以最大限度地减少浪费、降低军需开支，形成了一系列综合性的研究课题。美国军事后勤部门为此专门运用运筹学和电子计算机技术进行了科学研究，并首先采取了后勤管理（logistics management）这一名词，对军火的运输、补给、屯驻等进行了全面管理。从此，后勤逐渐形成了单独的学科，并不断发展为后勤工程（logistics engineering）、后勤管理（logistics management）和后勤分配（logistics of distribution），后勤管理的方法后来被引入到商业部门，被称为商业后勤

---

　　①　基于城市本质的认识对未来城市发展理念的思考，http://www.chinacity.org.cn/csfz/fzzl/64996.html. 现代经济：2011 年 01 月 11 日。

（business logistics）。

1961 年 Edward W. Smykay 和 Donald J. Bowersox 及 Frank H. Mossman 撰写了世界上第一本物流管理的教科书——《物流管理》，建立起了比较完整的物流管理学科。20 世纪 60 年代初期，密歇根州州立大学及俄亥俄州州立大学分别在大学部和研究生院开设了物流课程。

1963 年成立的美国物流管理协会（National Council of Physical Distribution Management），是世界上第一个物流专业组织。1986 年更名为美国物流管理协会（The Council of Logistics Management，CLM）。2005 年初正式更名为美国供应链管理专业协会（Council of Supply Chain Management Professionals，CSCMP）。logistics 与 physical distribution 的不同在于 logistics 已突破了商品流通的范围，把物流活动扩大到生产领域。物流已不仅仅从产品出厂开始，而是包括了从原材料采购、加工生产到产品销售、售后服务，直到废旧物品回收等整个物流性的流通过程。由于其目标是降低整个流通过程的费用，因此，必须考察和研究物流的全过程，即整个物流系统。研究物流系统内各个环节之间的相互关系，使原来处于潜隐状态的物流系统显现出来，并开始以物流系统为中心开展研究活动，从而形成了现代物流科学。

20 世纪 50 年代，物流进入日本，1964 年日本的"物流之父"平原直提出"物的流通"，简称"物流"。1965 年在政府文件中正式采用"物的流通"。1981 年日本综合研究所编著的《物流手册》认为"物流"是"物质资料从供给者向需要者的物理性移动，是创造时间性、场所性价值的经济活动"。而我国在 1979 年伴随着改革开放的发展，中国现代物流开始起步。

近代社会，随着城市化进程的加快和以公路、铁路为骨干的交通运输业的迅猛发展，一个覆盖范围广的宏观物流网络正在不断扩大和完善之中。综观 21 世纪的全球经济，呈现出以大型城市为经济发展核心的发展态势，城市区域成为全球经济发展最活跃的区域，并开始呈现出逐步主导世界经济的态势。城市在促进人类社会发展过程中变得越来越重要。

城市是商品的消费中心、集散中心。城市作为区域经济的中心，将人流、商流、物流、资金流等各种生产要素聚集在一起，这些生产要素的聚集是为了商品的扩散。因而，城市需要发达的城市物流配送系统保障城市社会经济生活的正常运转。城市的交通和信息发达、物流基础设施和设备相对齐全，是物流的高度密集区域。在这种大背景下，城市物流配送应运而生。

城市物流配送是一种比较特殊的物流，其属性为中观物流，是宏观物流与微观物流之间的通道，其功能涵盖全面，包含供应物流、生产物流、销售物流、回收物流、废弃物物流等。从城市物流配送与城市经济发展的角度来看，城市经济是城市物流配送存在的基础，决定着城市物流配送的需求结构及发展水平，并对城市物流配送能力具有推动效应；城市物流配送是城市经济的重要构成要素，是衔接生产、流通和消费的中间环节，在促进城市各种经济要素协调发展中扮演着重要角色，对城市生产力布局、生产方式转变和城市经济增长具有拉动效应。换言之，城市物流配送的发展水平及城市物流配送体系的完善程度对一个城市乃至整个区域的经济发展水平起着重要的作用。

大力发展城市物流配送有助于改进和提高城市经济运行质量，加速城市经济的发展，带动和刺激新的经济增长，完善城市现代化功能。目前，越来越多的城市意识到城市物流配送对城市经济发展的重要性，并将城市物流配送发展水平的高低作为衡量一个城市综合竞争力的重要指标。

然而，随着城市经济的发展，城市物流配送的需求量增加，物流基础设施的不断建设，货运车辆的急剧增加及高频少量配送方式的产生，也给城市发展带来诸多问题，如城市交通拥堵、交通事故频发、城市生态环境不断恶化、能源浪费严重、城市居民生活空间日益减小、生活成本日益增加等。可见城市物流配送是一把双刃剑，在促进经济增长和提高人民生活水平的同时，也对社会造成了诸多负面影响，即城市物流配送的外部不经济性。随着社会对环境问题的关注及人民对生活品质的追求，迫切需要解决城市物流配送带来的一系列问题，实现城市物流配送的可持续发展。

1.1.2　发展城市物流配送的意义

随着社会经济的发展，城市物流配送的内涵由简单到复杂，配送几乎包括了所有的物流功能要素，成为现代物流在经济合理区域范围内的一个缩影和全部活动的体现。面对当今企业零库存控制与快速反应的生产经营方式、城市交通拥堵情况日益严重、城市物流配送需求激增的背景下，发展城市物流配送具有非常深远的意义。

1）城市物流配送促进了城市经济的发展

城市经济的本质要求是聚集经济，核心是交换。如何减少交换距离、缩短交换时间、保障交换安全、降低交换费用，是城市经济高效集约发展必须研究和解决的问题。

现代物流从系统运作出发，通过对产品包装、运输工具、远程联运和仓储等方面的最优选择，为客户提供高效、经济、安全的服务。在一些发达国家和地区，物流产业已成为国民经济的支柱产业。随着我国社会主义市场经济体制的逐步建立，大市场、大商业、大流通格局的逐步形成，商品流通规模日益扩大，物流作为国民经济的基础产业和服务贸易的重要组成部分，对推动社会主义市场经济的发展起着重要作用。

城市物流配送作为物流系统的最后一站，提高其运转效率，有利于降低物流成本，从而促进城市经济的健康持续发展。

2）城市物流配送满足了城市居民的消费需求

城市物流配送与城市居民生活息息相关。城市物流配送的发展加快了新产品进入消费领域的速度，满足了消费者对新产品的消费需求。电子商务等新型商业业态的出现和居民消费习惯的改变，催生了新的现代服务业，使得生鲜食品、日用品等宅配服务需求越来越大。

3）城市物流配送改善了城市环境，促进城市可持续发展

合理配置城市物流配送节点可减少仓库、货场等相关设施在城市中的占地，从而节约城市土地资源；城市物流配送根据客户的要求合理进行配装，最大限度地利用车辆，科学地选择配送线路，将提高配送的工作效率、缩短配送时间、减少运输车辆使用数量，从而减轻配送车辆对城市道路造成的拥挤、降低对城市环境的噪声污染和汽车尾气排放污染，这在一定程度上也会改善城市环境，促进城市的可持续发展。

4）发展城市物流配送有利于扩大城市辐射功能，实现与周边区域的互动发展

城市物流配送的发展，能够把周边区域需要的及中心城市又具备供应能力的货物、商

品，快捷、经济、安全地发运到周边乃至更广的地区，也能够把城市需要的及周边地区能够提供的货物、商品运至城市，更好地实现经济和社会的互补互动发展。

5）城市物流配送的发展有利于促进物流设施和装备的技术进步

首先，城市物流配送促进物流信息处理技术的进步。由于城市物流配送具有频率高、批量小的显著特点，城市物流配送过程需要处理的信息量日益大幅增多，原始的手工处理信息的速度慢且容易出差错，已难以适应城市物流配送工作的要求，这对电子数据交换（electronic data interchange，EDI）、条码技术、射频识别技术（radio frequency identification，RFID）等物流相关信息处理技术的应用提出了更高、更广泛的要求。

其次，城市物流配送促进物流处理技术的进步。城市物流配送自身特性及人们对城市物流配送业务需求质量的变化，促使物流配送企业通过物流处理技术进步，提高城市物流配送速度，缩短物流配送时间，降低物流配送成本，减少物流配送损耗，提高物流配送服务质量。因此，城市物流配送业务的发展，必然伴随着自动化立体仓库、自动化分拣装置、无人搬运车、托盘化、集装箱化等现代化物流技术的广泛有效应用。

最后，城市物流配送推动城市物流规划技术的开发与应用。相对于日益拥堵的城市交通及狭窄的城市空间环境，城市物流配送的快速发展面临巨大的困难与挑战。配送中心的选址、配送车辆的配置、配送路线的合理选择、配送效益的经济核算等规划管理技术问题的科学解决，有助于城市物流配送的快速发展与城市物流配送服务水平的提高。

小案例

邮局"卖菜"，邮政转型

受互联网冲击，邮政网点客流量近年来正日益减少。网点密布的邮局，如今也在谋求跨界转型。南京邮局的部分网点就开始跨界"买菜"。南京邮政所属的中山陵网点相关负责人表示，"卖菜"其实是为响应政府供给侧结构性改革号召，结合南京邮政转型需求进行的综合考虑、资源整合结果。一方面，南京邮政整合五郊区特色农产品，利用邮政线上销售和线下配送资源优势，推进农产品返城销售。另一方面，发挥线下渠道优势，整合社会资源，尝试通过建设惠民超市的方式满足周边居民日常所需。超市里不少商品都是原产地直供，没有中间环节，价格比较实惠。

除了开"菜市场"，近年来各地不少邮局都根据实际情况进行了转型尝试。如去邮政网点缴电费、手机和固定电话费，为公交乘车卡充值，购买飞机票、火车票、船票等。

1.2　城市物流配送的发展环境

1.2.1　城市物流配送环境概述

城市物流配送作为派生需求，从系统的角度考虑，它不仅仅受到需求方和供给方的影响，还受到社会其他因素的制约，如城市所在地理环境，人口、社会文化环境，经济环境及政策环境。

达巴瓦拉：印度午餐的"联邦快递"，每天送20万份便当，准确率99.99%！

与中国同样属于人口大国的印度，在印度孟买有一支名为达巴瓦拉专业午餐快递队伍。达巴瓦拉的职责是专门为上班族速送由家人精心烹制的热腾腾的午饭，而这支拥有5 000多专业人员的队伍，已在孟买街头奔跑了120多年。孟买素有"印度的上海"之称，人口约2 500万，这座城市土地资源有限，市区房价堪称印度第一。因此，大量市民不得不选择房价比较便宜的市郊居住。人们往往依赖火车和公交车远距离通勤，为了去城区上班，许多人早晨七点就得动身，家中主妇还远远来不及为他们准备午餐。但是，孟买每天有数十万人中午能吃上由家人精心制作的热腾腾午餐，依靠的就是达巴瓦拉。5 000个左右的达巴瓦拉每天要运送20多万份餐，早上他们从家庭主妇那里拿过午饭。每天，达巴瓦拉对来自不同地点的午饭进行分类，然后对目的地进行再次分类，为每一份午饭做上一个带有字母和数字的编号。随后，午饭会被送上城铁，穿过孟买迷宫般复杂的街道，交到当地达巴瓦拉手里，用他们的腿跑完最后的运送路程。"达巴瓦拉"送饭每月只收一二百卢比（大约几美元），价格十分经济合算。

资料来源：http://www.sohu.com/a/116372163_481837.

1.2.1.1　城市物流配送的地理环境

城市物流配送的地理环境包括自然地理环境和城市规划空间结构两方面。不同的地理环境会对城市所在区域人们的生产、生活特点，以及该区域的发展水平、发展方向和城市化水平产生巨大的影响，进而影响城市物流配送的发展。

国家地理：超级城市巡礼

《国家地理：超级城市巡礼》是一部2009年在美国上映的纪录片。该片以创新的方式，带您一窥拉斯维加斯、墨西哥市、香港、伦敦、巴黎、圣保罗、孟买与纽约等超级城市，最足以表现这些城市生活与功能的基础建设。如孟买有全亚洲最古老的证券交易所，也有全世界规模最大的电影工业，是印度最大、最富裕、发展脚步最快的城市。大众运输系统是孟买的生命线。普通火车可乘载一千七百人，但这座超大城市的火车，却载了三倍多的人，从而导致每年有大约三千五百人死在铁轨上。到了2020年，孟买的人口会增加到两千八百万人左右，成为全世界人口最密集的城市。该片也会介绍孟买的午餐外送服务，富比士杂志给这套制度的评比是六颗星，即每运送一百万次，出错的次数不到一次。

1. 自然地理环境

自然地理环境是指城市所处的地理位置及与此相联系的各种自然条件的总和，包括气候、土地、河流、湖泊、山脉、矿藏及动植物资源等。不同地区城市的自然地理环境存在较大差异，从而对物流配送产生较大影响，如表1-1所示。

表1-1　不同自然地理环境对物流配送产生的影响

自然因素		影响原因	影响结果	举例
地形	平原	地势平坦，土地肥沃，水源充足，交通便利，建设成本低	经济发达，人口集中，大多数城市分布在平原地区	五大湖城市群，沪宁杭地区
	高原	热带地区的高原气候较为凉爽	热带地区城市分布在高原上	巴西圣保罗市
	山区	地表崎岖	城市沿河谷或山间盆地、开阔低地分布	汾河、渭河谷地，云贵高原
气候	气候适宜	适当的降水和气温，较为温暖湿润地区	农业发达，人口集中，城市多，规模大	中低纬度沿海地区
	气候恶劣	干旱、寒冷、过于湿热，不利于人口居住、经济发展	城市少，规模少	热带雨林区、热带沙漠区
河流	河运起点和终点	货物在此转运，促进人口集中、经济发展	易形成城市，一般规模较大	赣州、宜宾
	支流交汇处	人流、物流量大，常作为货物集散地		重庆、武汉
	河口	大量人流、物流在此集散，常与海运相连，交通位置更加重要		上海、广州
	河流弯曲处、河心岛	利用天然河面进行防卫	古代城市常分布于此	伯尔尼、巴黎

2. 城市规划空间结构

城市规划空间结构是城市要素在空间范围内的分布和连接状态，是城市经济结构、社会结构的空间投影，是城市社会经济存在和发展的空间形式。

城市空间结构一般体现为城市密度、城市布局和城市形态三种形式。

城市是由分属于经济、社会、生态等系统的诸多要素构成的社会经济综合体，城市各类要素在城市空间范围内表现为一定数量，形成各自的密度。城市密度是城市各构成要素密度的一种综合。合理的城市密度有利于促进生产的专业化和社会化，提高社会劳动生产率；有利于基础设施和公共服务设施的建设，节约使用土地和资源，降低生产成本；有利于信息的传递和交流，刺激竞争，培养和提高劳动者的文化和技能；有利于缩短流通时间，降低流通费用，加速资本周转；有利于城市政府进行管理，降低管理成本，提高管理效能。

合理的城市布局能缩短人流、物流、信息流、资金流的流动空间和时间，提高城市效益；能合理地利用城市的土地和自然条件，建立合理、便捷的交通联系；能避免城市各物质实体或要素的相互干扰。城市空间结构的差异主要体现在以下三个方面。

（1）城市规模。规模巨大的城市有一个或多个城市副中心；而规模较小的城市只有单一中心，没有明显的功能分区。

（2）城市职能。工业城市的工业用地所占比例较大，如鞍山；而香港商业、金融城市的商业用地面积大，工业用地面积很小，甚至没有工业区。

（3）自然地理环境。如宜昌、兰州这样的沿江河城市，城市用地沿江狭长布局；十堰这样的山区城市则沿山谷绵延扩展；沿海城市则多以港口为中心向腹地扩展，如大连；平原地区的城市则以中心城区为中心向四周均匀扩展，如保定。

城市形态是城市空间结构的整体形式，是城市内部密度和空间布局的综合反映，是城市三维形状和外瞻的表现。

1）城市地域功能区的特点与形成因素

城市通常是它所辖区域内的政治、经济、文化中心，是周围广大农村地区的中心地，具有购物、餐饮、交通、通信、文化、卫生、教育等职能。城市中的各种经济活动需要占有或利用一定的城市土地，由于城市土地面积相对有限，各个地块的交通可达性和地价等也各不相同，因此，经济活动之间必然要发生空间竞争，导致同类活动在空间上高度聚集，从而形成了功能区，如中心商务区、商业区、住宅区、文化区、工业区等。各种功能区之间并无明确的界线，每种功能区以某种功能为主，并可能兼有其他功能。例如，住宅区里常混有商店、工厂等，只是商店和工厂用地面积所占的比率较低。不同功能区的特点及空间分布见表1-2。

表1-2　不同功能区的特点及空间分布

功能分区	特点或组成	空间分布
中心商务区	经济活动最繁忙，高楼林立、建筑物密集，人口数量夜间差距大	城市中心，交通方便
商业区	商业街和商业点（大商场）；人流量大，地价高，土地利用集约	交通便捷，街道两侧或街角路口
住宅区	住宅楼及配套设施组成	临工业区的低级住宅区，临文化区的高级住宅区
文化区	文化机构相对集中	环境、交通、通信
工业区	厂房、烟囱是其明显标志，因工业门类不同，多形成多个成片分布的工业区	市区外缘，沿交通干线，盛行下风向或最小风频的上风向

城市地域功能分区的主要成因如下。

（1）发展规律。

城市的雏形——集市阶段，商业区从其他功能区分离出来，产业革命后工业大发展，工业的集聚效应使工业区与住宅区分离。现代社会人们的经济收入和消费水平的差异及对环境质量的不同要求，使住宅区进一步分化成了高级住宅区和低级住宅区。

（2）经济因素。

城市土地利用类型决定于土地租金和租金支付能力，即土地租金的高低是与经济活动租金支付能力的高低相对应的。

① 影响地租价格水平的因素主要有两方面：一是距市中心距离；二是通达度，即交通条件。一般市中心形成地租高峰，市中心外围和交通干线交汇处形成次高峰。

② 影响租金支付能力的因素主要是经济活动产生的效益，即利润高低。支付能力的一般顺序是商业＞居住＞工业，因此造成城市中心为中心商务区，中心附近和交通干线交汇处形成外围商业区或次级商务区，干线沿线为工业区，通达度较差的地区为住宅区的现状。

（3）社会因素。

住宅区分化的主要原因有以下三种。

（1）收入高低，代表着人们的社会地位，决定了人们的消费水平。收入低的中低产阶层居住在工业区附近，属低级住宅区；收入高的中高产阶层往往有私家车，对居住环境要求高，往往居住到郊区环境优越地区，属高档住宅区。

（2）地区知名度，知名度高的小区往往吸引更多的人居住，形成高级住宅区。

（3）种族和宗教，种族和宗教常因文化背景不同形成聚居区，如西方国家的城市往往宗教派别界线分明、世界许多城市"唐人街"的形成等。

2）城市空间结构的合理规划

规划城市物流通道、结点设施的布局应该同城市开发建设规划紧密联系，作为城市整体规划的一部分。

城市规划是一定时期内城市发展的计划和各项建设的综合部署。"一定时期"一般指 5年、10 年、20 年，甚至更长时间。"各项建设"除指工业区、商业区、住宅区外，还包括供水、排水、电力、道路、防洪、防火等建设项目。"综合部署"指建设和规划城市考虑时间的长久性和因素的整体性。

城市能否最有效地进行生产和生活活动，很大程度上取决于城市各项建设用地之间的关系是否得到妥善、合理的处理，即是否对城市用地进行合理的功能组织。在合理布置功能区时要考虑很多因素，这里重点分析在合理协调城市工业用地与生活居住用地之间的关系时，应当注意的四个方面。

（1）要有便利的交通。

① 工业用地多沿公路、铁路、通航河流等交通便捷的区位进行布置，以降低成本。

因为工业生产本身需要多种设备与原材料，这些物质的运输费用在生产成本中占有相当大的比重，如钢铁、水泥等工业生产运输费用可能占到生产成本的 15%～40%。

② 在工业区与生活居住区之间也要有方便的联系。

当工业区有不同类型的工业时，需要大量劳动力或妇女劳动力多的工业，接近生活居住区；而劳动力少、占地大的工业，可以距居住区远一些。

（2）合理安排工业用地位置，以减少对生活居住区的污染。

基本没有污染的技术密集型和劳动密集型行业，可以布置在城内的居民区内。如小型食品、轻纺、服装、精密仪表等。

环境污染比较大的企业，或者有爆炸、火灾危险的企业，应当尽可能的布置在远离城市的地方，如钢铁联合企业、石化企业、煤气、木材加工和砖瓦、石灰等企业，其中可能污染空气和水体的工业应当布置在城市下风向和水源的下游。

（3）在工业区与生活居住区之间设置防护带。

工业区与生活居住区之间常要求隔开一定距离，称为卫生防护带。在防护带内加以绿化，可以在一定程度上保护居住环境免受直接污染。例如，上海石油化工区的防护带、湖北蒲圻利用水面（河流）做防护带等。在卫生防护带中，一般可配置一些少数人使用的、非长期停留的建筑，如消防车库、仓库、停车场、市政工程建筑物；而体育设施、学校、儿童机构和医院等，不应布置在防护带内。防护带内可种植对有害废气有抵抗能力的树种，最好是能够吸收污染物的树种。

（4）留有发展余地。

因为在实际中，城市的建设发展总有一些预见不到的变化，所以在功能组织上需要留有余地，或者说要有足够的"弹性"。

小资料

河北雄安新区

2017年4月1日，新华通讯社授权发布：中共中央、国务院决定设立河北雄安新区。涉及河北省雄县、容城、安新3县及周边部分区域的雄安新区，迅速成为海内外高度关注的焦点。这是继深圳经济特区和上海浦东新区之后又一个具有全国意义的新区，是千年大计、国家大事。京津冀协同发展的核心问题是疏解北京非首都功能，降低北京人口密度，促进经济社会发展与人口资源环境相适应。雄安新区是党中央批准的首都功能拓展区。深入推进京津冀协同发展战略，以规划建设河北雄安新区为重要突破口，探索人口经济密集地区优化开发的新模式，谋求区域发展的新路子，打造经济社会发展新的增长极。

资料来源：http://cpc.people.com.cn/n1/2017/0414/c64387-29209724.html.

1.2.1.2　城市物流配送的人口、社会文化环境

城市的人口、社会文化环境能够对城市居民的意识形态、行为方式及企业的生产经营和城市物流的配送均产生重要影响。

1. 城市物流配送的人口环境

人口环境是指人口的数量、结构及分布等情况。人口环境既是企业生产经营活动必要的人力资源条件，又是企业的产品和劳务的市场条件，因而是企业生产经营的重要外部环境。

1）人口数量及增长率

人生下来就是天然的消费者，其消费行为贯穿整个生命的始终。在收入水平和购买力大体相同的条件下，人口数量的多少直接决定了市场规模和市场发展的空间，即人口数量与市场规模成正比。

小资料

城市总货物运输量与城市规模相关，表1-3展示的是我国6座城市2010年的人口规模和货物运输量的相关数据（按居民人数从高到低排列）。从表1-3中可看到，人口规模与城市货运量大致呈正相关的关系，城市人口规模对城市物流需求有重要的影响。

表1-3　2010年城市居民人数与城市总货运量

城市	上海	天津	青岛	大连	合肥	厦门
居民数/万人	2 301.91	1 293.82	871.51	669.04	570.25	353.13
年货运总量/亿吨	8.1	4.16	3.6	3.14	1.97	1.01

资料来源：居民数为城市常住人口数，数据来源于《2010年第六次全国人口普查主要数据公报》，年货运总量数据来源于《2010年国民经济和社会发展统计公报》。

世界人口的增长速度对商业有很大的影响，人口增长意味着人类需求的增长。但只有在购买力保证的前提下，人口增长才意味着市场的扩大。城市人口数量的增长会影响商品交易的发展，会刺激城市物流配送的快速发展。

全面二孩政策

在经历了迅速从高生育率到低生育率的转变之后，我国人口的主要矛盾已经不再是增长过快，而是人口红利消失、临近超低生育率水平、人口老龄化、出生性别比失调等问题。2011 年 11 月，中国各地全面实施双独二孩政策；2013 年 12 月，中国实施单独二孩政策；2015 年 10 月，中国共产党第十八届中央委员会第五次全体会议公报指出：坚持计划生育基本国策，积极开展应对人口老龄化行动，实施全面二孩政策。

2）人口结构

人口结构是指共同组成特定人口总体的各种具有相同或相似特征的亚群体之间的比例关系。

人口结构包括年龄结构、教育结构、家庭结构、收入结构、职业结构、性别结构、阶层结构和民族结构等多种因素。其中，年龄结构最重要，直接关系到各类商品的市场需求量，以及企业目标市场的选择。

人口年龄结构可以划分为学龄前儿童、学龄儿童、青少年、25～40 岁的年轻人、40～65 岁的中年人和 65 岁以上的老年人六个年龄段。

我国人口结构性问题日渐突出

据统计，2012 年，我国劳动年龄人口开始减少，比上年减少 345 万人；2023 年以后，年均减少约 800 万人。南开大学人口与发展研究所教授原新推测，实施"单独两孩"政策，到 2030 年将使老龄化水平从 24.1% 下降到 23.8%，到 2050 年从 34.1% 下降到 32.8%，到 2100 年从 39.6% 下降到 34.3%。

资料来源：http://news.ifeng.com/gundong/detail_2013_12/30/32580332_0.shtml.

日本 65 岁以上人口占比首次超过 25%

2016 年 10 月 26 日，日本总务省发布的 2015 年人口普查终值显示，日本总人口为 1 亿 2 709 万 5 000 人，与上次，也就是 2010 年所进行的人口普查结果相比，日本总人口约减少 96 万 3 000 人，人口减少率约 0.8%。

这是日本自 1920 年实行每五年的人口普查以来，总人口首次减少。

细分的数字更加惊人：日本 65 岁以上人口占比首次超过 25%。老龄化问题严重的另一面，是年轻人越发普遍的晚婚或不婚现象。

在此次的人口普查中，日本 65 岁以上的人数为 3 346 万 5 441 人，占总人口的 26.6%。日本 65 岁以上人口占比首次超过 25%，每 4 人中就有一个老年人。2015 年，日本死亡人口达到 130 万，出生人口仅有 101 万。

资料来源：http://www.sohu.com/a/117534298_509924.

在市场上，每个年龄段的人数不同，需要的商品也不相同，如没有收入和购买能力弱的学生，单身贵族，双职工没有孩子的家庭，双职工有孩子的家庭，低收入的城市职员，富裕的老年人等。

家庭是构成社会的最基本单位，也是构成市场最基本的消费单位。对于现代家庭来说，家庭需要的不仅是物质性的东西，也包括一些重要的非物质性的东西，如健康、快乐、享受、发展等精神上的需求，而这些都离不开家庭消费能力的发展。在家庭消费中，家庭成员的消费能力如何，直接影响到消费资料的有效利用率，从而影响到家庭的消费质量。从生活必需品、日常用品到耐用消费品，绝大多数商品都是以家庭为单位而购买和消费的。一个国家或地区的家庭单位和家庭平均成员的数量，以及家庭组成状况等，是家庭消费模式和消费量的重要影响因素。例如，我国社会的家庭结构正在趋于小型化，过去的数代同堂已为三口之家或四口之家取代；在城市中，很多青年人在结婚前已独自居住；另外，单亲家庭和独身家庭的比重也在上升。而家庭结构在很大程度上决定了消费结构，因此，家庭结构的变化使得我国城市家庭生活对日常生活用品和服务的需求也在逐渐向快捷、便利、全面发展。

3）人口分布

人口分布可以从人口的城乡分布与地域分布两方面体现。

从城乡人口分布看，中国城镇特别是大中城市人口少、密度大、消费需求水平高；乡村人口多、密度小、消费需求水平低。但随着社会经济与文化的发展，城乡差距将日趋缩小，乡村市场蕴涵着巨大的发展潜力，许多在城市已饱和的商品市场，在乡村却尚属空白。

从区域人口分布看，中国东部沿海地区经济发达，人口密度大，消费水平高；中西部地区经济相对落后，人口密度小，消费水平低。随着我国西部大开发战略的实施，必然推动西部地区的经济发展，刺激西部市场需求大幅度的提高。

随着中国改革开放向纵深推进，户籍制度与用工制度不断变革，以及因城乡经济、区域经济发展不平衡而产生的利益驱动机制的作用，城乡之间、地区之间人口在数量和质量上都呈现出强势流动，这必将引发许多新需求及新的市场机会。

小资料

"市化"和"镇化"

中国当前的城镇化呈现由人口聚集的"市化"和"镇化"共同驱动的特征。在人口的"镇化"过程中，2000 年以前，"镇化"作用增强更多的是建制镇数量增加所致，2000 年之后"镇化"的影响主要表现为镇区聚集人口功能的增强。由于小城镇经济实力薄弱，没有独立财政权，而小城镇吸纳人口的作用并不亚于城市，因此中央政府需要对小城镇基本公共服务给予更多的倾斜。

改革开放以来，东部地区城镇人口规模扩张对中国城镇化的贡献最大，且近年来，这种格局并未发生显著改变。此结果与近年来东部地区经济增速已经低于中西部的状况并不一致。这是因为，长期的增长不平衡导致东部地区和其他区域积蓄了很大的收入差距"势能"，在其引导下，一方面，内陆地区的人口不断流向东部地区的城镇区域；另一方面，东部地区城镇空间范围不断扩展，户籍制度改革率先启动，使城镇人口规模迅速增加。未来区域间收入差距"势能"释放仍需要一段时间,这期间,内陆地区人口继续流向东部沿海地区的趋势将持续,如何使东部地区政府和社会给予这些外来人口平等享有城市发展成果的机会是需要深入思考的问题。

城市群日益成为带动城镇人口扩张的重要载体。目前,中国已形成了 10 个初具雏形的城市群,这 10 个城市群的经济集中度将近 70%,大大高于 40% 左右的人口聚集度,更高于空间集中度。近年来,这十大城市群经济总量增速虽有放缓,但其聚集人口的作用仍在强化。其中三大都市圈开发强度比较高,已产生了一定程度的集聚不经济问题,而新兴城市群开发潜力较大,因此国家应采取分类指导的大都市区发展政策。对三大都市圈,应在区域内优化产业分工和人口布局,疏解核心城市的功能;而对新兴城市群,特别是中西部的城市群,应提高核心城市聚集能力,优先布局具有战略意义的项目,打造政策先行先试的平台。

从城市人口格局的变动来看,2000 年以后,人口向大城市集中的趋势突出。而且,规模越大的城市,人口比重提高幅度越大,说明中国城市人口增长呈现显著的规模正相关特征。由于中国仍处于工业化快速推进的发展阶段,规模正相关的增长模式未来可能继续支配城镇人口格局的变动。因此,国家城市发展政策的制定应适当考虑大城市,如省会城市和副省级城市的作用,在土地利用、人口调控、基础设施建设等政策方面给予更宽松的政策。

目前中国城市人口的分布正在向合理化方向发展,但较多大城市人口规模仍显不足。因此也要扶持大城市的发展。另外,鉴于华中地区的大城市、华南地区的中小城市发育不足,国家应实施差别化的区域城镇化政策。

小资料

城 市 群

《全国主体功能区规划》和《国家新型城镇化规划(2014—2020 年)》都强调以城市群的形态推进中国的城市化。所谓城市群,是指在特定地域范围内,以 1 个以上特大城市为核心,由至少 3 个以上大城市为构成单元,依托发达的交通通信等基础设施网络所形成的空间组织紧凑、经济联系紧密、并最终实现高度同城化和高度一体化的城市群体。

国家"十三五"规划纲要进一步明确,要优化提升东部地区城市群,建设京津冀、长三角、珠三角世界级城市群,提升山东半岛、海峡西岸城市群开放竞争水平;培育中西部地区城市群,发展壮大东北地区、中原地区、长江中游、成渝地区、关中平原城市群,规划引导北部湾、山西中部、呼包鄂榆、黔中、滇中、兰州—西宁、宁夏沿黄、天山北坡城市群发展,形成更多支撑区域发展的增长极。

小资料

户籍制度改革和新型城镇化建设

2014 年 7 月,随着《国务院关于进一步推进户籍制度改革的意见》正式印发,中国户籍制度改革全面启幕。意见要求:"严格控制特大城市人口规模。改进城区人口 500 万以上的城市现行落户政策,建立完善积分落户制度。"2016 年 2 月,《国务院关于深入推进新型城镇化建设的若干意见》提出："加快调整完善超大城市和特大城市落户政策,根据城市综合承载能力和功能定位,区分主城区、郊区、新区等区域,分类制定落户政策。"

2. 城市物流配送的社会文化环境

社会文化环境包括居民受教育程度、宗教信仰、风俗习惯、价值观念等。

1)居民受教育程度

市场经济有两大市场——生产要素市场和消费品市场,在完全竞争的情况下,两个市场应该是良性循环的统一体,人在这两个市场中的意义集中表现在:人是生产的主体,又是消费的主体。人必须具有生产能力,教育能培养人的生产能力;同时,人也是要消费的,其整个生命的质量最终通过消费而体现出来,因此,教育也应该致力于提高人的消费水平和培养人的消费能力。

众所周知,教育对促进社会发展和人类自身发展有着重要作用。现代社会和科技发展证明,居民受过高等教育能更好形成推动社会和经济发展的巨大力量。社会经济的发展对人口素质具有客观要求,经济发展水平越高,对人口素质要求也越高,提高人口素质的推动力就越大。同样,人口受教育程度的提高也需要一定的社会物质条件,即教育事业发展水平、规模和结构,而这些都依赖于社会经济发展水平。因此,一个地区人口受教育程度的高低,既是长期经济增长作用的结果,又是其经济发展和社会发展多种因素作用的结果。

2)宗教信仰和风俗习惯

宗教在世界上各个国家和民族中都存在。宗教信仰对生活方式具有很明显的影响。

民族风俗习惯是指各民族在物质生活和精神生活方面广泛流行的风尚、习俗,它表现在民族的衣、食、住、行、婚姻、丧葬、节庆、娱乐、礼仪等多方面的活动中,并反映着民族的经济生活、自然环境、历史传统、生产方式和心理感情。它是民族的显著特征之一,也是构成民族文化的重要组成部分。在大型的宗教节日或民族的传统节庆日时,城市里经常会有隆重的宗教仪式或民族庆典活动,会有大量的人流流动,会产生大量的物流需求,此时需要城市物流业提供高质量的物流保障,保证活动所需的物资及时送达。

我国人口由多民族构成。不同民族的消费者有不同的风俗、生活习惯需要。

小资料

宁夏清真产业

清真产品是指不含伊斯兰教法禁忌物质、严格按界定流程约束所生产的符合穆斯林生活习俗的产品统称。清真产业包括清真产品的研发设计、生产加工、检测认证、商贸物流、营销服务等全产业链要素。随着社会的发展与进步,清真产业的外延与内涵不断丰富,已经延伸到农业、工业和服务业领域,除传统的清真食品、穆斯林用品外,日化、医药领域不断开发出新的清真产品;清真产业还带动了物流、金融、旅游、文化教育等相关服务产业的发展。目前全世界20亿穆斯林人口对清真产品的巨大需求,推动了清真产业快速发展,并对全球贸易和区域经济产生重大影响。

宁夏是中国最大回族聚居区和唯一省级回族自治区。全球超过世界总人口25%的穆斯林人口,对清真产品的巨大需求,成为宁夏加快发展清真产业的重要机遇。

资料来源：自治区人民政府办公厅关于转发《宁夏清真产业中长期发展规划》的通知（宁政办发〔2014〕232号）.

3）价值观念

价值观念是一种主观意识，会随客观环境的变化而改变，是对政治、道德、金钱等事物是否有价值而进行主观判断后，形成的主观看法。一个人的价值观念会不断变化。价值观念是后天形成的，是通过社会化培养起来的。家庭、学校等群体对个人价值观念的形成起着关键的作用，其他社会环境也对个人价值观念的形成有重要的影响。

消费观的养成不仅受到收入水平、物价水平及生活环境等因素的制约，而且受到传统文化与价值观的影响。从消费者产生消费需求、获取产品信息、选择评判，到做出购买决定及售后评价，每一阶段消费者都有自己的价值理念。例如，中华民族有着悠久的历史文化，并在漫长的历史发展过程中形成了自己独特而伟大的民族性格和民族精神，这些传统文化与价值观对消费者行为的影响是不可忽视的。不论是诚信为首的理念，还是勤俭消费的观念，都直接或间接地体现着中国传统文化的价值遗留和影响。

生活方式是消费者个体的内在属性与外在影响交互作用形成的一种综合概念，可以定义为人们花费时间和金钱的类型，它集中反映在消费者的活动、兴趣和意见三个方面。个人的生活方式不仅深受社会环境的影响，还受到个人人格与价值观的影响，进而影响个人的决策、一般的行为与追求的利益，甚至有可能产生特定的消费者行为方式。

小案例

中国居民消费观悄然改变

中国经济的发展，赋予了中国消费者数十年前不曾想象的购买力。中高阶层的消费者已经无法满足于简单的日常所需品，他们更会选择购买能够体现生活品位的商品。商品价格不再是决定购买的主要因素，并且廉价、低端和千篇一律的产品也不再符合消费者诉求。相反，他们更倾向于能凸显个性、设计美观和有品牌认知度的商品。

随着80后渐渐成为社会中坚力量，90后纷纷进入社会工作，年轻一代即将成为消费的主力军。① 个性化成主要需求。② 也非常喜欢使用优惠券。90%以上的年轻消费者会使用优惠券提前规划购物清单。60%的年轻一代在社交媒体上分享和交易优惠券，80%的年轻一代在网上搜索优惠券。③ 具有强烈的品牌道德观。

资料来源：http://finance.ifeng.com/a/20131108/11037540_0.shtml，http://www.linkshop.com.cn/web/archives/2014/288733.shtml.

1.2.1.3 城市物流配送的经济环境

经济环境主要是指一个国家或地区的社会经济制度、经济发展水平、产业结构、劳动力结构、物资资源状况、消费水平、消费结构及国际经济发展动态等。

城市物流配送的宏观经济环境主要包括国家经济的发展阶段和发展水平、经济制度与市场体系、收入水平、财政预算、贸易与国际收支状况等。

小资料

2016 年山东省国民经济和社会发展统计公报摘录

2016 年，在省委、省政府的坚强领导下，全省认真贯彻党的十八大和十八届三中、四中、五中、六中全会精神，深入学习贯彻习近平总书记系列重要讲话和视察山东重要讲话、重要批示精神，牢固树立并积极践行新发展理念，以提高发展质量和效益为中心，以推进供给侧结构性改革为主线，全面深化改革扩大开放，积极实施创新驱动发展战略，全省经济呈现总体平稳、稳中有进、进中向好的运行态势，民生保障巩固提升，社会事业加快发展，生态环境继续改善，经济文化强省建设成效显著，实现了"十三五"良好开局。

初步核算，全省实现地区生产总值（GDP）67 008.2 亿元，按可比价格计算，比上年增长 7.6%。其中，第一产业增加值 4 929.1 亿元，增长 3.9%；第二产业增加值 30 410.0 亿元，增长 6.5%；第三产业增加值 31 669.0 亿元，增长 9.3%。三次产业比例由上年的 7.9∶46.8∶45.3 调整为 7.3∶45.4∶47.3，实现了由"二三一"向"三二一"的历史性转变。人均生产总值 67 706 元，按年均汇率折算为 10 193 美元。

统计公报还介绍农业；工业；固定资产投资和建筑业；国内贸易；开放型经济；交通、邮电和旅游；财政和金融；科技创新和人才；教育、文化、卫生和体育；城乡建设；资源、环境和安全生产；人口、居民生活和社会保障等方面内容。

资料来源：http://www.stats-sd.gov.cn/art/2017/2/28/art_3902_186550.html.

1.2.1.4　城市物流配送的政策环境

物流政策具有公共物品的属性，完善的物流政策体系一方面可减少或降低物流的外部不经济，如交通拥挤、交通事故、噪声污染、空气污染等；另一方面可起到扶持与促进物流事业的发展，加速物流基础设施建设和完善，从而提高微观物流效率。

物流政策是指为了指导影响物流经济活动所规定并付诸实施的准则和措施。它主要是通过对税收、价格、利率等经济杠杆或者是相关的法律法规的制定，再或是依靠权力机构采用指令、指标、下达任务等行政手段来达到对物流产业和经济的影响。

小资料

《宁夏回族自治区物流业"十三五"发展规划》概要介绍

"十三五"时期是我区实现全面建成小康社会的决胜期，是全面深化改革、扩大开放的攻坚期。加快发展现代物流业，对于积极融入"一带一路"建设，主动适应经济发展新常态、优化经济结构、转换发展动力、转变发展方式、提高经济发展质量和效益，全面建设开放、富裕、和谐、美丽宁夏具有重要意义。围绕实现全面建成小康社会的目标，为贯彻落实国家《物流业发展中长期规划（2014—2020 年）》，推进现代物流体系建设，促进物流业持续健康发展，培育新的经济增长点，依据《宁夏回族自治区空间规划（2016—2030 年）》《宁夏回族自治区国民经济和社会发展第十三个五年规划纲要》和《宁夏服务业"十三五"

发展规划》，结合我区物流业发展实际，特制定本规划。

规划回顾了"十二五"物流业发展成果及存在的主要问题，结合"经济新常态""一带一路""新型城镇化""国际国内产业转移"及"互联网＋"为物流业发展带来的新要求、新机遇、新定位、新需求和新变革，制定明确总体要求、空间布局、重点工程和保障措施。

资料来源：http://www.nxdofcom.gov.cn/zcfgqnzc/3515.jhtml.

1. 城市物流配送政策

物流配送政策体系就是在政府意志及物流规划下制定有利于发展现代物流的政策法规，包括物流法规、市场管理（准入、运作、监管）、项目规划、协调机制、行业政策、行业标准、技术支持、财政政策、土地政策、税收政策、金融政策、交通管理政策和人才政策等，如表 1-4 所示。

表 1-4 城市物流配送政策体系

类别	政策措施	政策具体内容举例
城市物流的市场和行业规范化政策	市场法规体系	市场准入机制，明确物流企业的注册资金、经营项目、人员要求等；物流市场监管政策，坚决排除强买强卖、哄抬物价等不正当的竞争行为；市场退出机制，对不遵守物流市场规则的物流企业应取消资质
	行业规范化管理	物流企业对客户反应速度和配送速度标准；在物流运作过程中货损、丢失等赔偿标准等
培育支持产业政策及扶持优惠政策	企业培育政策	集中精力重点扶持培育龙头企业；促进传统物流业向第三方物流转型；鼓励发展物流联盟
	引进大型物流企业的产业政策	鼓励本地物流企业与国外企业结盟；加强对大型国际物流企业的吸引力，为其落户创造有利条件
	促进市场拓展的产业政策	实施重点扶持培育政策，实现物流资源优化重组；鼓励商贸企业依托社会配送中心进行集体采购、订货、配送；扶持区域性行业物流枢纽的建立
	物流企业发展优惠政策	土地使用政策，物流建设项目用地出让年限可在法定最高年限范围内按需设定，出让金按设定的出让年限计收；融资优惠政策，对物流企业的贷款担保政策和给予物流企业政府贷款贴息政策等；税收优惠政策，对物流企业实行低税率政策，切实解决物流产业的重复征税问题
	构筑物流服务圈的产业政策	完善交通运输系统增强城市的物流服务圈辐射能力；以物流园区为支撑，大力发展区域物流；积极引导和扶持专业运输企业
城市物流管理协调机制	政府管理机制	统筹协调物流发展的重大问题，改变多头分散管理的局面，形成上下联动的物流工作推进机制
	行业协会	行业自我管理及服务
城市物流的基础设施和信息平台建设保障政策	基础设施平台	物流园区政策，对于新建物流园区，政府实行一些优惠的用地政策；对于进驻园区的物流企业，在配套设施费、通行费方面给予一定的减免等。关于货物通道建设政策，对现有国道、省道进行技术改造；对危险品货运资格及专用货运路线的选择做出相关立法或管理措施；港口、机场、铁路等物流节点建设时，在土地、税收等方面给予支持
	物流信息平台	加强城市物流公用信息平台的组织协调和统一规划工作；鼓励各物流节点采用先进的接入技术；形成相关的信息技术规范和标准
城市物流的人才培养和保障政策	鼓励各高等院校开办、设置相关的专业和课程，建立多层次的物流专业研究生、本科生和职业教育；全面开展物流在职教育，推行物流从业人员的职业资格认证制度	

小资料

《物流业发展中长期规划（2014—2020年）》提出的2020年发展目标

到2020年，要基本建立布局合理、技术先进、便捷高效、绿色环保、安全有序的现代物流服务体系，物流的社会化、专业化水平进一步提升，物流企业竞争力显著增强，物流基础设施及运作方式衔接更加顺畅，物流整体运行效率显著提高，全社会物流总费用与国内生产总值的比率由2013年的18％下降到16％左右，物流业对国民经济的支撑和保障能力进一步增强。

资料来源：物流业发展中长期规划（2014—2020年）.

2. 道路运输政策

交通运输体系与城市配送是紧密联系在一起的，为了使二者共同发展，需要协调好二者之间的合作。城市配送系统运营作业过程中，需要大量配送车辆，车辆出行则增加了噪声、尾气排放和拥堵。不仅对城市交通系统产生影响，也会造成一定的环境污染。因此，在不影响城市配送的前提下，优化城市交通，提高道路利用率，不仅能够更好地减少城市拥堵，提高配送效率，同时也提高了道路的利用率，使交通与城市配送协调发展。

道路运输政策的目标包括以下几项。

（1）促进道路运输的不断发展。如形成最有利的道路运输业结构形态、选择和扶持战略产业、通过重点发展带动道路运输业的全面繁荣、促进技术开发和应用推广；提高产业效率、促进运输生产集中；保障规模经济效益；防止大量小企业过度竞争等。

（2）实现道路运输业结构的合理化和高度化。如强化道路运输基础设施建设、防止道路运输业内部的过度竞争、协调运输发展与环境的关系、强化对技术创新与科技成果产业化的支持力度；推动新兴产业的发展、重视产业布局的合理化等。

（3）提高全行业集约化、规模化、组织化经营程度。通过市场引导企业走集约化、组织化、规模化的道路。具体目标包括增加运输能力、运输基础设施的有效供给能力；使运输结构更加合理，骨干运输企业主导市场的作用更加显著；不断完善道路运输网络。

（4）推进道路运输法制化进程。如运输法规体系基本健全；建立公平竞争、规范有序的道路运输市场体系和安全、优质、高效的道路运输服务体系。

相应地，道路运输政策可以划分为道路运输组织政策、道路运输结构政策、道路运输布局政策和道路运输技术政策。

（1）道路运输组织政策是指为了获得理想的道路运输市场效果，政府制定的干预市场结构和市场行为，调节运输企业之间关系的经济政策。其实质是协调竞争与规模经济之间的矛盾，以维持正常的市场秩序，促进有效竞争态势的形成。从政策取向看，该类政策可以分为两大类：一类是鼓励竞争、限制垄断的竞争促进政策，它的着眼点在于维持正常的市场秩序；另一类是鼓励专业化和规模化经济的合理化政策，它的着眼点在于限制过度竞争。

（2）道路运输结构政策是政府制定的通过影响与推动道路运输业结构调整和优化来促进道路运输增长的经济政策。道路运输结构政策的核心和焦点是推动技术创新。

（3）道路运输布局政策是指政府根据道路运输业的技术经济特性、国情国力和地区发展状况，对道路运输产业的空间布局进行科学引导和合理调整的政策，包括地区发展重点和产业集中发展战略，该政策的实施主要是通过道路运输规划来实现。

（4）道路运输技术政策是国家对道路运输业技术发展实施引导、选择、促进与控制的政策总和。一般包括道路运输业技术的指导方针、发展目标、主要任务及规划实施等。

小资料

"十三五" 现代综合交通运输体系发展规划

交通运输是国民经济中基础性、先导性、战略性的产业，是重要的服务性行业。构建现代综合交通运输体系，是适应把握引领经济发展新常态，推进供给侧结构性改革，推动国家重大战略实施，支撑全面建成小康社会的客观要求。根据《中华人民共和国国民经济和社会发展第十三个五年规划纲要》，并与"一带一路"建设、京津冀协同发展、长江经济带发展等规划相衔接，制定本规划。

规划包括总体要求，完善基础设施网络化布局，强化战略支撑作用，加快运输服务一体化进程，提升交通发展智能化水平，促进交通运输绿色发展，加强安全应急保障体系建设，拓展交通运输新领域、新业态，全面深化交通运输改革和强化政策支持保障十部分展开。

资料来源：国务院关于印发 "十三五" 现代综合交通运输体系发展规划的通知，http://www.gov.cn/zhengce/content/2017-02/28/content_5171345.htm.

政府的政策通过企业作用于市场。由于政府与企业追求的最终目标不同，致使在城市货运交通措施与手段的推行方面出现步调不一致的现象，即企业往往比较注重对自身运营有利的举措，而政府是从土地使用、基础设施和法规政策来推进城市货运交通的发展。因此，在城市货运交通发展的过程中，企业和政府应相辅相成，共同协商制定对城市物流配送发展有利的相关措施，如表1-5所示。

表 1-5　城市货运措施举例

类型	城市货运措施举例
运营	1. 夜晚配送。将城市货运交通流与客运交通区分开来，缩短运输时间 2. 信息技术（如实时交通信息、线路、调度和远程信息处理等技术的应用）工具的应用。实时优化配送线路，提高配送效率 3. 共同配送。鼓励集中、共同配送的方式，提供配送效率，减少配送车次及配送总里程 4. 灵活的配送模式。除了提供送货上门的方式，还可以将货物暂放约定的自提点，供用户自行取货
环境	1. 采用环境友好型车辆和模式。面对拥堵的城市交通及严重的环境问题，提倡城市内部物流配送使用电动车等环境友好型车辆 2. 提倡共同、集中配送模式。减少配送车次及配送总里程，降低空载率，从而降低对城市环境的污染
土地使用和基础设施	1. 建立社区配送服务站。减少零散的配送频率 2. 建立合理的城市物流配送通道。改善配送通道的畅通情况，提高整体的配送效率 3. 完善城市配送节点与配送通道的衔接。提高城市配送在配送节点与配送通道之间的转运速度
法规政策	1. 基于车辆大小，限制其进入市区中心的时间、装卸载限制 2. 倡导使用环境友好型车辆和配送模式 3. 货物运输专用通道和设备。如开辟城市配送车辆专用线路，提高城市配送的效率 4. 道路定价系统。减少进入市区中心的配送车辆，在一定程度上，降低城市交通的拥挤状况

类型	城市货运措施举例
技术	1. 交通限行系统 2. 信息技术的应用，如 GIS、GPS、ITS 系统等 3. 运行中减小噪声的技术 4. 通过优化车辆设计减少污染物排放

可以看出，道路运输政策的形式按照作用方式可以区分为直接管理、间接引导和法律规制三大类型。其中，直接管理包括政府以配额制、许可证制、审批制、政府直接投资经营等方式，直接干预道路运输业的资源分配与运行态势，及时纠正运输活动中与道路运输政策相抵触的各种违章行为，以保证预定目标的实现。而间接引导方式是指通过提供行政指导、信息服务、税收减免、融资支持、财政补贴等方式，引导企业在利益驱动下自主决定服从政府的政策目标。所谓法律规制通常适用于比较成熟和比较稳定的政策，是以立法方式来严格规范企业行为、政策执行机构的工作程序、政策目标与措施等，以保证预定政策目标的实现。

小案例

昆明"限货"

旨在进一步优化昆明市主城区货运交通组织，营造良好城市道路交通环境，根据《中华人民共和国道路交通安全法》《昆明市道路交通安全条例》《昆明市城市道路车辆通行规定》等法律法规的规定，决定继续对昆明市主城北市区部分道路及区域货运交通组织进行临时调整。

2016 年 6 月 25 日开始至 12 月 20 日，核定载质量 1 000 千克（含）以上的载货汽车以及牵引车、低速载货汽车、三轮汽车、拖拉机、农用车、挂车、吊车、轮式自行机械车等专项作业车，全天 24 小时不得进入穿金路（不含）、沣源路（不含）、龙泉路（不含）、金色大道（含）、北辰大道（含）围合区域以内道路行驶。

除上述区域及道路外，主城区其他货运交通组织调整措施以昆明市公安局、昆明市交通运输局 2014 年 8 月 1 日发布的《关于对昆明市主城区货运交通组织进行调整的通告（第二阶段）》为准。

运输危险化学品车辆除遵守上述规定外，还应遵守《昆明市城市道路车辆通行规定》对于危险化学品运输车辆的通行要求。

确因需要进入上述限行道路或区域从事城市基本生产、生活保障的受限车辆，应当按照《昆明市城市道路车辆通行规定》第十八条的规定，办理相关手续。

昆明交警提示，违反上述限制通行规定的，由公安机关交通管理部门依法予以处罚。

资料来源：6 月 25 日起核载 1 吨以上货车禁行昆明北市区部分道路，http://www.km122.cn/Pages_82_2094.aspx.

小资料

关于加强和改进城市配送管理工作的意见

城市配送是保障和改善民生的重要领域，是发展现代物流的关键环节，是保障城市经济社会正常运行的基础支撑。近年来，随着我国经济社会的快速发展和城镇化、机动化进程的不断加快，城市配送在满足城市居民生产生活需求、维护城市功能正常运转、促进新兴服务产业发展等方面发挥了重要作用。但与此同时，城市配送车辆"进城难、停靠难、装卸难"等现象依然突出，城市配送管理工作机制不健全、车辆装备标准化程度不高、配送服务不规范、车辆通行管控措施不适应等问题还未得到有效解决，影响了城市配送效率，增加了物流成本，加剧了城市交通拥堵。

加强城市配送运输与车辆通行管理，是贯彻落实国务院关于物流业发展系列决策部署的重要体现，是深化交通运输部、公安部、商务部等部门《关于加强和改进城市配送管理工作的意见》（交运发〔2013〕138号）的有效举措，是提高城市道路资源利用效率、降低物流成本、促进节能减排的迫切要求。各地区特别是对配送车辆在通行时间、区域上采取限制和禁止通行措施的城市交通运输主管部门、公安机关交通管理部门、商务主管部门，要站在保障和改善民生、服务物流业发展的高度，从缓解城市交通拥堵、加强城市生态文明建设的角度出发，坚持"客货并举、便民高效、综合治理"的原则，采取有效措施，推动城市配送运输与车辆通行管理的制度化、规范化、科学化，为加快构建服务规范、方便快捷、畅通高效、保障有力的城市配送体系创造良好的发展环境。

资料来源：http://ltfzs.mofcom.gov.cn/article/ae/201402/20140200484130.shtml.

1.2.2　物流配送的政府干预

由于物流业务涉及环节众多，物流市场培育和发展的特殊性需要政府采取一定的干预和监管措施。

1.2.2.1　市场失灵与政府干预

市场调节是由价值规律自发地调节经济的运行，即由供求变化引起价格涨跌，调节社会劳动力和生产资料在各个部门的分配，调节生产和流通；符合商品经济的客观要求，能够比较合理地进行资源配置，使企业的生产经营与市场直接联系起来，促进竞争。但市场调节也具有盲目性一面。

当自由市场不能最佳和有效地分配资源时，市场就会失灵。市场失灵是指市场机制不能正常发挥作用，从而使资源配置不能达到最优状态。狭义的市场失灵是指完全竞争市场的假定条件得不到满足而导致市场机制不能有效配置资源。广义的市场失灵还包括市场机制在配置资源过程中导致的经济波动和收入分配不公平现象。

市场出现失灵的主要原因如下。

1）外部性

外部性是指经济活动的当事人对其他人造成的无法通过价格体系反映的影响。当市场交易对交易双方以外的第三者产生影响，并且这种影响又不能反映为市场价格时，就会出现外部性。物流企业从事物流活动时，通常不会把社会成本纳入物流成本中去，由此产生外部效应。外部效应包括外部经济和外部不经济两种，两者都会降低市场机制运行的效率，需要政府部门介入其中。例如，物流活动造成的道路拥挤、资源浪费、环境污染等问题，是市场无法自发解决的，需要政府制定和采取相应的调控措施，限制造成外部不经济的物流活动。

2）公共物品

物流基础设施，如交通基础设施、公用型物流园区等，由于建设投资大、风险高、回收周期长、自身效益低，再加上其本身具有的非排他性、不可竞争性和不可分割性等特点，具有很强的公共性，应属于公共产品或准公共产品。

私人企业出于利益的考虑或能力的限制不愿意投资此类基础设施，因此，其产量会低于合理的水平，即达不到帕累托最优状态下的产量水平，由此会造成社会福利的减少和资源浪费。政府作为市场失灵的校正者，有必要、有义务成为提供公共产品的主体。

3）不完全竞争

通过垄断经营，提供基础设施服务，如公路是一个由政府提供基础设施服务的典型例子。

关于我国收费公路有关管理条例修订工作介绍，可登录加阅平台进行学习。

4）信息不对称性问题

由于物流业自身的特殊性，进入壁垒（门槛）相对较低。产业经济学认为，决定一个产业进入的壁垒通常有技术壁垒、规模经济壁垒、资金壁垒和政策法规壁垒。首先，从技术层面来看，物流业并不是技术密集型产业，对于技术上的要求并没有太大的悬殊，而是更关注于服务的质量，这对一般企业来说，都是较容易达到的目标。其次，从规模经济方面看，与生产型企业不同的是，大型物流企业的成本优势并不十分明显，规模较小的物流企业只要拥有相关的物流信息，就能在市场上存活下来，并实现其盈利目标。

市场中的信息不对称，使逆向选择和道德风险问题普遍存在，这一方面造成了交易市场的严重萎缩，另一方面导致社会资源极大浪费，影响了资源的配置效率。

小案例

申通圆通相继爆仓，快递业到底是怎么了？

2017年2月，申通快递被曝站点爆仓，快递小哥改行送外卖；圆通快递则被曝多个站点存在快件严重积压、拖欠员工工资甚至面临倒闭的情况。在事件快速发酵后，国家邮政局于15日发出通知，称发生快件积压和处理过程中遇到的问题，反映出行业存在由于劳动力短缺、基层盈利率不高带来的季节性、区域性末端网点运营不稳定等问题，在一定程度上暴露了快递企业总部缺乏对基层网点稳定运行情况的关注。通知要求，各级邮政管理部门要加大督导检查力度，督促辖区内快递企业尽快全面恢复生产运营，严防出现快件批量积压、网点关闭等情况。

每年春节或"6.18""11.11""12.12"等电商大促活动之后，快递业便容易出现爆仓的情况，似乎这已成为了一种行业规律，无须提前预测便会到来。

京东CEO刘强东称"这就是电商十几年高增长隐藏起来的毒瘤，大家只看到所谓的电商就业数字，而看不到90％以上的电商从业人员没有五险一金或者少得可怜的五险一金。"

资料来源：http://www.chinaz.com/news/2017/0220/660733.shtml.

综上所述，政府应运用其"有形的手"去补充靠市场机制（无形的手）无法实现的资源合理配置，如图 1-1 所示。

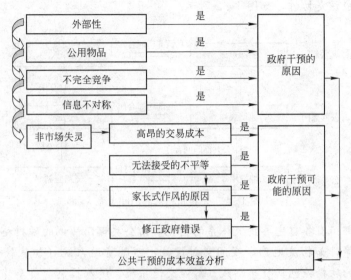

图 1-1 政府干预

评估政府干预的基本标准包括以下 3 项。

（1）政府干预的有效性。通过政府干预或解决方案可能达到的目标或目的的相关程度。有些措施只有用政府的强制力才可以执行，执行后要看对解决问题是否有效。

（2）政府干预的效率。社会成本和利益的平衡，通常基于成本效益分析。需要特别注意的是生产力的增长直接影响经济效益。政府的干预措施如果对生产力增长没有益处的话这个措施就不能算作一个好的措施。

（3）生产能力。通过生产力变化为网络终端用户减少网络单元运输成本，通常是通过提供更好的基础设施，改变监管方式。

与社会组织、企业和个人相比，政府具备一些特殊的优势。这表现在以下 3 个方面。

（1）政府的禁止力。它能够直接禁止某些行为。相反，一个企业、社会组织或者个人，除非得到国家的特许权，否则无法禁止其他组织和个人的行为。

（2）政府的惩罚力。在完善的市场下，企业和个人可以通过合同法、破产法等对他人的行为进行相应的惩罚。但与私人间的合约相比，政府能够并且确实执行更为苛重的行政处罚，甚至刑事惩罚。

（3）政府更能节约交易成本。一是组织成本，例如，不需要再花钱去建立一个自愿组织去处理某些特殊的市场失灵，而只需向现成的政府机构付费即可；二是搭便车行为，人们已经认识到搭便车行为会提高行动的交易成本，而政府直接提供公共物品则能够避免这种成本。即使在自由市场里，政府也能通过直接或间接提供公共信息来降低交易成本。

小资料

公共和私营部门可以通过协调物流规划工作来改善物流系统。公共部门（如国家、地区和地方政府）主要负责土地利用规划、建筑规划、交通规划和道路规划。私营部门主要提供装卸货和运输服务工作，深入涉及装卸货设施规划和运输规划。

在许多情况下，这些规划决策离不开有效的协同工作。例如，若道路规划不随交通需求

（由土地利用总体规划决定）进行调整，就会造成交通堵塞和环境污染。因此，公共和私营部门之间的关系应该是协作，如图1-2所示。

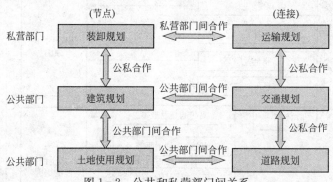

图1-2　公共和私营部门间关系

公共和私营部门有各自完善物流体系的措施。由公共部门协调的硬措施包括物流产业的建立和基础设施等，如物流地产，夜间交付设施，新型货运系统（如装载仓、货运站等）。由公共部门协调的软措施包括货车路线、智能交通系统、进入控制，货车作业安排、高负荷影响因素及道路收费等。私营部门改善物流系统所涉及的软措施，如商贸与货运分离、交货时间控制、使用大型货车、共同配送的行车路径等。如表1-6所示。

表1-6　公共、私营部门的措施

		公共部门的硬件措施	软措施	
			公共部门	私营部门
需求控制	空间	物流产业的建立	卡车线路，智能交通系统	商业贸易和货物运输
	时间	夜间交付设施	出入境管理、卡车时间计划	交货时间控制
交通控制	交通	新式货物运输系统	高速路	使用中的卡车
	线路	仓库的建立	线路定价	合作配送车辆路径

1.2.2.2　政府干预的定位

政府通过"有形的手"从宏观的角度引导物流市场的发展。

1）规划与政策制定者

政府作为规划者，着眼于全局，着眼于长远，提出适合物流业及其他行业发展的规划、措施，建立和健全物流网络，使物流形成体系。如在科学分析的基础上，确立中心城市、港口城市、门户城市、交通枢纽城市的物流中心的规模等级，建立合理的物流网络。

政府在各行业的发展中寻求平衡点，以求整个社会均衡发展，如交通规划建设应为物流业提供良好的运输平台、完善的配送道路体系，实现货源点与配送线的良好衔接；区域与城市交通系统的完善要充分考虑现代物流的需要，便于发展多式联运和综合物流，实现敏捷供应链管理，从而促进现代物流的可持续发展。

2）监督和服务者

政府作为管理者，其职能可以视为对物流配送建设发展项目的审查、批准及对各物流配送企业经营发展过程中的行为的审查管理。

政府管理者的作用还可以体现在政府调控作用方面。调控主要体现在市场运作秩序的维护方面和协调各职能部门之间的利益冲突方面。

在市场运作秩序方面，政府通过政策法规保证市场的公平竞争，保护广大消费者的合法权益，实现市场利益的均衡，取缔同行业的不正当竞争。建立完善物流监督评价机制，保证各行业经营者的合法权益。防止物流配送经营主体在利益的驱使下丧失市场竞争的公平性。

小资料

国家邮政局主要职责（2013–6）

（一）拟订邮政行业的发展战略、规划、政策和标准，提出深化邮政体制改革和促进邮政与交通运输统筹发展的政策建议，起草邮政行业法律法规和部门规章草案。

（二）承担邮政监管责任，推动建立覆盖城乡的邮政普遍服务体系，推进建立和完善普遍服务和特殊服务保障机制，提出邮政行业服务价格政策和基本邮政业务价格建议，并监督执行。

（三）负责快递等邮政业务的市场准入，维护信件寄递业务专营权，依法监管邮政市场。

（四）负责监督检查机要通信工作，保障机要通信安全。

（五）负责邮政行业安全生产监管，负责邮政行业运行安全的监测、预警和应急管理，保障邮政通信与信息安全。

　……

资料来源：http://www.spb.gov.cn/jg/gjjzz/201610/t20161031_893724.html.

在协调各职能部门之间的利益冲突方面，目前由于政府部门机构重叠，造成权力、职能等存在交叉，难以有效合作和协调，并且部门、行业和地方保护现象严重，造成不公平的竞争格局，难以形成社会化物流系统和跨区域、跨行业的城市群物流服务网络。因此，应该要求政府部门职责分明，加强权威性主管部门的设立，减少物流行业内部及外部的摩擦，从而促进物流业的发展，进而促进整个社会经济的发展。

3）投资者和培育者

作为投资者，一方面政府要积极引导商业银行在防范资金风险的前提下，采取适当政策放宽物流企业贷款融资条件，降低其融资成本；建立物流投入激励机制，通过财政刺激增加物流开发资金。另一方面政府可从不断提升物流发展资金在城市综合规划发展资金中的比例来扶持物流重点项目。

培育手段可通过两个途径：第一是加快企业物流的社会化进程，通过国有企业改革，把物流等非核心功能分离给物流企业来承担，并以此整合企业资源，提升核心竞争力；第二是培育现代化的物流企业，尤其加强大型的综合物流企业培育。一方面，传统物流企业，如仓储公司、运输公司等，进行改革、改造或重组，在物流技术装备和经营管理方面采用新技术、新方法，以立足于物流市场；另一方面采取兼并、联营或重组等办法，组建一批具有相当规模、有一定竞争力的大型物流企业集团，以适应今后我国物流市场开放与发展的需要。

1.2.2.3　西方物流管理体制实践

1) 物流管理体制以自由化、市场化运作为基础

现行的西方物流管理体制同其经济管理体制一样，是以物流业的自由化、市场化运作为基础。从 20 世纪 80 年代起，随着经济自由化在物流领域内的推行，西方政府放松了对物流业的管制，极大地促进了物流产业的发展。以美国为例，美国 1978 年的《航空管制缓和法》、1982 年的《汽车运输法案》和《铁路法案》、1984 年《海运法案》等一系列运输法案的实施标志着美国运输市场的全面自由化。随后，西欧各国政府也实施了放松物流管制的政策措施，如英国铁路的私有化、意大利放松对运输价格的管制、荷兰和德国减少了对承运人资格的管制等。国外政府一般倾向于通过法律和政策实施对物流业的间接管理，并非常注意发挥市场的作用。

在管理体制设计上，由于物流是由多个产业、多个行业在不同的侧面共同参与的产业，自身没有明显的产业界面，涉及的领域和范围很广，是一个复合产业，难以建立一个专门机构来统一进行管理。因此，各国政府并没有对物流业进行集中管理，而是通过物流各个环节相对应的不同政府部门分别实施管理，物流各管理环节上也仍适用各自法规。各国物流管理的统一性主要是通过国家物流发展规划以及物流相关各部门间的协调、配合实现的。如美国从物流基础设施建设、运输组织、通关、仓储管理、安全管理等，均由相关的部门统辖管理，但各部门之间也进行密切的配合和协同，实现了物流管理上的分工与合作，从而形成了全国统一的政府物流管理体系。

与管理体制相对应，世界各国并没有制定出集中管理物流业的专门法规，各国物流发展中都沿袭以往的各种法律，从各个不同的业务环节来管理物流业。实践证明这是非常有效的。因为物流本身主要是一些传统运输服务向前、后两端延伸演化而来的，国家原有法律对其约束并未发生本质的变化。如在美国，从事铁路、公路、航空以及内河运输的物流服务提供者，必须遵守运输法，而从事海上运输的企业，则必须遵守航运法。

2) 实施各项促进现代物流发展的政策

世界各国主要是采取政策性措施来引导和促进本国物流的发展，主要包括以下内容。

(1) 政府制定物流发展纲领。如日本政府从 20 世纪 60 年代开始就在《中期五年经济计划》中强调要实现物流现代化，在以后的几十年中，日本一直把物流改革列为经济发展中最为重要的课题之一，并相应制定了对日本物流发展具有重要影响的《综合物流施策大纲》，成为日本物流现代化发展的指南。

(2) 政府对物流业实行优惠、扶持政策。一是对交通基础设施进行直接投资；二是扶持物流园区的发展；三是对物流配送中心建设提供优惠政策；四是鼓励发展高效率的运输方式，特别是多式联运。

(3) 积极发挥行业组织的作用。在放松市场管制的同时，各国政府非常重视行业组织在规范本国物流市场中的作用。行业组织在促进物流企业与政府及企业与企业之间的有机联系，间接参与到政府对行业的管理中，在加强行业协调、行业自律、规范市场行为、维护市场秩序、培育物流人才、普及物流新技术、健全物流法规等方面发挥了十分重要的作用，并由此成为政府对物流业进行管理的有力助手。

1.2.2.4　我国物流配送政府监管

长期以来，我国的经济管理工作分工都比较细，无论是在物质生产领域还是在物质资料的流通领域，国家都分别设置了若干个部门，这些部门自成体系，各自对其领域内的生产和流通活动进行管理和领导。对于物流产业来说，它是一个综合性很强的领域，贯穿了生产、分配、交换、消费乃至废弃回收的全过程，涉及了很多政府管理部门。

小资料

2008 年国务院机构改革

2008 年 3 月 11 日，十一届全国人大一次会议听取了国务委员兼国务院秘书长华建敏关于国务院机构改革方案的说明，3 月 15 日，会议通过关于国务院机构改革方案的决定，批准了这个方案。

国务院机构改革是深化行政管理体制改革的重要组成部分。按照精简、统一、效能的原则和决策权、执行权、监督权既相互制约又相互协调的要求，着力优化组织结构，规范机构设置，完善运行机制，为全面建设小康社会提供组织保障。深化行政管理体制改革的总体目标是，到 2020 年建立起比较完善的中国特色社会主义行政管理体制。

这次国务院机构改革的主要任务是，围绕转变政府职能和理顺部门职责关系，探索实行职能有机统一的大部门体制，合理配置宏观调控部门职能，加强能源环境管理机构，整合完善工业和信息化、交通运输行业管理体制，以改善民生为重点加强与整合社会管理和公共服务部门。

国务院机构改革方案主要内容如下。（一）合理配置宏观调控部门职能。国家发展和改革委员会要进一步转变职能，减少微观管理事务和具体审批事项，集中精力抓好宏观调控。财政部要改革完善预算和税政管理，健全中央和地方财力与事权相匹配的体制，完善公共财政体系。中国人民银行要进一步健全货币政策体系，加强与金融监管部门的统筹协调，维护国家金融安全。国家发展和改革委员会、财政部、中国人民银行等部门要建立健全协调机制，形成更加完善的宏观调控体系。（二）加强能源管理机构。设立高层次议事协调机构国家能源委员会。组建国家能源局，由国家发展和改革委员会管理。将国家发展和改革委员会的能源行业管理有关职责及机构，与国家能源领导小组办公室的职责、国防科学技术工业委员会的核电管理职责进行整合，划入该局。国家能源委员会办公室的工作由国家能源局承担。不再保留国家能源领导小组及其办事机构。（三）组建工业和信息化部。将国家发展和改革委员会的工业行业管理有关职责，国防科学技术工业委员会核电管理以外的职责，信息产业部和国务院信息化工作办公室的职责，整合划入工业和信息化部。组建国家国防科技工业局，由工业和信息化部管理。国家烟草专卖局改由工业和信息化部管理。不再保留国防科学技术工业委员会、信息产业部、国务院信息化工作办公室。（四）组建交通运输部。将交通部、中国民用航空总局的职责，建设部的指导城市客运职责，整合划入交通运输部。组建国家民用航空局，由交通运输部管理。国家邮政局改由交通运输部管理。保留铁道部，继续推进改革。不再保留交通部、中国民用航空总局。（五）组建人力资源和社会保障部。将人事部、劳动和社会保障部的职责整合划入人力资源和社会保障部。组建国家公务员局，由人力资源和社会保障部管理。不再保留人事部、劳动和社会保障部。（六）组建环境保护部。

不再保留国家环境保护总局。（七）组建住房和城乡建设部。不再保留建设部。（八）国家食品药品监督管理局改由卫生部管理。明确卫生部承担食品安全综合协调、组织查处食品安全重大事故的责任。

改革后，除国务院办公厅外，国务院组成部门设置27个。这次国务院改革涉及调整变动的机构共15个，正部级机构减少4个。

这次改革突出了三个重点：一是加强和改善宏观调控，促进科学发展；二是着眼于保障和改善民生，加强社会管理和公共服务；三是按照探索职能有机统一的大部门体制要求，对一些职能相近的部门进行整合，实行综合设置，理顺部门职责关系。

资料来源：http://www.gov.cn/test/2009-01/16/content_1207014.html.

2008年国务院机构改革以来，国务院相关管理部门有关物流职能介绍，可登录加阅平台进行学习。

地方政府需要将国家政策落实到各自的行政区划内。由于不同城市行政级别及所处环境不同，其政府机构及职责设计在实践中也存在一定差异。

以上海市为例介绍其政府有关物流的监管机构及职责。详细内容可以登录加阅平台进行学习。

小资料

2013年3月14日，十二届全国人大一次会议表决通过了关于国务院机构改革和职能转变方案的决定，批准了这个方案。这次国务院机构改革，重点围绕转变职能和理顺职责关系，稳步推进大部门制改革，实行铁路政企分开，整合加强卫生和计划生育、食品药品、新闻出版和广播电影电视、海洋、能源管理机构。这次改革，实行铁路政企分开。将铁道部拟订铁路发展规划和政策的行政职责划入交通运输部。组建国家铁路局，由交通运输部管理，承担铁道部的其他行政职责。组建中国铁路总公司，承担铁道部的企业职责。不再保留铁道部。

2018年，国务院机构改革方案提请十三届全国人民代表大会第一次会议审议批准。这次改革后，国务院正部级机构减少8个，副部级机构减少7个，除国务院办公厅外，国务院设置组成部门26个。

1.2.3　城市物流配送带来的影响

物流的发展同城市环保始终是一对矛盾，如何协调物流同城市环境的关系，成为城市物流合理化的永恒主题。

小贴士

环境保护部定期发布中国机动车污染防治年报，完整的《2015年中国机动车污染防治年报》可以登录加阅平台进行学习。

1.2.3.1　城市物流配送的环境分析

城市物流配送活动对城市环境产生了巨大影响，针对不同的污染需要不同的改善措施。

小案例

货运对洛杉矶的影响

日益增加的货运量给洛杉矶的运输系统带来很大的负担，造成至少以下重大问题：交通拥挤、交通事故、空气污染。

许多高速公路路段在高峰时段都已达到甚至超过饱和，全美十大塞车的交通道路有 4 个在洛杉矶。在 710 号及 60 号公路等主要货运走廊，货车常占了 30％～60％的道路容量。网上购物的方便提高了生活品质，或许也减少了上街购物的人流，但却增加了物流及货运车流。不但主要公路塞车，市区道路也因货车装卸占道动弹不得。公路如此，铁路也是一样。洛杉矶共有 6 个铁路、公路转运站，其中靠近港口，污染的主要来源之一是汽车，尤其是货车排放的废气。废气中对人体有害而且会破坏臭氧层的氧化氮（NOx）主要是由使用柴油的卡车、火车与船舶而来。据估计，在 2000 年由卡车排放的氧化氮的比例是 44％，到 2010 年将上升到 53％。

除了卡车，船舶也是空气污染的来源。环保机构发现，在加州，靠港的船舶是氧化氮与氧化硫最主要且尚未控制的来源，占全州氧化氮排放的 12％与氧化硫排放的 40％。在全州范围内，飞机、船舶、火车与重型货车每年约排放 3 173 吨一氧化碳、982 吨氧化氮及 37 吨微粒子。

资料来源：http://www.tranbbs.com/Techarticle/PTraffic/Techarticle_8808_2.shtml.

1. 物流配送活动对环境的影响

物流造成环境影响的主要原因有以下几方面。

（1）粗放式的物流。粗放式的物流往往是发展中国家容易出现的问题，其原因在于为了加快物流发展速度，过分关注于数量的增长，忽略了物流发展对环境的影响，同时，由于重心的偏移造成不合理物流现象的普遍存在，如单位经济增长付出过多的运能、运力，从而造成交通的混乱和排放物的增加。

（2）缺乏合理的规划。物流设施，无论是节点还是通道，都需要占用大量资源，规划不当会造成这种资源的浪费。这些资源不但有土地资源，而且会消耗大量的能源，如物流规划的混乱造成了节点之间无效运输的增加，进而消耗了大量能源。

（3）与物流标准化有关，尤其是在推行标准化过程中，只重视物流设施、设备、工具、车辆技术标准等内在标准的研究，而忽视物流对环境及社会影响。所以，在推行物流标准化时，必须将物流对环境的影响放在标准化的重要位置上，除了各种反映设备能力、效率、性质的技术标准外，还要对安全标准、噪声标准、排气标准、车速标准等作出具体的规定。

城市物流配送包括储存、包装、流通加工、装卸等活动，这些活动对环境造成了不同程度的影响。

1）储存对环境的影响

在储存过程中，一是储存物品可能因作业不当发生物理、化学变化产生有毒有害物质；放射性和易燃易爆物品的储存方法不当，可能对人身和财产安全造成威胁；商品储存中心必须对商品进行养护，采用化学方法，如喷洒杀虫剂，对周边生态环境会造成污染。二是一些商品，如易燃、易爆、化学危险品，由于保管不当，发生爆炸或泄漏也对周边环境造成污染和破坏。三是物流作业时，会产生噪声。

2）包装对环境的影响

商品一次性的包装材料和包装方式，不仅造成资源的极大浪费，而且严重污染环境。

（1）目前市场上常用的不少包装材料是不可降解的，会对环境造成严重影响。

（2）大多数商品包装是一次性使用，这些包装材料不仅消耗了有限的自然资源，还是城市垃圾的重要组成部分。

（3）过度包装或重复包装，造成资源的浪费，不利于可持续发展。

3）流通加工对环境的影响

不合理的加工方式会对环境造成负面影响。

（1）流通加工中资源的浪费或过度消耗，如餐饮服务企业对食品的分散加工，既浪费资源，又污染空气。

（2）分散的流通加工产生的边角废料，难以集中和有效再利用，加工产生的废气、废水和废物都对环境和人体构成危害，造成环境污染。

（3）流通加工中心选址不合理，会造成费用增加和有效资源的浪费，还会因增加了运输量而产生新的污染。

4）装卸对环境的影响

装卸搬运在物流过程中起承上启下的作用。因装卸不当使商品损坏，造成资源浪费和废弃物的产生，还有可能对环境造成污染，如化学液体商品的泄漏，造成水土污染等。因此，无论使用起重机、叉车、小型搬运车、输送机等装卸搬运设备，还是手工搬运，均难免造成物品的完全或局部损坏或液态物品的泄漏，产生固、液废物。装卸搬运设备工作时也会产生大量噪声。

5）信息活动对环境的影响

随着计算机的普及和企业内部信息系统的建设，信息活动也出现了环境问题。如机房里计算机设备的密集布设产生的辐射可能危及员工的健康；信息泛滥成灾，信息污染严重，信息障碍加剧，信息差距扩大，信息犯罪增多，信息资源分布悬殊等。物流信息在供应链中传递时产生信号膨胀，也会导致生产和供应过剩，浪费资源。

6）物流基础设施对环境的影响

物流活动中需要大量的仓库、车站、码头、公路、铁路、水路等基础设施，需占用大量的土地并对自然环境造成破坏。

7）运输对环境的影响

城市物流配送中的运输环节对环境的影响主要体现在废气物、噪声污染、震动、扬尘及有毒物的污染等方面。

尾气排放物污染是市区货物运输给城市造成的主要问题之一。在现代化大城市，汽车尾气排放已经是环境污染的第一号因素。尾气在直接危害人体健康的同时，还会对人类生活的环境产生深远影响。尾气中的二氧化硫具有强烈的刺激气味，达到一定浓度时容易导致"酸雨"的发生，造成土壤和水源酸化，影响农作物和森林的生长。

小资料

环境保护部定期发布中国环境噪声污染防治报告，完整的《2017年中国环境噪声污染防治报告》可以登录加阅平台进行学习。

2. 改善城市物流配送环境的措施

1) 实行物流合理化运作

减轻物流的环境负担，根本的办法是实行物流合理化运作。

（1）应当提高铁道和水运的比重，减少对环境危害最大的汽车运输。

很多研究表明，在多种可选择的运输方式中，公路的资源占用（包括能源消耗、土地资源占用等、人力资源占用）为最高。从对环境影响来看，对环境的破坏作用也是以汽车运输为最高。减轻公路运输对环境负担的措施如下。

① 把铁路、公路、水运的合理结构作为宏观调控的目标，增加铁路物流量，降低公路的物流量。

② 将铁路、水运的干线运输和公路的集散运输作为物流合理化的一个重要课题，发展多式联运，限制汽车的长距离、大量运输，从而在减少污染的同时提高物流系统的能力。

③ 依靠科学技术，采用无铅汽油、清洁燃料，从能源的源头来解决和降低污染。

④ 在城市中心行驶的配送车辆，采用低污染的先进运输设备；大型运输汽车限制进入城市地区；对排放标准不合格、噪声、震动过大的运输车辆，实行严格的交通管制。

（2）采用管道输送的物流方式。

通过采用管道运输的物流方式解决液体、气体、粉状物对环境的污染，如石油、石油气、煤粉、矿粉等。

（3）合理规划物流节点和物流通道的分布。

对物流节点实行集约化建设与管理，使物流节点远离居民稠密地区，是解决和降低噪声、粉尘、震动及尾气污染的有效措施。为此在规划物流节点，如物流基地、物流中心等，应当远离城市中心区并且适当集中分布，配送中心应当和居民稠密区保持适当距离。

3. 推行绿色物流

树立绿色物流观念。人们开始意识到：一切经济活动都离不开大自然，取之于大自然，复归于大自然。于是，循环经济或绿色经济应运而生，引起人们经济行为的变化，甚至社会经济结构的转变，一系列新的市场制度和经济法规，迫使企业降低环境成本而采用绿色技术，进行绿色生产、绿色营销及绿色物流等经济活动。

（1）推行绿色物流经营。

① 选择绿色运输。通过有效利用车辆、减少车辆运行次数，提高配送效率。例如，合理规划网点及配送中心、优化配送路线、提高往返载货率；改变运输方式，由公路运输转向铁路运输或海上运输；使用绿色工具，降低废气排放量等。

② 提倡绿色包装。包装不仅是商品的卫士，而且也是商品进入市场的通行证。绿色包装要醒目环保，还应符合4R要求，即少耗材（reduction）、可再用（reuse）、可回收（reclaim）和可再循环（recycle）。

③ 开展绿色流通加工。由分散加工转向专业集中加工，以规模作业方式提高资源利用率，减少环境污染，集中处理流通加工中产生的边角废料，减少废弃物污染等。

④ 收集和管理绿色信息。物流不仅是商品空间的转移，也包括相关信息的收集、整理、储存和利用。绿色物流要求收集、整理、储存的都是各种绿色信息，并及时运用于物流中，促进物流的进一步绿色化。

（2）开发绿色物流技术。

绿色物流不仅依赖于绿色物流观念的树立、绿色物流经营的推行，更离不开绿色物流技术的开发和应用。

（3）制定绿色物流法规。

一些发达国家的政府非常重视制定政策法规，在宏观方面对绿色物流进行管理和控制，尤其是要控制物流活动的污染发生源。物流活动的污染源主要表现在运输工具排放的废气、流通加工过程产生的废水、一次性包装的丢弃等。因此，他们制定了诸如治理污染源、限制交通量、控制交通流等相关政策和法规。国外的环保法规种类很多，有些规定相当具体、严厉，国际标准化组织制定的最新国际环境标志也已经颁布执行。

小案例

关于扩大生物燃料乙醇生产和推广使用车用乙醇汽油的实施方案

2017 年 9 月 13 日，由国家发展改革委、国家能源局、财政部等十五部委联合印发《关于扩大生物燃料乙醇生产和推广使用车用乙醇汽油的实施方案》，根据方案要求，到 2020 年，我国全国范围将推广使用车用乙醇汽油。

车用乙醇汽油，简单的理解就是，在汽油中添加 10% 的生物燃料乙醇，也就是我们通常说的酒精。添加燃料乙醇的汽油，可有效减少汽车尾气中的碳排放、PM 2.5 等细颗粒物排放以及其他有毒物质的污染，从而改善空气质量。

资料来源：http://news.sina.com.cn/o/2017 - 09 - 13/doc - ifykuftz6627993.shtml.

4. 控制废气排放与噪声污染

控制废气排放的措施主要体现在汽车燃油的改用、汽车发动机内部的调试、发动机外部尾气净化、发动机内部净化处理等方面。

各国通过制定汽车尾气的排放标准，来控制废气排放。欧洲汽车尾气排放标准是欧盟国家为限制汽车排放污染物对环境造成的危害而共同采用的汽车尾气排放标准。当前对几乎所有类型的车辆排放的氮氧化物（NO_x）、碳氢化合物（HC）、一氧化碳（CO）和颗粒物（particulate matter，PM）都有限制，如小轿车、卡车、火车、拖拉机和类似机器、驳船，但不包括海轮和飞机。对每一种车辆类型，排放标准都有所不同。

欧洲标准是由欧洲经济委员会（ECE）的排放法规和欧盟（EU）的排放指令共同完成的。排放法规由 ECE 参与国自愿认可，排放指令是 EEC 或 EU 参与国强制实施的。在欧洲，汽车排放的标准一般每四年左右更新一次。在 1992 年实行了欧洲一号标准，1996 年开始实行了欧洲二号标准，2000 年开始，实行了欧洲三号标准，2005 年开始，实行了欧洲四号标准。相对于美国和日本的排放标准来说，其测试要求比较宽泛，因此，欧洲标准也是发展中国家大都沿用的汽车尾气排放体系。例如，我国于 2001 年实施的《轻型汽车污染物排放限值及测量方法（Ⅰ）》等效于欧洲一号标准（EUⅠ或 EURO 1）；2004 年实施的《轻型汽车污染物排放限值及测量方法（Ⅱ）》等效于欧洲二号标准（EUⅡ或 EURO 2）；2007 年实施的国Ⅲ标准相当于欧洲三号标准（EUⅢ或 EURO 3）；于 2010 年实施的国Ⅳ标准，相当于欧洲四号标准（EUⅣ或 EURO 4）。轿车的欧洲排放标准见表 1-7。

表 1-7　轿车的欧洲排放标准（类别 M1*），克每千米（g/km）

标准等级	开始实施日期	CO	HC	NO_x	HC+NO_x	PM
柴　油						
Euro 1†	1992 年 7 月	2.72 (3.16)	—		0.97 (1.13)	0.14 (0.18)
Euro 2	1996 年 1 月	1.0	—		0.7	0.08
Euro 3	2000 年 1 月	0.64	—	0.5	0.56	0.05
Euro 4	2005 年 1 月	0.5		0.25	0.3	0.025
Euro 5（将来）	2009 年 9 月	0.5		0.18	0.23	0.005
Euro 6（将来）	2014 年 9 月	0.5		0.08	0.17	0.005
汽　油						
Euro 1†	1992 年 7 月	2.72 (3.16)	—		0.97 (1.13)	—
Euro 2	1996 年 1 月	2.2	—		0.5	—
Euro 3	2000 年 1 月	2.3	0.2	0.15		—
Euro 4	2005 年 1 月	1.0	0.1	0.08		—
Euro 5（将来）	2009 年 9 月	1.0	0.1	0.06		0.005**
Euro 6（将来）	2014 年 9 月	1.0	0.1	0.06		0.005**

* 在欧洲五号标准（Euro 5）以前，重于 2 500 kg 的轿车被归类为轻型商用车辆（light commercial vehicle）N1—Ⅰ。

** 仅适用于使用直喷发动机的车辆。

† 括号内的数字为生产一致性（conformity of production，COP）排放限值。

小资料

轻型汽车污染物排放限值及测量方法（中国第六阶段）
（GB 18352.6—2016 替代 GB 18352.5—2013　2020-07-01 实施）

为贯彻《中华人民共和国环境保护法》和《中华人民共和国大气污染防治法》，防治机动车污染排放，改善环境空气质量制定本标准。本标准规定了轻型汽车污染物排放第六阶段型式检验的要求、生产一致性和在用符合的检查和判定方法。生产企业有义务确保所生产和销售的车辆，满足本标准所规定的在用符合性要求。

完整报告可以登录加阅平台进行学习。

交通噪声污染问题产生的原因主要有两方面，一个是地面交通设施已经存在或者已有规划，在其邻近区域建设学校、医院、住宅等噪声敏感建筑物，由于规划布局不合理，未预留必要的防噪声距离，造成噪声敏感建筑物投入使用后出现交通噪声污染问题。另一个更重要的原因则是由于地面交通设施的建设或是运行造成的环境噪声污染。《中华人民共和国环境噪声污染防治法》第三十六条规定："建设经过已有的噪声敏感建筑物集中区域的高速公路和城市高架、轻轨道路，有可能造成环境噪声污染的，应当设置声屏障或者采取其他有效的控制环境噪声污染的措施。"除新建地面交通设施可能会产生环境噪声污染外，一些地面交通设施投入运行后随着车流量的增加，或运行参数的改变（如铁路提速），还可能产生新的噪声污染问题。

控制噪声污染的方法如下。

（1）合理规划布局。交通噪声源与工业企业、建筑施工等噪声源不同，一般很难通过噪声管制手段（如限期达标、停产停业）解决其污染问题，而主要是通过合理规划进行提前预防，这才是根本性措施；一旦交通噪声污染已经构成，治理难度是很大的，有时甚至完全没有治理条件。为此，地面交通噪声污染控制首先要遵循的原则就是"坚持预防为主原则，合理规划地面交通设施与邻近建筑物布局"。

（2）分层次控制与各负其责。地面交通噪声污染防治必须根据噪声这种物理性污染的特点，从"源""途径""受体"三方面入手，分层次控制。对于噪声源控制，可采取的措施包括降低车辆噪声（提高设计制造水平，加强运行维护），以及对地面交通设施采用低噪声的建设构造和形式。对于削减噪声传声途径，可采取声屏障、绿化带等措施。对于敏感建筑物的保护，可采取建筑隔声设计、交通管理措施（限行、限速、禁鸣）等主动保护手段，也可采取安装隔声门窗，对室内声环境进行必要保护的被动防护手段。由于上述控制措施的实施主体各有不同，涉及车辆制造部门、交通设施建设单位、建筑设计单位、交通管理部门、环境保护部门等，各方应共同努力，各负其责，才能有效降低或消除交通噪声对环境的影响。

（3）优先实施噪声主动控制。在技术经济可行条件下，优先考虑对噪声源和传声途径采取工程技术措施，实施噪声主动控制。

（4）重点保护噪声敏感建筑物。地面交通噪声污染控制的最终目的，是保护人们正常生活、工作和学习的声环境质量，其重点是对"噪声敏感建筑物"进行保护，如医院、学校、机关、科研单位、住宅等。

小资料

《环境噪声污染防治法修订前期研究》启动会在北京召开

2016年5月5日，环境保护部大气环境管理司和政策法规司组织召开了《环境噪声污染防治法》修订前期研究工作的启动会。与会专家一致认为，《环境噪声污染防治法》自颁布近二十年以来，国家经济和社会发展产生了巨大变化，该法已不能适应噪声污染防治的需求，对该法的修订非常必要。建议课题研究组应加强调研工作，总结国内外噪声污染防治相关法律法规实施的经验，并注意梳理现行《环境噪声污染防治法》与新《环境保护法》，以及2015年12月中共中央、国务院印发的《关于深入推进城市执法体制改革 改进城市管理工作的指导意见》和现行环境管理要求不一致等问题。

资料来源：http://dqhj.mep.gov.cn/dtxx/201605/t20160523_343677.shtml.

1.2.3.2　城市物流配送的安全性分析

城市居民私人交通工具激增、城市道路网规划布局不合理、货车不合理运输占用道路等方面的因素使得城市交通拥挤问题日益严重。而日益严重的交通问题，给城市居民的日常出行将带来极大的不便，也增加了交通事故发生频率。交通事故的发生不仅造成货物的破损、交通工具的受损，也给配送企业、配送服务的需求者带来巨大损失，更有可能给配送员工和城市居民带来生命安全的威胁。

交通事故的发生属于随机事件，具有偶然性。总的来说，诱发交通事故的原因是多方面的，但交通事故是在特定的交通环境条件下因人、车、路、环境构成的动态交通系统的某个环节上的失调所引起的。

在交通事故中，人为因素是主要因素。这里涉及驾驶员的技术水平、法律意识、个人素质甚至生理、心理健康状况等。

政府等相关部门可以通过以下措施减少交通事故的发生：

① 完善道路工程设施，保持交通流连续单一，对主要交叉口进行科学的信号配时和渠化设计；

② 通过学习、引进国外先进的管理理念、方法和手段，建设城市现代化交通信息系统，建立能实时监测车辆、路段状况，及时传输交通信息的网络；

③ 合理设计城市道路设计，设立清晰的道路指引标志，及时处理路面障碍，同时不断完善城市道路相关法律、法规。

小案例

公路限超措施

国内第一部专门针对公路保护的行政法规《公路安全保护条例》（以下简称《条例》），于 2011 年 7 月 1 日开始实施，其主要内容之一是加大对公路超载运输的处罚力度。

《条例》规定："对一年内违法超限运输超过三次的货运车辆，由道路运输机构吊销其车辆营运证；对一年内违法超限运输超过三次的货车车辆驾驶人，由道路运输管理机构责令其停止从事营业性运输；道路运输企业 1 年内违法超限运输的货车车辆超过本单位货车总数 10％的，由道路运输管理机构责令道路运输企业停业整顿；情节严重的，吊销其道路运输经营许可证。"对于违反限定标准超载运输的个人，公路管理机构可对其"处以 3 万元以下的罚款"。

1.3　国内外城市物流配送现状及发展趋势

第二次世界大战后，现代物流业在发达国家迅速成长起来，其中城市物流配送体系的建设也已相当完善。我国自 20 世纪 90 年代初开始，大力发展现代物流，虽然与发达国家的现代物流还存在一定的差距，但经过各方努力目前已经取得一些成绩。

1.3.1　国外城市物流配送发展

鉴于城市物流配送的发展离不开各国的宏观物流配送发展环境，并具有其各自的地理环境及政治制度的体制特征，因此，在此处先介绍国外典型国家发展一般物流配送所具有环境条件。

1.3.1.1　不同国家各具特色的物流配送环境条件

物流与经济密切相关，在自由经济体制下，商业活动完全取决于市场，在激烈的市场竞争中，企业为了自身的生存和发展，会寻求最有利的流通渠道和经营形式。

在政府鼓励和市场开放的环境下，各主要发达国家物流配送迅速崛起，在政策法规与标准制定、物流体系构建，基础设施建设等方面取得了丰富经验。

1. 美国物流配送环境条件

美国经济高度发达，是世界上最早发展物流业的国家之一，其物流配送也处于领先地位。美国物流数量巨大且非常频繁，这决定了美国多渠道、多形式的物流结构特征。

首先，美国推行自由经济政策，在物流领域也是如此。其物流市场错综复杂，而又十分活跃。美国物流如此快速地发展，得益于美国物流管理协会等组织机构的全面支持，以及完善的物流市场管理及法制管理体系。联邦层次的管理机构主要有各种管制委员会，其中州际商务委员会负责铁路、公路和内河运输的合理运用与协调；联邦海运委员会负责国内沿海和远洋运输；联邦能源委员会负责州际石油和天然气管道运输；而联邦法院则负责宪法及运输管制法律的解释、执行、判决和复查各管制委员会的决定；各有关行政部门，如交通部、商务部、能源部和国防部等负责运输管理的有关行政事务。立法机构是总的运输政策颁布者、各管制机构的设立和授权者，它们和州级相应机构一起，构成美国全国物流市场的管理机构体系。

其次，美国先进的物流技术是其物流业处于领先地位主要原因之一。美国拥有世界上最先进的物流配送实施技术：普遍采用条码技术（bar code）和射频识别技术（radio frequency identification，RFID）来提高信息采集的效率和准确性；在仓储和货物运输中采用成熟统一的管理、运输、定位、跟踪系统；美国的物流企业实现供应商与客户信息共享，将企业的生产状况与客户需求动态化、透明化，通过广泛采用各种供应链管理技术，以"信息替代库存"，降低供应链物流总成本，提高供应链竞争力。

最后，美国大型物流企业除了拥有先进的技术和设备外，还拥有相当数量的物流专业人才。美国建立了多层次的物流专业教育，包括研究生、本科生和职业教育等。许多著名的高等院校设置了物流管理专业，并为工商管理及相关专业的学生开设物流课程，如西北大学、密歇根州立大学、奥尔良州立大学、威斯康星州立大学、休斯敦大学等，或者设立了独立的物流管理专业，或者附属于运输、营销和生产制造等其他专业。美国全面开展物流在职教育，建立物流业的职业资格认证制度，如仓储工程师、配送工程师等，所有物流从业人员必须接受职业教育，经过考试获得上述工程师资格后，才能从事有关的物流工作。

美国是市场经济体制最为完善的国家，在经济发展过程中不强调政府的管制作用，而要求企业按照市场化运作模式进行发展。现代物流产业的发展也不例外，第三方物流企业的兴起就是市场化运作的核心体现。第三方物流是指生产经营企业为集中精力搞好主业，把原来属于自己处理的物流活动，以合同方式委托给专业物流服务企业，同时通过信息系统与物流企业保持密切联系，以达到对物流全程管理控制的一种物流运作与管理方式。执行第三方物流的企业利用本公司或其他公司的物流资源，不只承担仓储或运输的单项业务，而且负责包括配货、送货、库存管理、收货验货及调货分装等综合性客户物流业务，以满足客户的物流需求。

美国第三方物流快速发展，首先得益于政府对物流产业的发展持不干预的态度，主要依赖企业自主的市场运作。其次得益于美国完善的合同法体系，工商企业用户通过与物流服务提供商签订合作合同，不必顾虑物流市场的运作和商业秘密的泄露问题，将货物集运、库存管理、条码标签、分拣挑拣、订单执行等业务，包括售后退货、修理更换、货物回收销毁、因特网订单执行，以及电脑装配等销售渠道完全交付给物流合作方，这为物流产业发展提供了巨大的空间。最后得益于一大批不同类型的拥有先进科技手段和广泛配送网络的运输管理公司，如 Ryder[①]、XPOlogistcs[②] 等世界物流公司，它们拥有自动化分拣、存取系统等运作大型配送运输技术和先进的技术管理设施，为客户提供周全的服务。

（1）以仓储企业为中心的物流配送系统。仓储是衔接生产与流通、流通与消费的枢纽环节。对于生产企业来说，在城市内部自建仓库需要大量投资，还要配备专业储运人员，因此，部分企业选择让利于储运商，自己集中精力提高产品本身的竞争力并创造利润。这就促进了以仓储企业为中心的城市物流配送企业的发展，同时也符合现代化专业分工日益细化的管理要求。

（2）仓储和经营一体化的物流企业。这类物流配送企业既是配送中心，又是销售中心，集仓储和经营一体化，既承担各类工业物资的储存、运输，又担负商品的采购和销售。它的优势在于通过众多的零售网点，及时跟踪市场信息，优质廉价做好储运与销售服务。其经营方式通常是：仓库把经营目录印发各零售点，零售点根据用户订货和销售预测向仓库订货，仓库组织人员批量订货，小批量配送给零售点销售，如超市、便利店等。

（3）生产企业自设销售网点。一些大型企业，不仅拥有庞大的生产系统，而且拥有遍布全国乃至世界各地的销售系统。这种形式实际上是生产物流的延伸并与销售物流结合，它有利于生产企业更加了解市场需求而适销生产。

（4）物资批发销售企业。这类物流企业经营灵活，它的进货争取最低价格和最便捷的方式，而销售可以是零售商，还可以自己从事流通加工后销售，因此物资批发销售企业较一般的销售网点具有更多的品种和服务档次。

小资料

家得宝（HomeDepot）建材超市全面撤出中国市场

家得宝是美国第二大建材零售商，2007 年进入中国后，发展得并不顺利，连年关闭各地门店，频繁的高层离职异动。美国式的仓储式大卖场文化在中国水土不服，中国市场对 DIY 家居建材需求不够。2012 年家得宝建材超市宣布关闭在华所有门店，全线退出中国市场。

---

① http://www.ryder.com/globalsiteselector.jsp.
② http://www.xpo.com.

欧洲：建立城市物流配送环保专区

早在 20 世纪末，瑞典就在斯德哥尔摩、哥特堡、马尔摩、隆德的中心城区设立城市环保区（the environmental zones），对运输车辆的柴油颗粒物、碳氢化合物和氮氧化物等污染物的排放制定严格的控制标准，以提升城市空气质量，降低噪声污染。该项目仅允许车龄 8 年以下的柴油货运车辆进出环保区，车龄 15 年以上的车辆禁止进入环保区，车龄 9～15 年的车辆安装经许可的排放控制设备后，才可以进入环保区。该项目实施一年后，对其效果的评价结果显示：柴油颗粒物减少 20％，碳氢化合物减少 10％，氮氧化物减少 8％，总噪声的强度也明显降低。

2007 年 3 月，德国联邦政府出台法规，建议各州政府在主要城市建立"环保区"。2008 年新年伊始，德国柏林、科隆和汉诺威三大城市首先在中心城区设立了"环保区"。其中，首都柏林的"环保区"包括市郊环线铁路以内的 88 平方公里的范围，区内有 100 多万居民。新法规规定：尾气排放仅达到"欧Ⅰ"标准的汽车禁止驶入"环保区"，达到"欧Ⅱ""欧Ⅲ"标准的汽车进入"环保区"的有效期截止到 2010 年。2010 年后，所有汽车都必须达到"欧Ⅳ"标准，否则将被拒之城外。

2008 年 2 月，英国伦敦的交通部门发起了一项"低排放区（low emission zones）"的倡议活动，该活动旨在减少交通污染、改善城市空气质量。该活动将使用一批摄像机监控大型柴油货车的废气排放，并对其中排放超过欧标的货车实施大额罚款。此项措施将有助于改善伦敦的空气质量，以提高数百万伦敦居民的身体健康。

资料来源：国外城市物流绿色化的实践及经验借鉴 . http://www.csscipaper.com/management/logistics/94119_2.html.

2. 欧盟的物流配送

欧洲自 1992 年加快一体化进程以来，物流业发展迅速。其物流业是建立在较为完善的市场经济体系之下，同时，欧盟各国政府对物流发展给予的高度重视对于推动物流业的发展也产生了积极的促进作用。

欧盟各国政府对物流发展的促进作用主要表现在硬件环境建设和软件环境建设两方面。前者主要表现在对社会性物流基础设施的规划和建设上，即政府通过直接投资或者通过一定的政策倾斜，促进公路、港口、铁路、航空等运输基础设施网络的建立及衔接多种运输方式的物流中心的规划建设。后者主要通过着力建立一个完善的促进物流发展的市场环境和法制环境来实现。欧盟 BESTUFS 项目是欧盟城市货物配送研究实践的典型范例。

1）BESTUFS 概述

BESTUFS 最佳城市货运实践，兴起于 2000 年。作为第一期项目，BESTUFS Ⅰ目的在于促进不同城市间具有相似职能的同行进行经验和知识的交流，从而促进各自城市的改革项目。BESTUFS Ⅱ是继 BESTUFS Ⅰ项目成功后的后续倡议项目，于 2004 年启动，属于欧盟第六框架计划下的项目。其旨在保持和扩大开放的欧洲交流网络，包括城市货物运输专家、用户团体/协会、正在进行的项目、相关的欧洲委员会高级职员及国家、区域和地方交通运输管理部门和运输经营者的代表之间的交流，以便识别、描述和传播城市物流解决方案

（city logistics solutions，CLS）的最佳经验、成功标准和瓶颈。

BESTUFS项目主要涉及七个方面，研究项目共有208项，其中电子商务与城市货物配送（E-Commerce and urban freight distribution）项目25项，智能交通系统在城市货物运输系统中的运用（intelligent transport systems for urban freight transport）项目37项，城市货物运输业务公共与私营机构合作（public private partnership for urban freight transport）项目23项，道路运价和城市货物运输（road pricing and urban freight transport）项目27项，城市货运平台（urban freight platforms）项目35项，城市地区废弃物物流（waste logistics in urban areas）项目的调查27项，环境友好型车辆（environmentally friendly vehicles）项目32项。

BESTUFS网站（http://www.bestufs.net/）介绍BESTUFS I和BESTUFS II研究概况，展示BESTUFS工程的相关新闻事件，项目查询，研讨会相关内容，BESTUFS相关会议、圆桌会议，相关链接和联系方式等内容，如表1-8所示。

表1-8 BESTUFS网站主要介绍内容

栏目	内 容
相关新闻事件	主要包括一些新闻简讯、外部事件、文章等
项目查询	用于搜寻BESTUFS中的最佳实践工程，提供根据主体和国家查询方式
研讨会	介绍BESTUFS I和BESTUFS II研讨会的议事日程和议事地点
会议和圆桌会议	介绍BESTUFS I和BESTUFS II研讨、交流所组织召开的会议时间和地点
相关链接	便于与大学和研究中心网站、城市物流和货运中心网站、相关工程网站、政策网站等的交流，方便了解BESTUFS研究的拓展网络体系
联系方式	介绍BESTUFS管理中心的地点、联系邮箱、电话和传真，网站管理员的邮箱地址和相关合作伙伴

2）BESTUFS项目成果

BESTUFS项目的成果丰富，主要有以下方面：城市调查问卷的设计、专家对政府政策及项目的研究建议、城市货运解决方案的最佳实践手册及依据功能和前期BESTUFS项目主题之间关联框架的聚类分析报告。

（1）城市调查问卷的设计。

由于目前的城市货运方法对城市生活质量存在负面影响；城市的基础设施、政策变化（如行人和停车区）和商业活动（如商场中心，新的消费模式）使得有必要重新审查货运计划和管理方式；技术革新，如车辆低排放、智能交通系统应用、低成本转运等，实现了具有新的可能性和挑战性的做法，因此城市货物配送吸引了越来越多的关注。

BESTUFS旨在更好地确定城市的问题和需要，建立制定政策建议的环境，最终确定最好的实践方案。而城市调查的目的是确定调查城市存在的主要问题，要求和倡议城市货运交通的规划，其研究结果有助于把重点放在解决城市货运交通的主要方面并对其进行处理。BESTUFS研究为了更好地分析城市配送问题，在城市配送案例分析中设置了调查问卷。

城市调查向欧盟国家的中小型及大城市共发放了148份调查问卷，其中44个城市的问卷（约30％）和43个调查表（包括11个集聚地和32个城市）都可以分析。对于反馈的基本信息，仔细分析大多数城市的问卷调查之后，可以得出结论：被调查者对城市货运存在的问题有强烈兴趣。

调查问卷的设置主要分为以下 9 个部分①。

① 对被调查者基本信息的调查。主要包括：城市货运问题负责人的名字、职位、地址、电话等基本情况的调查；部门中参与城市货运交通的人数的相关调查；经济结构对城市货运交通影响重要性的调查等。

② 对城市货物运输目前面临的主要问题的重要性的调查。问题包括：由城市货运车辆引起的城市内部交通中断、由城市货运车辆引起的主要道路交通中断、噪声排放、环境污染、重型货运车辆对道路基础设施的破坏、货运车辆进入专用区域或历史中心、配送基础设施的缺乏、立法规则的不充分、法规的执行、太多重型货运车辆、太多小型配送车辆等。

③ 对城市货运问题的重要性的调查。问题包括：城市货运交通中的数据统计和数据处理；城市货运交通规划的模型工具和方法；合作性的城市货运政策；实际实验性的措施；所有当地部门的合作；货物运输专业人士、司机，零售商等的信息；地方/区域、国家政策法规的一致性等。

④ 对第三部分中被调查者想进一步了解的相关信息的问题的调查，即被调查者描述自己所要了解的主题。

⑤ 对城市货运规划中具体工程、战略、措施是否实施的调查。如果选"是"，则进一步描述。

⑥ 对城市货运数据的可用性调查。如果选"是"，需要进一步介绍永久统计数据、期刊数据、特殊数据中的数据类型。

⑦ 对被调查者所在管理部门如何进行城市货运规划的调查。内容主要包括：被调查者所在的管理部门是否参与货运交通规划、参与货运交通规划的程度，以及顾问是否参与规划、其参与规划的程度等。

⑧ 对是否有城市货运规划工具的调查。如果选择"是"，则需要描述所使用工具的类型。

⑨ 对其他的评论和意见的调查。

（2）政府政策及项目研究建议

BESTUFS 收集并整理了众多合作伙伴的专业知识和独到观点，集合了在 BESTUFS 研讨会的个人和群体的贡献，如表 1-9 所示。

表 1-9　BESTUFS Ⅰ 和 BESTUFS Ⅱ 的政策和研究建议

BESTUFS Ⅰ	BESTUFS Ⅱ
① 关于城市货运统计数据、数据采集和数据分析的总结 ② 城市通行权，停车规定及通行时间限制和强制执行支持 ③ 根据运输经营者的要求优化城市配送车辆 ④ 根据电子商务及电子物流改变城市运输 ⑤ 城市铁路货运 ⑥ 道路收费和城市货运 ⑦ 城市货运平台 ⑧ 公私伙伴关系优化城市货物运输 ⑨ 夜间配送 ⑩ 城市货物运输中的智能运输系统 ⑪ 城市货运策略：实行不干涉策略还是综合策略	① 城市配送中心 ② 最后一公里解决方案 ③ 中小型城市的城市货运 ④ 城市废弃物物流 ⑤ 港口城市和创新城市货运解决方案 ⑥ 通过企业和地方当局管理城市货运

① European Survey on Transport and Delivery of Goods in Urban Areas，www. bestufs. net.

（3）城市货运解决方案的最佳实践手册。

为了更好地解决城市货运的相关问题，依据案例分析，BESTUFS Ⅰ和 BESTUFS Ⅱ分别制定了包括城市货运解决方案的最佳实践手册，其具体内容如表 1-10 所示。

表 1-10　BESTUFS Ⅰ和 BESTUFS Ⅱ的最佳实践手册内容

BESTUFS Ⅰ	BESTUFS Ⅱ
有关城市货运的统计数据，数据采集和数据分析	城市中的废弃物流运输
城市入口，停车规则和停车时间限制及执法支持	环保车的试验与激励
电子商务与城市货运分布（家居购物）	城市货运中的控制与实施
道路收费和城市货运	城市准入限制计划
城市货运平台	—
公私伙伴关系加强城市货物运输	—
智能运输系统（ITS）	—

（4）聚类分析报告。

聚类分析报告的目的是"围绕关键主题分类归并相关研究和技术开发项目，确认开始进行的工作及需要考虑进一步付诸努力的方面"。该聚类建立在对研究总结内容描述、有效的最终报告，以及在相关项目里与项目人员的交流和直接经验的评估的基础之上。

3）荷兰物流配送环境条件

荷兰拥有其他欧洲国家不可比拟的优越地理位置，先进的基础设施，浓厚的商业气氛，高度发达的物流服务，以及政府的有力支持。同时它还拥有完善的海关设施，优惠的税收政策，以及一支技术先进、生产效率高并懂得多门语言的劳动队伍。这一切都为荷兰开展面向欧洲的现代化物流服务提供了便利的条件。尤其鹿特丹是向欧洲、中东、非洲甚至更远的地域开拓市场的最佳地点。

在荷兰建立的欧洲分销配送中心（european distribution center，EDC）为整个欧洲市场供应商品，各欧盟成员国之间的贸易无须海关检验，商品流通变得更加便捷。比利时、荷兰、卢森堡三国经济联盟位于欧洲的中心地带，通往欧洲各地非常方便。

小案例

鹿 特 丹 港

鹿特丹港是欧洲最重要的港口之一。它的物流运输网络由深水货运码头，物流服务公司和便利的腹地交通运输连接网络组成。如图 1-3 所示。

鹿特丹港在物流配送方面的优势体现在以下方面。

（1）配套设施齐全。鹿特丹港配套设施齐全，形成了储、运、销一条龙服务。鹿特丹港配套设施完备，码头、堆场、仓库、道路、环保设施、支持保障系统非常完善；管理设备和操作手段高度现代化；鹿特丹港通过一些保税仓库和货物分拨中心进行储运和再加工，提高货物的附加值，然后通过公路、铁路、河道、空运、海运等多种运输路线将货物送到荷兰和欧洲的目的地。

（2）拥有大规模物流中心，专业化程度高。这些物流中心均有与码头的专用运输通道，提供物流运作的必要设备，采用最先进的信息技术，并提供增值服务及海关的现场办公服务。物流中心的配送园区是许多企业在欧洲建立的配送中心所在，也是小企业能保证货物交付即时送货到全欧洲的放心的物流服务商。

图1—3　鹿特丹港

（3）仓储配送服务完善。对于集装箱化货物的仓储和配送来说，坐落在鹿特丹港区和各个工业区内的三大物流配送基地可以为其提供最完善的各种增值服务。这里集中了所有仓储配送服务所必需的设施和技术，从而为企业节约了大量的时间和运输成本。

（4）提供物流定制服务。鹿特丹港还可以为所有类型和规模的货物提供定制化的运输服务。在大鹿特丹地区，客户既可以拥有自己的物流运输队伍，也可以从众多专业化的服务商之中选择合适的公司来设计解决物流配送问题。

4）德国物流配送环境条件

德国的物流配送产业是在第二次世界大战以后，随着现代科技的兴起和经济的高速发展而逐步发展起来的。德国采取政府监督控制、企业自主经营的市场运作模式对物流业进行管理。因此，政府在促进德国物流业发展中起到了重大的作用。[①]

（1）掌握和推广最先进的理论与技术。德国对物流理论和技术的研究及应用十分重视，政府对科研机构给予资助，推动科研机构与企业的合作，促进科研成果的应用，使该行业获得全球竞争优势；同时为适应物流全球化的发展趋势，德国政府针对基础设施及装备制定基础性和通用性标准；另外，德国政府还采取多种措施推动物流教育的发展。

（2）履行物流业规划、建设和协调职能。政府对物流业发展做出全面规划，根据发展需要建设公路、铁路和港口等基础设施，协调各种运输方式形成综合网络。

（3）对物流业进行战略性投资。德国政府提出了"远距离运输以铁路和水路为主，中间的衔接与集散以公路为主"的运输战略，并通过对物流园区进行大规模的战略性投资加以实施。

（4）推动环境保护工作。针对物流业的特点，德国政府在考虑行业发展需求和社会公共利益的同时，也越来越多地关注物流业对环境的影响，认为保护环境与促进物流业发展并不矛盾。

德国的物流配送已经摒弃了商品从产地到销地的传统配送模式，基本形成了商品从产地到集散中心，从集散中心（有时通过不止一个集散中心）到达最终客户的现代模式。德国的物流配送已经形成了以最终需求为导向，以现代化交通和高科技信息网络为桥梁，以合理分布的配送中心为枢纽的完备的运行系统。德国十分重视按照连锁经营的规模和特点来规划配送中心，往往是在建设店铺的同时就考虑到了配送中心的建设布局。

---

① 驻慕尼黑总领馆经商室. http://info. clb. org. cn/rdzx/26306. shtml.

小案例

德国货运站

在德国，货运站往往由政府兴办但却实行民间经营管理方式。不来梅市货运中心自身的经营管理机构采取股份制形式。市政府出资25％，货运中心50户经营企业出资75％，由政府和企业选举产生咨询管理委员会，推举经理负责货运中心的管理活动，实际上采取了一种由企业"自治"的方式。货运站或货运中心的职能主要是为成员企业提供信息、咨询、维修等服务，代表50家企业与政府打交道，与其他货运中心加紧联系，不具有行政职能，如图1-4所示。

货运站及货运中心选点建设一般考虑三个方面因素。一是至少有两种以上运输方式连接，特别是公路和铁路；二是选择交通枢纽中心地带，使货运中心网络与运输枢纽网络相适应；三是经济合理性，包括运输方式的选择与利用、环境保护与生态平衡，以及在货运中心经营的成员利益的实现等。

图1-4 不来梅市货运中心

通过建立货运站和货运中心，德国减少了60％的车流量，运输效率提高了90％。

资料来源：运管人家，http://www.yunzheng.org/News/2005-07-19.htm，2005-07-06.

3. 日本的物流配送

日本在物流产业的发展过程中，政府体现出较强的导向作用。日本政府主要通过规划优先、加大投入、出台政策三大手段加强对物流产业的引导。首先是规划优先。考虑到国土面积小，国内资源和市场有限，商品进出口量大的实际情况，按照"流通据点集中化"战略，在大中城市的郊区、港口、主要公路枢纽等区域规划建设物流园地。同时倡导发展"城市内最佳配送系统"，围绕某个标准轴心，将城市内无规则发生的各种方向、数量、时间的货运需求加以汇总，实现混载配送，提高配送效率（见图1-5和图1-6）。其次是政府加大物流基础的资金投入和建设。在科学规划的基础上，日本政府于1997年制定了《综合物流施政大纲》，对主要的物流基础设施，包括铁路、公路、机场、港口、中心基地建设，提供强大的资金支持。最后是出台相关政策，鼓励现代物流产业发展。在完善道路设施、改善城市内河运输条件、缓解城市道路阻塞、发展货物联运等方面，日本政府出台了许多如放松政府管制、建立政府部门协调促进机构、提供政府援助等可行的鼓励政策。日本物流业在短期内就得到迅速发展与日本政府对物流业的宏观政策引导有着直接的关系。

　图 1-5　东京 CBD 区域运行的卡车　　　　　图 1-6　银座（Ginza）路旁装卸区

日本物资流通高度社会化，表现在以下三方面。

（1）生产与流通分离。生产企业一般不负责流通，其原材料供应商和产品销售由专门的流通部门来承担。由于物流商社联系产销，使订货集零为整，交货集中，解决了厂方大批量生产与小批量需求之间的矛盾，厂方商社回收货款也有保证，从而厂方可致力于提高产品质量和开发新产品。

（2）商流与物流分离。日本的物流，一般经历生产厂商→商社→批发商或特约店→用户四个环节，在长期的合作中，他们之间已形成一种相对稳定、合理的利益分配关系，保证了商流和物流的分工协作。

（3）流通加工比重大，社会化程度高。各大商社一般都有自己的流通加工工厂或独立的、面向社会的流通加工工厂，使各经济单位在适度竞争中极大地节约流通时间和流通费用，以最低的比较成本取得最大的比较效益。

1）日本物流配送的政策环境

日本政府通过建立和完善与物流相关的各项不同层次的法律和政策以推动和保障区域物流的快速和良性发展。与日本物流配送发展相关的法律主要包括以下几类。

（1）综合型物流发展法规：全面指导日本物流业发展的专门法律。如《物流法》《物流二法》《物流效率化法》《综合物流施政大纲》《新综合物流施政大纲》等。

小资料

日本的《综合物流施政大纲》

1997 年日本政府制定了《综合物流施政大纲》，这个大纲是日本物流向现代化、纵深化发展的向导，对日本物流业的发展具有非常重要的意义。

大纲的基本目标有三项：一是到 2001 年实现亚太地区最便利且充满魅力的物流服务；二是缓解对产业构成阻碍的物流成本；三是减轻环境负荷。为实现上述目标，大纲还制定了实施措施的三项原则：一是通过相互合作来制定综合措施；二是为确保适应消费者需求的有效运输系统，以及创造良好的交通环境、道路、航空、铁路等交通机构合作来制定综合交通措施；三是通过竞争促进物流市场活性化。在大纲的物流发展政策中把建设和完善物流基础设施作为重点，并着手进行了一系列的政策方面改革，目的是进一步放宽对物流业的限制，使其完全按照市场运作规律更加富有活力的发展。

资料来源：南开物流网，http://logistics. nankai. edu. cn/bbs/showtopic - 6833. aspx，2007 - 05 - 18.

（2）物流相关企业法规：管理物流流通环节，确定中小企业地位并引导其适应经济发展，建立有序、自由公平竞争的市场环境，如《独占禁止法》《大规模零售店铺法》《零售商业调整特别措施法》《中小企业基本法》《中小企业指导法》和《中小零售商业振兴法》等。

（3）物流节点规划与建设类法规：包括物流中心、物流园区、配送中心、物流基地等规划与投资的法规与政策，如《汽车终端站场法》《流通业务市街地整备法》《大规模物流基地的合理配置构想》《物流据点整体状态的规划设计》《物流基地的整备目标》等。

（4）陆海空交通运输基础设施建设与经营类法规：包括铁路、公路、港口、机场的建设与经营，铁路运输、公路运输、海运和空运的有关法律，如《运输法》《铁道建设法》《铁道事业法》《民航法》等。

（5）信息技术与标准化类法规：包括信息技术推广和标准化推广的相关法规，如《日本高度信息网络社会形成基本法》《e - Japan 战略》《e - Japan 重点计划概要》《信息技术基本法》《信息公开法》《电子签名法》等。

（6）其他法规：主要包括区域开发与管理、城市规划、环保等各项法规，如《日本第四次全国综合开发计划》《都市计划法》《大店法》《特定商业聚集法》《振兴新冲绳特别措施法》《环境污染控制基本法》《21 世纪议程行动计划》《结构改革特别区域法》等。

日本有关物流配送发展的法律法规有如下特点。

（1）数量多，涉及面广。一方面是由于物流产业发展涉及多个部门，另一方面是因为日本经济发展快，为促进物流配送的快速改革和发展，相关法律法规政策必须跟上其发展战略的需要。

（2）地方法规和国家法规相互协调、系统化。这体现了战略目标的一致性和区域协调特点。政府正是通过相关法规的制定和执行推进和保障区域物流的改革发展。

（3）法律法规的一致性和持续性。日本物流相关法规是通过广泛的调查，对之前的法规来进行评价，然后根据新的发展环境、发展战略而制定的。

2）日本物流配送的基础设施环境

日本在推动物流产业发展中，始终将建设和完善物流基础设施作为一项重要任务。20世纪 60 年代以后，日本政府为了提高物流效率、促进经济发展，采取了许多措施扶持企业进行物流设施建设，包括制定相关物流法律、法规，统一规划城市中的仓储设施建设，颁布倡导革新物流技术、更新物流设施的优惠政策，从系统的角度管理城市物流配送基础设施资源。同时企业在建设物流基础设施的同时，也积极探索物流系统化、规范化的可行性理论和方法。

在日本政府 1965 年 1 月颁布的《中期五年经济计划》中，强调了要实现物流的现代化。作为具体措施，日本开始在全国范围内开展高速道路网、港口设施和流通聚集地等各种基础设施的建设，在东京、大阪、神户等城市大规模开辟物流园区，其中包括占地 2.5 万平方米的东京批发中心等一批大型物流活动中心，建立专业物流园区、流通中心、卡车终端、集装箱码头等。这些大型物流基地和众多的仓库终端成为支撑整个物流网络的终点。目前，东京都地区许多大型物流设施位于海边或公路立交附近，如图1-7及图1-8所示。[1] 与此相联系的是物流企业普遍采用了现代化的流通手段和技术，实现了运输、仓储、装卸搬运、包装、分拣等系统的现代化。日本全国已形成了一个庞大系统的物流体系，以物流园区为核心，各种配送中心、物流中心为节点，为循环配送线路所组成的物流体系奠定了基础，加上先进的电子商务的配套，使得日本的物流效率位于世界领先水平。

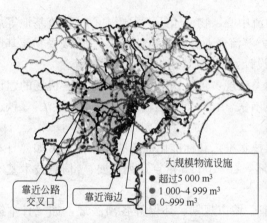

图1-7   东京都地区大型物流设施布局

Source：TMR Freight Survey，2005.

图1-8   大型物流设施

新型的城市物流系统包括以下方面：发达的信息系统、协同的运输系统、公共的物流中心、装载控制系统及地下物流系统。其中地下物流系统最具创新意义和发展前景，该系统的开发和建设能够对解决当前城市物流系统所面临的一系列问题起到关键性的作用。

地下物流系统由物流中心和运输线路构成，主要在地面以下进行运作，但根据需要，系统的部分设施亦可规划于地上。地下物流系统采用自动导向车（AGV）和两用卡车作为承载工具。该车利用电能作为能源，能够在专用的地下线路中实现无人驾驶，也能够在地面道路上由驾驶员操作控制。在地下线路上行驶，可以缓解地面交通的拥堵，减少交通事故的发生；由于用电作为能源，减少了废气的排放，但也限制了载重量不能超过两吨；专用线路的使用能够提高运输效率，结合信息化自动控制技术能够节省劳动力。

当前美国、日本及荷兰正在对自动化高速公路系统（automated highway system，AHS）进行论证。该系统通过在道路上设置磁力装置，车辆里安置传感设备，从而引导运输工具的行驶。但是进行完全自动化控制难度比较大，因而提出一种辅助导航高速公路系统，以求对运输进行半自动控制。该系统能够避免运载工具发生碰撞及不正常的出轨现象。一旦AHS论证成立并投入使用，将使得新旧物流系统之间得以衔接，甚至城市客运与货运系统将能够共用运输线路，这不仅最大限度地发挥了系统的效能，同时也使得开发地下物流

① KUSE H，ENDO A，IWAO E. Logistics facility，road network and district planning：Establishing comprehensive planning for city logistics［A］. Procedia Social and Behavioral Sciences 2. 2010：6251-6263.

系统的可行性增加。

目前日本国内运用的地下物流运输系统主要是气力囊体管道（pneumatic capsule pipeline，PCP）。PCP 一般有圆形和方形两种规格，如图 1 - 9 和图 1 - 10 所示。圆形直径 0.5 m 或 1 m，方形大约 1 m×1 m，用于城市垃圾收集或工业矿石运输。

图 1 - 9　圆形 PCP

图 1 - 10　方形 PCP

在日本物流产业发展进程中，日本政府一直发挥着重要作用。为了促进物流业的发展，日本政府采取了一系列的措施，其中主要体现在完善物流基础设施、加大资金投入和制定相关规章制度三方面。在日本，从事物流服务的约有 150 万人，每 50 人中有一名是做物流服务的。① 由此可见，物流已成为日本的基础产业。日本的物流管理已经形成了适合其国情的现代化流通体系。

（1）日本的物流配送优势。

日本物流配送之所以成功，其主要优势体现在以下七个方面。

① 多功能化。在日本，物流配送中心基本上都能满足厂商和销售商对物流全过程提出的高速化、高效化的要求，具备了从收货、验货、储存、装卸、配货、流通加工、分拣、发货、配送、结算到信息处理等多种功能，实现了物流一体化。

② 系统化。日本的物流配送中心十分重视内部的系统管理。他们认为，一个配送中心的设计，首先应着重于系统设计，系统设计要求各个环节互相配合、相互衔接，使物流的全过程处于一个均衡协调的系统之中，从而使得配送过程更加便捷、高效。

③ 规模化。规模即效益，现已成为日本物流界人士的共识。日本的物流配送中心规模大的比较多，如东京流通中心（TRC）②，坐落在距东京都市中心 10 km 的和平岛上，占地 150 703 m²，由流通中心、汽车运输中心、普通仓库和冷藏仓库 4 个部分组成，设施先进、功能齐全，采用现代化管理手段，对消费者和营销商很有吸引力。东京流通中心如图 1 - 11 所示。

① 探析日本物流发展及其启示，http://info.jctrans.com/xueyuan/wlyt/2010128945345.shtml，2010 - 12 - 08.
② http://www.trc-inc.co.jp/enterprise/logist/index.html.

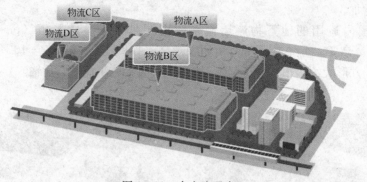

图 1-11　东京流通中心

④ 自动化。日本物流配送企业在物流作业中，铲车、叉车、货物升降机、传送带等机械化设备的应用程度非常高，计算机管理系统应用比较普遍，许多物流企业采用自动分拣系统、射频识别系统等，并逐步朝向物流业的无纸化和自动化的趋势发展，高新技术的应用大大提高了工作效率和准确性。如日本物流配送中心广泛采用了计算机控制的拣选操作系统。只要将客户货单输入电脑，货位指示灯和数量显示器立即显示出拣选单上的商品在货架上的位置及数量，作业人员即可从货架上拣取商品，放入配货箱内，由胶带输送机送至自动分拣系统。又如对有必要进行低温物流的货物配备冷冻车、冷库等低温设施，开发引进保冷容器等保鲜材料，完善从产地到消费地的冷链系统，开发在一般道路上正常运行，专用道路上自动运行的专用卡车等新型物流设备及技术等，持续推进城市物流配送效率的提高。

⑤ 立体化。由于日本是国土面积较小的岛屿国家，城市化程度高，地价上涨给物流配送中心的选址带来了极大困难，为了提高土地利用率，日本大多数物流企业纷纷建立起自己的立体化配送中心。其中，大型的自动化立体式货架仓库，高 20 多米，库容量大，装卸货都用巷道堆垛机，由电脑控制，出入库商品速度很快，但要求必须是储存适当的商品。

⑥ 集成化。日本将营业仓库改成集成化的配送中心，把配送中心、冷藏冷冻仓库、货物集散中心、办公室、展示厅、会议室等设施集中在一起，共同使用。生产厂家的产品、批发和零售商采购的商品，都可直接储存在该综合性的配送中心。此外，这些巨大规模的流通中心由政府统一规划和开发，分别由私营企业投资经营，组织海、陆、空运输配套成网，构建大型公共流通中心。可见，政府的统筹规划、全面安排、积极扶持是物流配送实现现代化的一个重要因素。

⑦ 信息化。日本的物流配送中心计算机应用更广泛，不仅分拣系统和立体仓库等采用计算机控制，库存管理和业务经营等也普遍实现电子化。

小资料

日本多式联运

日本由于国土面积很小，道路密度大，汽车运输在其运输业中占据极为重要的地位。汽车运输中的混载配装成为其发展绿色物流的主要途径。在日本，大约有 30% 的连锁企业在很大程度上依靠社会化的专业配送企业。在政府大力提倡下，日本各个行业，从零售业、批发业、物流业到生产企业，实现物流共同配送，发展配送网络和系统是日本物流业的一大特色。在绿色经营方面，日本的企业实现商品开发、技术开发等工作必须符合环境维护的要求，即各项生产经营活动必须有利于省能源、省资源、低环境负荷的要求。为此，日本制定了一系列减少废弃物、推动资源再循环、参加企业外环境保护活动，以及赞助海外环境保护活动的政策措施，并以此作为整个企业经营的支柱与核心，在环境保护方面取得了巨大成就。

（2）共同配送模式。

日本是共同配送的发源地。20 世纪 90 年代以来，日本零售业为了使供应物流效率化，探索向店铺实施共同配货的策略，特别是便利店总部向连锁店共同配送等新形态的普及，也促进了各行业共同配送的发展。

日本共同配送在最初发展的时候，定位在不同行业间开展，参与方以大型物流企业居多，并面向中小型客户服务。物流对商流只是起到辅助作用，货主一般情况下仅把部分商品纳入共同配送体系。配送对象主要是服装、百货和食品等，且距离较远。而后共同配送有了长足发展，同行业之间的共同配送开始增加，特别是以全体行业为联合对象的结构形式引起了广泛重视，糕点小食品行业、照相机销售行业、纸张文具行业和化妆品生产行业等的共同配送正在顺利开展并逐步扩大；许多中小物流企业加入共同配送的积极性很高，大型客户企业也接受并采用了这种方式。配送对象扩展到医药和冷冻食品等需要提供高质量服务的领域，近距离地区，城市内部的共同配送明显增多，并改变了过去只对配送这一单个环节共同化的局面，开展起库存、配送等整体物流的合作。如当时日本的一些行业协会，全日本超市协会、日本加盟连锁协会、日本电器控制业协会、医药化妆品便利店协会等，也纷纷开始探讨在行业中建立共同配送体系。物流成为企业经营战略的重要一环，货主几乎把所有商品的运送任务都交予共同配送来完成。目的不仅在于起初的降低成本，解决交通拥挤问题，还把提供高频度优质服务，重视环保的绿色物流提上议事日程。

1.3.1.2　发达国家物流配送发展快速的原因

发达国家的现代物流管理是经济发展到一定阶段，企业为了提高效率、增加利润而发展起来的。现在发达国家和地区已经形成了从生产资料到最终商品的现代化流通体系，其中配送是该体系一种最合理高效的社会化流通方式。发达国家城市物流配送发展较快，其原因主要体现在以下方面。

1）注重软环境的建设

（1）健全的物流管理体制和完备的物流法规。

城市物流配送政策与法规具有公共物品的属性，完善的城市物流配送政策体系既可以减少或降低城市物流配送的外部不经济，引导资源优化配置，又可以从制度或政策上保证物流基础设施的建设，促进城市物流配送事业的发展。

小资料

日本主要由通产省、运输省主管物流工作，制定各项物流政策和法令。具体的物流业务由私人企业经营，如各物流子公司、流通中心、运输社等，这些企业一般都是自主经营、独立核算、自负盈亏。

美国政府推行的是"自由购销"政策。鼓励企业在市场中公开竞争，但这是以完善的法律规章制度体系为前提的。政府对市场的管理方式主要是利用有关法规。政府的税收种类繁多，经营企业必须通过计算机计算、储存每一项商品的价格和税金，照章纳税，而政府派员定期检查。在自由竞争的机制下，迫使企业必须按社会需要生产、组织货源，销售物资，以优质服务取胜，但必须遵守法律法规。

资料来源：中国物流招标网，http://www.clb.org.cn/zt/wlfz/rb2.html，2008-05-09.

（2）重视物流配送理论研究和物流技术推广。

为了推动城市物流配送理论研究及物流管理水平的提高，除在有关的大专院校开设相关城市物流配送课程和进行城市物流配送研究外，国外普遍成立了各种学术团体，开展各种学术交流活动，推广先进物流技术。

2）企业的内在驱动力

（1）追求规模效益。

城市物流配送是一种规模经济运动。发达国家的实践告诉我们，规模经营产生规模效益，由于城市物流配送的客户分布广泛、配送高频率、小批量等方面的特点，采用统一进货、统一配货、统一管理的规模经营可取得规模效益，可以享受批量折扣，降低流通费用和社会交易成本，以低于社会平均价格的水平出售商品，获得合理的商业利润而赢得竞争实力。发达国家城市物流配送体制之所以能够在全社会范围内顺利推行，配送中心的实力雄厚是一个很重要的原因。

小案例

7-Eleven 物流配送模式发展过程

日本的7-Eleven的物流管理模式先后经历了三个阶段三种方式的变革。

起初，7-Eleven并没有自己的配送中心，它的货物配送依靠批发商来完成。

早期，日本7-Eleven的供应商都有自己特定的批发商，而且每个批发商一般都只代理一家生产商，这个批发商就是联系7-Eleven和其供应商间的纽带，也是7-Eleven和供应商间传递货物、信息和资金的通道。供应商把自己的产品交给批发商以后，对产品的销售就不再过问，所有的配送和销售都会由批发商来完成。对于7-Eleven而言，批发商就相当于自己的配送中心，它所要做的就是把供应商生产的产品迅速有效地运送到7-Eleven手中。为了自身的发展，批发商需要最大限度地扩大自己的经营，尽力向更多的便利店送货，并且要对整个配送和订货系统做出规划，以满足7-Eleven的需要。

渐渐地，这种分散化的由各个批发商分别送货的方式无法再满足规模日渐扩大的7-Eleven便利店的需要，7-Eleven开始和批发商及合作生产商构建统一的集约化的配送和进货系统。在这种系统之下，7-Eleven改变了以往由多家批发商分别向各个便利点送货的方式，改由一家在一定区域内的特定批发商统一管理该区域内的同类供应商，然后向7-Eleven统一配货，这种方式称为集约化配送。集约化配送有效地降低了批发商的数量，减少了配送环节，为7-Eleven节省了物流费用。

但对日益发展壮大的7-Eleven而言，集约化配送的方式不能完全由自己把握自己的命脉与发展，在这种特殊背景下，7-Eleven的物流共同配送系统就这样浮出水面，共同配送中心代替了特定批发商，分别在不同的区域统一集货、统一配送。配送中心有一个计算机网络配送系统，分别与供应商及 7 - Eleven 店铺相连。为了保证不断货，配送中心一般会根据以往的经验保留 4 天左右的库存，同时，中心的计算机系统每天都会定期收到各个店铺发来的库存报告和要货报告，配送中心把这些报告集中分析，最后形成一张张向不同供应商发出的订单，由计算机网络传给供应商，而供应商则会在预定时间之内向中心派送货物。7 - Eleven 配送中心在收到所有货物后，对各个店铺所需要的货物分别打包，等待发送。第二天一早，派送车就会从配送中心出发，选择路线向自己区域内的店铺送货。整个配送过程就这样每天循环往复，保证 7 - Eleven 连锁店的顺利运行。

规模化的共同配送的优点使得 7 - Eleven 从批发商手上夺回了配送的主动权，与此同时，7 - Eleven 也能随时掌握在途商品、库存货物等数据，以及供应商的财务信息和其他信息。

(2) 现代化的物流技术和管理应用。

企业在生产环节，准时制（just in time，JIT）、物料需求计划（material requirement planning，MRP）、企业资源计划（enterprise requirement planning，ERP）、供应链管理（supply chain management，SCM）、非核心竞争能力外包（outsourcing）等物流管理模式广泛深入实施，推动着工业品寿命周期越来越短，交货期要求越来越高，使得企业通过及时配送实现产供销动态零库存。

企业在流通环节，随着计算机网络的发展与普及，运输技术、储存保管技术、装卸搬运技术、货物检验技术、包装技术、流通加工技术及与物流各环节都密切相关的信息处理技术等广泛应用，并且在配送中心完全采用计算机管理，这均使得物流配送做到了运输系统现代化、仓储系统现代化、包装标准化现代化、分拣系统现代化、报表处理现代化等，因此保证了物流配送的高效率、高质量和高服务水平。

1.3.2　国内城市物流配送发展现状

20 世纪 90 年代后，我国物流配送的政策日益完善，市场机制不断健全，在二者的引导和推动下，我国城市物流配送发展迅速。在较为发达的城市，城市物流配送已初具规模。

1.3.2.1　我国城市物流配送环境

市场环境对保证社会资源合理配置十分重要。它能通过供求、价格、竞争之间的相互作用与影响，推动资源的合理流动与分配，提高资源的使用效率，从而促进社会经济的发展。但是实践证明，市场也有自身无法克服的局限性。市场依靠价值规律和供求关系自发地对经济进行调节，必然会带来一定的盲目性甚至破坏性，因此，要克服市场的缺陷，就离不开宏观调控这只"有形的手"，而政府正是通过对物流相关政策、政策环境影响来实现宏观调控这一职能。

1. 我国城市物流配送的政策环境

自物流理念引入中国，一直都受到政府部门和商业企业界的极大重视。国家有关部门对商品物流和配送制定了一系列积极鼓励和支持的政策，推进物流配送的现代化发展，尤其是

2001 年《关于加快我国现代物流发展的若干意见》发布后，我国政府进一步加大了对发展现代物流业的支持力度。部分相关政策如表 1-11 所示。

表 1-11　关于物流配送方面的政策

年份	发布单位	政策名称
1992 年	原国内贸易部	关于商品物流（配送）中心发展建设的意见 关于加强商业物流配送中心发展建设工作的通知 商业储运企业进一步深化改革与发展的意见
1994 年	原国内贸易部	全国连锁经营发展规划
1997 年	原国内贸易部	关于进一步深化商业储运企业改革与发展的意见
2000 年	国家经贸委与国家计委	当前国家重点鼓励发展的产业、产品和技术目录
2001 年	国家经贸委、铁道部、交通部等六部委	关于加快我国现代物流发展的若干意见
2002 年	国家计委、国家经贸委、农业部等六部委	关于进一步加快农产品流通设施建设的若干意见
2003 年	中共十六届三中全会	中共中央关于完善社会主义市场经济体制若干问题的决定
2004 年	国家发改委等九部委	关于促进我国现代物流业发展的意见
2004 年	国家发改委	全国现代物流业发展规划纲要
2005 年	中共十六届五中全会	中共中央关于制定国民经济和社会发展第十一个五年规划的建议
2009 年	国务院	物流业调整和振兴规划

上述政策，特别是在《全国连锁经营发展规划》《当前国家重点鼓励发展的产业、产品和技术目录》《中共中央关于完善社会主义市场经济体制若干问题的决定》《中共中央关于制定国民经济和社会发展第十一个五年规划的建议》《物流业调整和振兴规划》中特别指出物流配送建设方面的建议，这些建议对促进我国城市物流配送的发展起到了举足轻重的作用。

小资料

相关促进物流业和流通业发展的部分政策文件见表 1-12 和表 1-13。

表 1-12　2009 年后，国务院办公厅发布的有关促进物流业发展的部分政策文件

发文字号	标题
国办发〔2009〕42 号	国务院办公厅转发交通运输部等部门关于推动农村邮政物流发展意见的通知
国办发〔2011〕38 号	国务院办公厅关于促进物流业健康发展政策措施的意见
国发〔2014〕42 号	国务院关于印发物流业发展中长期规划（2014—2020 年）的通知
国办发〔2016〕43 号	国务院办公厅关于转发国家发展改革委营造良好市场环境推动交通物流融合发展实施方案的通知
国办发〔2016〕69 号	国务院办公厅关于转发国家发展改革委物流业降本增效专项行动方案（2016—2018 年）的通知
国办发〔2017〕29 号	国务院办公厅关于加快发展冷链物流保障食品安全促进消费升级的意见
国办发〔2017〕73 号	国务院办公厅关于进一步推进物流降本增效促进实体经济发展的意见

2. 我国城市配送的市场环境

小资料

表 1-13　近年国务院办公厅有关促进流通业发展的部分政策文件

发文字号	标　题
国办发〔2017〕13 号	国务院办公厅关于进一步改革完善药品生产流通使用政策的若干意见
国办发〔2016〕24 号	国务院办公厅关于深入实施"互联网＋流通"行动计划的意见
国办发〔2015〕72 号	国务院办公厅关于推进线上线下互动加快商贸流通创新发展转型升级的意见
国发〔2015〕49 号	国务院关于推进国内贸易流通现代化建设法治化营商环境的意见
国办函〔2015〕88 号	国务院办公厅关于同意在上海等 9 个城市开展国内贸易流通体制改革发展综合试点的复函
国办发〔2014〕51 号	国务院办公厅关于促进内贸流通健康发展的若干意见
国办函〔2013〕69 号	国务院办公厅关于印发深化流通体制改革加快流通产业发展重点工作部门分工方案的通知
国办发〔2013〕5 号	国务院办公厅关于印发降低流通费用提高流通效率综合工作方案的通知
国发〔2012〕39 号	国务院关于深化流通体制改革加快流通产业发展的意见
国办发〔2011〕59 号	国务院办公厅关于加强鲜活农产品流通体系建设的意见
国发〔2009〕31 号	国务院关于进一步深化化肥流通体制改革的决定
国办发〔2008〕134 号	国务院办公厅关于搞活流通扩大消费的意见
国发〔2006〕16 号	国务院关于完善粮食流通体制改革政策措施的意见

小案例

由于城镇化进程的不断加快和城市经济的快速发展，市场环境对城市物流配送供求的影响力逐渐增强。

(1) 电子商务广泛应用，对实物配送的需求不断增加，越来越多的国（境）内外商品通过网上购物可直接送到家门。

(2) 商业业态在国际先进理念引导下不断地发生变化，连锁超市、便利店、专卖店等在城市不断涌现，通过配送中心实现统一采购、统一配送，从而降低物流成本，越来越为我国商界所重视。

20 世纪 90 年代中后期，我国市场经济日趋发展迅速，开始呈现"大生产，大流通"的局面，徘徊了十年之久的超市突然之间被人们接受，大型超市、连锁店蜂拥而起，城市物流配送如雨后春笋般地应运而生。目前，我国超市业态类型已经由原来千店一面分化出不同种类型，如超级市场、大型综合超市、仓储式商场和便利店。此外，我国连锁超市的业态类型不断推陈出新，除以食品、小百货为主的综合性超市外，专业性的超市如家具超市、日杂土产超市、家电超市、电脑超市、建材超市、文化超市等也相继兴起。

配送是连锁超市正常运营的关键所在。随着连锁超市的兴起，城市物流配送的需求将大幅度提高，物流配送中心的重要性也会更加突出。

(3) 随着政府关于集贸市场改超市计划的推进，生鲜食品超市采购呈不断增长趋势，农产品配送需求将不断增长。

随着大型连锁超市和农民专业合作社的快速发展，中国许多地方已经具备了鲜活农产品从产地直接进超市的基本条件。2008年12月11日，为积极发展农产品现代流通方式，推进鲜活农产品"超市＋基地"的流通模式，引导大型连锁超市直接与鲜活农产品产地的农民专业合作社产销对接，商务部、农业部联合下发了《关于开展农超对接试点工作的通知》（商建发〔2008〕487号）①。这意味着农产品城市配送将进入新的时期，同时也对城市物流配送发展提供了新的发展机遇。

1.3.2.2　我国典型的城市物流配送

北京、广州、义乌、海南、武汉、西安、重庆、青岛等城市物流发展状况调查，可登录加阅平台进行学习。

1.3.3　城市物流配送的发展趋势

近年来，在以人为本、节能环保、提高效率、可持续发展等理念的引导下，出现了社区配送、绿色配送、共同配送等新的配送形式和趋势。

1.3.3.1　社区配送

社区配送是在社区服务的基础上逐步发展起来的，是城市化、社会化大生产和社会分工专业化的产物。它是各类社会主体共同兴办的以满足社区成员的生活需要和扩大就业、拉动经济发展、保持社会稳定为宗旨的，以基层社区为依托的具有经营性、地缘性的多元化服务体系。因此，社区配送成为城市物流配送未来发展的一个方向。

在我国，社区配送是指地方政府倡导，以街道居民委员会、小区物业等基层性质社区组织为依托，由特定城市物流配送企业为社区成员的多种日常生活需要提供的物流配送服务。

社区配送有如下突出特征。

（1）它是社区服务的一个重要的载体，是其中重要的服务内容。

社区服务是以大社区网络资源为依托，以社区居民为服务对象，提供家政、维护、教育、医疗服务咨询、社区配送、法律咨询、社区服务产品开发、政务信息咨询等一系列关系居民生活的服务，它是城市居民生活水平提高而新兴的一种第三产业的服务形式。社区配送作为其中的重要内容，它的服务内容有很多，如门到门投递礼品、奶制品、蔬菜、报刊及国家许可的广告宣传品等。因此，社区配送往往以区域性社区服务物流中心或者专业的社区物流服务商而存在。

（2）社区配送需要专门建立一种全新的服务方式。

由于社区配送是物流过程的"真正的最后一百米"，其运作应该考虑居民生活的习惯，居民对待社区服务的意愿，物流利润的切入点及物流价值链的构建，因而需要构筑全新的物

---

① http://scjss.mofcom.gov.cn/aarticle/cx/200906/20090606346966.html.

流运作方式。

（3）社区配送需要新的物流技术平台的支持。

社区配送是深入居民生活网点的一种配送方式，它的服务对象较传统的配送方式更广，接触的层次更宽，因此，需要新的物流技术平台的支持。例如，社区配送需要专门的城市小型车配送，有些甚至需要人力配送。

（4）社区配送是一种"小"物流，需要与其他物流进行良好的衔接。

社区配送是末端物流。不同于区域干线物流，物流量比一般的城市物流配送物流量要小得多。它通常都是根据居民个体的需要而进行配送，如蔬菜、鲜花、牛奶、报刊等。这种"小"物流更需要处理好与其他大物流的衔接，消除各种物流系统之间的摩擦，减少交易成本，使其成为一个完整的整体，真正实现社区物流配送反应快速化、信息电子化、操作规范化等目标。

社区配送是城市发展的必然产物，也将有力地支持城市经济的发展。

小案例

小红帽发行股份有限公司

1996年，北京青年报社改变了报纸的邮发方式，创立小红帽公司，推出了"上门收费、早报早投、免费安装报箱"三项服务承诺，迈出了自办发行的第一步。从此，小红帽也由此成为京城最后一公里服务的首创者和家喻户晓的品牌。

此后，小红帽又相继为京城百姓推出了送牛奶、桶装水、演出票、图书等配送服务，还接轨电商物流配送业务，小红帽公司也由最初单一的"编读链接"向"城市物流最后一公里"服务的多重链接转变。2014年，顺丰速运入资小红帽，促进了小红帽向物流配送方向转型的步伐。

如今，在互联网时代小红帽积极链接线上电商，涉足本地生活O2O，开展同城即时取配服务，开设"小红帽·酷到家"微商城。小红帽在不断创新链接服务。

资料来源：http://www.bjxhm.com.cn/about/.

更多有关社区服务业政策背景及解决方案的介绍，可登录加阅平台进行学习。

1.3.3.2 绿色配送

人类可持续发展的需要使得人们越来越重视环保问题。一方面，物流配送是城市经济发展和消费生活多样化的支柱，但同时物流配送的发展也会对城市环境带来不利影响，如运输和配送工具的噪声污染、尾气排放污染等。另一方面物流配送所产生的废弃物品，如不及时处理也会对环境造成污染。绿色配送是城市物流配送发展的必然趋势。

绿色配送具有如下特征。

（1）学科交叉性。绿色物流是物流管理与环境科学、生态经济学的交叉。由于物流与环境之间的密切关系，在研究社会物流与企业物流时必须考虑环境问题和资源问题；又由于生态系统与经济系统之间的相互作用和相互影响，生态系统也必然会对经济系统的子系统——物流系统产生作用和影响。因此，必须结合环境科学和生态经济学的理论、方法进行物流系统的管理、控制和决策，这也正是绿色物流的研究方法。学科的交叉性，使得绿色物流的研究方法复杂，研究内容十分广泛。

（2）多目标性。绿色物流的多目标性体现在企业的物流活动要顺应可持续发展的战略目标要求，注重对生态环境的保护和对资源的节约，注重经济与生态的协调发展，追求企业经济效益、消费者利益、社会效益与生态环境效益四个目标的统一。系统论观念告诉我们，绿色物流的多目标之间通常是相互矛盾、相互制约的，一个目标的增长或许以另一个或几个目标的降低为代价，如何取得多目标之间的平衡是绿色物流要解决的问题。从可持续发展理论的观念看，生态环境效益的保证将是前三者效益得以持久保证的关键所在。

（3）多层次性。首先，从对绿色物流的管理和控制主体看，可分为社会决策层、企业管理层和作业管理层三个层次的绿色物流活动。社会决策层的主要职能是通过政策、法律法规、文化环境建设等手段实施与传播绿色理念。它们对绿色物流的实施将起到约束作用或推动作用。企业管理层的任务则是从战略高度与供应链上的其他企业协作，共同规划和控制企业的绿色物流系统，建立有利于资源再利用的循环物流系统。作业管理层主要是指物流作业环节的绿色化，如运输的绿色化、包装的绿色化、流通加工的绿色化等。

（4）时域性和地域性。时域性指的是绿色物流管理活动贯穿于产品的生命周期全过程，包括从原材料供应，生产内部物流，产成品的分销、包装、运输，直至报废、回收的整个过程。绿色物流的地域性体现在两个方面。一是指由于经济的全球化和信息化，物流活动早已突破地域限制，呈现出跨地区、跨国界的发展趋势。相应地，对物流活动绿色化的管理也具有跨地区、跨国界的特性。二是指绿色物流管理策略的实施需要供应链上所有企业的参与和响应。例如，欧洲一些国家为了更好地实施绿色物流战略，规定了托盘的标准、汽车尾气排放标准、汽车燃料类型等，其他国家不符合标准要求的货运车辆将不允许进入该国。跨时域、跨地域的特性也说明了绿色物流系统是一个动态的系统。

小案例

美国多式联运

在美国，长距离运输，特别是散货，也采用铁路运输。美国铁路已经把运输市场细分化为整车运输市场和集装箱运输市场。铁路以其节约能源、对环境污染小的特点，多式联运成为美国具有代表性的绿色化运输方式。多式联运是使用多种运输方式，利用各自的内在经济，在最低的成本条件下提供综合性服务。所有这些基本运输方式的组合都在降低运输经济成本的同时，降低了运输所引起的环境和资源成本。可以说，在解决一定目标下经济成本和环境成本的矛盾时，多式联运起到了很好的作用。

资料来源：王瑞斌，沈丽娟.基于绿色理念的物流配送研究［J］.中国科技论文在线，2009-03-23.

更多绿色配送背景、趋势及案例介绍，可登录加阅平台进行学习。

1.3.3.3　共同配送

共同配送（joint distribution），又叫协同配送、联合配送，是由多个企业联合组织实施的配送活动。几个中小型配送中心联合起来，分工合作对某一地区客户进行配送，它主要是针对某一地区的客户所需物品数量较少、运输配送使用车辆不满载、配送车辆利用率不高等情况。

目前，共同配送的实现形式大致可分为委托统一配送模式和配送中心统一配送模式。

委托统一配送模式是指参与共同配送的企业各自拥有自己的物流配送中心、运输装卸等基础设施。它们根据企业在某一区域内的货物运输量、配送距离等因素，协商划分各企业的配送区域或地段，企业间通过委托或受托的形式开展共同配送，即将本企业在某区域或地段配送数量较少的商品委托给其他企业配送，而在另外商品配送数量较多的区域，则由本企业接受其他企业委托配送的基础上实行统一配送。委托统一配送模式见图 1-12。

配送中心统一配送模式，是指参与共同配送的企业，通过组建共同化的物流中心或配送中心，集中处理各企业的配送任务。其结构示意图见图 1-13。与委托统一配送模式相比，这种形式的共同配送统一程度和规模经济更高，但对每个企业本身而言，可能会缺乏相对的配送独立性。

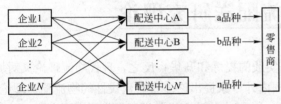

图 1-12　共同配送之委托统一配送模式

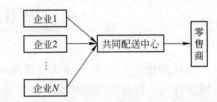

图 1-13　共同配送之配送中心统一配送模式

一般来说，委托统一配送模式在诸如超市、商场等商业企业中使用较为普遍，而配送中心统一配送的模式对生产企业比较适宜，发达国家主要将其应用于家电产业和以冷冻食品为中心的加工行业中。

共同配送有如下特征。

（1）先进物流技术、信息技术的支撑。共同配送服务质量要求高，需要对参与共同配送服务的企业的资源进行合理利用，即需要参与共同配送的企业高度共享相关配送信息，以及相应的最优路径决策软件、客户地理位置定位软件等先进技术的支撑。

（2）多网络的有机整合，物流基础设备的合理利用。共同配送突破传统的自营配送渠道及网络，将多家连锁企业、各类企业的多种配送网络有机整合。由于共同配送较传统配送对资源的有效整合率高，因而要求装卸、分拣、包装等工作流程有较高的工作效率。而合理利用物流基础设施、物流搬运工具、物流装卸工具等对提高物流配送流程大有裨益。

（3）长距离、高密度的商品的聚集和发散。一般配送中心的配送覆盖半径为 300 千米，共同配送的配送距离可以延伸到 300 千米以外；共同配送较一般物流中心进货入库的供应商和配送上门的客户数多。

小案例

北京快行线冷链物流公司

2003 年北京快行线冷链物流有限公司的前身北京快行线食品物流有限公司成立，2014 年北京快行线冷链物流有限公司成立，注册资金 3 000 万元人民币，完成"企业物流"向"物流企业"的"蜕变"。

快行线冷链物流公司是专业的第三方冷链物流解决方案提供商及运营商，主要有三个业务板块：冷链城市配送；冷链零担业务；冷链宅配。主要服务于四类有冷链物流需求的客户：超市供应商；超市配送中心；连锁餐饮配送中心；生鲜电商。

资料来源：北京快行线冷链物流有限公司. http://www. bjkxx. com/.

城市物流配送的其他发展趋势，可登录加阅平台进行学习。

1.4   城市物流配送研究理论

现代物流理论来源于现代物流实践，是实践的提炼和升华；反之，现代物流理论又对城市配送管理、物流实际操作具有指导作用。国内外专家提出许多富有建设性的物流配送理论，如物流系统论、供应链理论、敏捷物流理论等，为城市物流配送的发展提供了理论支撑。

1.4.1   物流系统论

物流系统论[①]，首先将物流当作一个系统，从物流系统的外部约束条件、物流系统的内部结构、物流系统的内部约束及物流系统的主要输出等方面，提出了物流目标系统化、物流要素集成化、物流组织网络化、物流接口无缝化、物流反应快速化、物流信息电子化、物流运作规范化、物流经营市场化、物流服务系列化 9 大原理。这些原理对于建立城市物流配送体系具有指导意义。

（1）物流目标系统化原理，是按照物流系统整体最优的原则，对物流系统内部要素互相冲突，或者虽然不冲突但需要互相配合的目标进行权衡、选择和协调，最后确定能够实现物流系统整体最优的物流系统整体目标和物流系统要素目标，并实现这些目标的过程。

（2）物流要素集成化原理，是指通过一定的制度安排，对供应链上物流系统的功能、资源、信息、网络要素及流动要素等进行统一规划、管理和评价，通过要素之间的协调和配合使所有要素能够像一个整体运作，从而实现供应链物流系统要素之间的联系，达到供应链物流系统整体优化的目的的过程。

（3）物流组织网络化原理，是指根据供应链的要求，将物流经营管理机构、物流业务运作机构、物流设施设备和物流信息处理等物流系统要素，通过统一规划和设计，以网络形式组织起来，以实现供应链物流系统网络化目标的过程。

---

① 何明珂. 物流系统论［M］. 北京：中国审计出版社，2001.

（4）物流接口无缝化原理，是指按照物流目标系统化和物流要素集成化原理要求，对物流网络构成要素之间的流体、载体、流向、流量、流程五个流动要素，信息、资金、机构、人员等生产要素，技术标准、运作规范、管理制度等机制要素进行内部和外部连接，使系统要素之间、系统与系统之间成为无缝连接的整体的过程。

（5）物流反应快速化原理，是指通过加快运输工具的速度、重新设计物流系统、物流作业流程优化及建立供应链等办法，使物流系统的订货处理周期和前置时间大大缩短的过程。

（6）物流信息电子化原理，是指采用数据库、信息网络及电子和计算机技术，对经过物流过程及在物流过程中产生和使用的各种信息进行收集、分类、传递、汇总、识别、跟踪、查询等处理，以达到加快物流速度、降低物流成本、增强物流系统透明度的过程。

（7）物流运作规范化原理，是指根据现代物流的要求，对物流作业流程和具体的物流作业进行规范，并确立作业检查、评估标准。按此标准进行具体运作组织及管理，以提高物流作业质量、降低物流作业成本和损失的过程。

（8）物流经营市场化原理，是指根据物流系统运作对于资源配置的要求，利用市场配置物流资源，实现物流服务和物流成本的最佳协调和配合的过程。

（9）物流服务系列化原理，是指根据客户的具体情况，设计和提供系列化、个性化的物流服务，从而增强企业竞争力的过程。

上述原理对城市物流配送的影响范围非常广泛。如物流反应快速化原理对如何在拥挤的城市交通情况下将货物快速高效地配送到客户手中提供了方法支撑；物流信息电子化原理对城市物流配送的自动化、无纸化、信息化等提供了理论支撑；物流服务系列化原理对城市物流配送服务质量的改进指明了方向。

1.4.2　供应链理论

供应链是指围绕核心企业，通过对信息流、物流、资金流的控制，从采购原材料开始，制成中间产品及最终产品，最后由销售网络把产品送到消费者手中，将供应商、制造商、分销售、零售商，直到最终用户连成一个整体的功能网链结构。它不仅是一条物流链、信息链、资金链，也是一条增值链。在供应链环境下，物流配送已经不单是运输的含义，它已融入整个供应链体系中，特别是电子商务环境的出现，使之更具有积极的、不可替代的意义。

供应链管理关注的不是传统观念的功能分割或局部效率的提高，而是商品的流动，是一种集成化管理的方式，这种集成化的管理方式可以使供应链的总利润达到最大化。供应链管理强调核心企业与相关企业的协作关系，通过信息共享、技术扩散（交流与合作）、资源优化配置和有效的价值链激励机制等方法体现经营系统化。

供应链管理可分为单个企业供应链和动态联盟供应链两种形式。

1）单个企业供应链管理

供应链管理是当前国际企业管理的重要内容，也是我国企业管理的发展方向。当代企业重视的是物流和企业内部资源的管理，即如何更快更好地将产品生产出来并把其推向市场，从原材料到产成品、市场，直至消费者手中；随着市场竞争的加剧，利润转化快才能使企业得以生存和发展，为了赢得市场，企业供应链管理进入了以客户满意度为中心的阶段，因而企业的供应链规则随即变为以客户需求为原动力的拉式供应链管理。

这种供应链管理将企业各个业务环节的信息化孤岛连接在一起，使得各种业务和信息能够实现集成和共享。

2）动态联盟供应链管理

随着全球经济的一体化，在全球化大市场竞争环境下单个企业难以在所有业务上成功，必须联合行业中其他上下游企业，建立一条经济利益相连、业务关系紧密的行业间联盟形式的供应链，进行优势互补，增强市场竞争力。因此，单个企业供应链管理延伸和发展为面向全行业的产业链管理，管理的资源从企业内部扩展到了外部。在21世纪，市场竞争将会演变成为这种供应链之间的竞争。

动态联盟供应链是指为完成向市场提供商品或服务等任务而由多个企业相互联合所形成的一种合作组织形式，通过信息技术把这些企业连接成一个网络，以更有效地向市场提供商品和服务来完成单个企业不能承担的市场功能。这不仅使每一个企业保持了自己的个体优势，也扩大了其资源利用的范围，使每个企业可以享用联盟中的其他资源。这种广义供应链管理拆除了企业的"围墙"，将各个企业独立的信息化孤岛连接在一起，建立起一种跨企业的协作，以此来追求和分享市场机会。

供应链理论为城市配送的发展提供很好的理论支持。供应链理论规范了城市配送的业务流程，城市物流配送是连接生产制造与流通领域的桥梁，上与生产加工领域相连，下与批发商、零售商、连锁超市相接，它使得供应链上的企业组成企业联盟，同时，城市物流配送还起到承上启下的作用来最有效地规划和调用整体资源。一个好的城市物流配送企业不仅可以使供应链上的产品实现及时生产、及时交付、及时配送、及时送到最终消费者手中，更应使其快速实现资本循环和价值链增值。

小贴士

关于积极推进供应链创新与应用的指导意见

供应链是以客户需求为导向，以提高质量和效率为目标，以整合资源为手段，实现产品设计、采购、生产、销售、服务等全过程高效协同的组织形态。随着信息技术的发展，供应链已发展到与互联网、物联网深度融合的智慧供应链新阶段。为加快供应链创新与应用，促进产业组织方式、商业模式和政府治理方式创新，推进供给侧结构性改革，国务院发布《关于积极推进供应链创新与应用的指导意见》。

《意见》明确到2020年，形成一批适合我国国情的供应链发展新技术和新模式，基本形成覆盖我国重点产业的智慧供应链体系。供应链在促进降本增效、供需匹配和产业升级中的作用显著增强，成为供给侧结构性改革的重要支撑。培育100家左右的全球供应链领先企业，重点产业的供应链竞争力进入世界前列，中国成为全球供应链创新与应用的重要中心。

《意见》提出六项重点任务：一是构建农业供应链体系，提高农业生产组织化和科学化水平，建立基于供应链的重要产品质量安全追溯机制，推进农村三大产业融合发展。二是推进供应链协同制造，发展服务型制造，促进制造供应链可视化和智能化。三是应用供应链理念与技术，推进流通与生产深度融合，提升供应链服务水平，提高流通现代化水平。四是推动供应链金融服务实体经济，有效防范供应链金融风险，积极稳妥发展供应链金融。五是大力倡导绿色制造，积极推行绿色流通，建立逆向物流体系，打造全过程、全链条、全环节的绿色供应链发展体系。六是积极融入全球供应链网络，提高全球供应链安全水平，参与全球供应链规则制定，努力构建全球供应链。

1.4.3 敏捷物流理论

敏捷物流是指具有快速反应速度和市场适应能力的物流系统。

首先是反应速度快。对于需求方来说，快速是指在正确的时间将货品送达目的地，也就是及时性。这关系到物流系统能否及时满足服务需求的能力，并涉及库存预测、储备预测、备货优化、装运优化等问题。库存是物流系统的关键资源之一，快速完成物流可以减少资产负担并提高相关的周转速度，在某种程度上也意味着高效利用库存。其次，敏捷物流还指物流系统对于业务变迁的适应能力。在现代企业中，为了提高竞争力，进行企业业务流程重组（business process reengineering，BPR）或类似的调整是很常见的事。物流系统在企业中如果不具有一定的对业务变迁的适应能力，势必会拖累变革措施。物流体系的敏捷与否，关系到企业能否跟上市场的步伐，对企业的生存至关重要。

敏捷物流的运行机制应遵循以下原则。

（1）客户化原则是敏捷物流应注重的首要原则。包括强调快速反应，按照订单进行生产，这些策略都是为了快速准确地满足客户的需求。

（2）快速响应是敏捷物流的表现形式。敏捷物流的敏捷性体现在对客户需求的快速响应上。敏捷物流在产销过程中的下游阶段，特别是在销售阶段中的使用，这是因为它的敏捷性能针对越来越多样化的客户需求快速反应。

（3）同步化原则。敏捷物流追求对客户需求的快速反应，但是不代表追求它越快越好。为了达到快速响应客户需求的目标，需要的是整条供应链的配合。一些环节的速度高了一点，反而可能打乱了整体的节奏，造成整个过程的迟缓和低效。同时，物流效率低的原因往往不在于单个环节的速度不够快，而是各个环节的协调不好，大量的资源消耗在了各个过程的不同步中。

（4）成本效率原则。敏捷物流在成本与效率上的特点是两者兼顾，寻求成本与效率的平衡。一方面敏捷物流要高效地满足客户的需求，这是敏捷物流存在的意义。另一方面，敏捷物流也要实现客户可接受的价格，即敏捷物流的成本。传统物流往往着眼于自身，在自己所处的单个环节或过程上去降低成本，这样可能会推高整个物流活动的总成本。敏捷物流着眼于整个物流过程的总成本，实际上是对物流资源进行了更合理的配置。

上述原则，体现出的以客户需求为驱动、敏捷性与快速响应、各环节的同步、追求物流活动总成本的降低，都离不开供应链的一体化。这也是敏捷物流实现的一个重要基础和前提。

小案例

万家康——专做食品冷链物流的公司

北京万家康物流有限公司，成立于 2000 年 3 月 3 日，公司总部位于北京市大兴区西红门开发区，紧邻北京南五环、京开高速、京台高速、京石高速、京沪高速，交通便利。公司前身是为三元牛奶提供配送物流服务，2013 年正式转型，是北京第一家专做食品冷链物流的公司。

万家康专注于为各食品企业、生鲜电商提供专业的仓储租赁、包装分拣加工、仓配一体化、冷链物流托管、冷链最后一公里宅配、物流动态信息管理等"一站式"综合物流服务。对于有特殊配送需求的客户，可以提供个性化的专属服务。现阶段拥有常温、冷冻、冷藏、恒温库房共计约 50 000 m²，拥有 50 余辆冷藏温控运输车辆，300 多台冷藏温控可调配车辆。公司已经开始在上海、深圳、成都、武汉、天津、海南等多个城市筹备分公司，届时将为更多的客户提供完美专业的食品冷链配送服务。

资料来源：http://www.wjkwl.com.

本 章 小 结

城市物流配送已经成为现代城市经济、区域经济的重要组成部分，同时也是城市与城市、城市与区域乃至与其他国家和地区进行经济交流活动的桥梁。本章结合城市物流配送产生背景，首先以美国、欧洲、日本及我国的典型城市为例介绍国内外城市物流配送发展现状，并描述了城市物流配送发展的趋势，即社区配送、绿色配送、共同配送，最后，引入了城市物流配送研究的基本理论。

练习题

(1) 论述发展城市物流配送管理的意义。

(2) 简述城市物流配送研究的理论基础。

(3) 简要论述物流系统论的内涵。

(4) 简述城市物流配送的发展趋势。

【应用案例】

中国速递服务公司 EMS

中国邮政速递物流股份有限公司（简称中国邮政速递物流）是经国务院批准，由中国邮政集团公司作为主要发起人，于 2010 年 6 月发起设立的股份制公司，是中国经营历史最悠久、规模最大、网络覆盖范围最广、业务品种最丰富的快递物流综合服务提供商。

中国邮政速递物流在国内 31 个省（自治区、直辖市）设立分支机构，并拥有中国邮政航空有限责任公司、中邮物流有限责任公司等子公司。截至 2016 年底，公司注册资本 150亿元人民币，资产规模超过 600 亿元，员工近 16 万人，业务范围遍及全国 31 个省（自治区、直辖市）的所有市县乡（镇），通达包括港、澳、台地区在内的全球 200 余个国家和地区，自营营业网点超过 5 000 个。

中国邮政速递物流主要经营国内速递、国际速递、合同物流等业务，国内、国际速递服务涵盖卓越、标准和经济不同时限水平和代收货款等增值服务，合同物流涵盖仓储、运输等供应链全过程。拥有享誉全球的 "EMS" 特快专递品牌和国内知名的 "CNPL" 物流品牌。

资料来源：http://www.ems.com.cn/index.html.

思考题：

分析面对国内外竞争环境，EMS 应采取的发展策略。

第2章
城市物流配送概述

【引言】

从系统的角度,对整个城市物流配送体系的组成要素及相互关系进行分析和研究,其中包括城市物流配送的需求、供给、信息技术及共享平台、电子商务和配送环境等要素。从物流商务运营角度,需要研究城市物流配送的设施布局与设备运作优化理论及方法。

【知识要求】

➤ 了解城市物流配送的发展背景;
➤ 掌握城市物流配送的相关基本概念;
➤ 熟悉城市物流配送的功能和流程;
➤ 了解城市物流配送形式的分类;
➤ 掌握城市物流配送体系的构成;
➤ 了解城市物流配送优化的相关理论及方法。

【技能要求】

➤ 掌握城市物流配送的功能及流程;
➤ 清楚城市物流配送体系各构成要素之间的相互关系;
➤ 了解城市物流配送的设施布局及设备运作优化理论及方法。

导入案例 ••••

《商贸物流发展"十三五"规划》摘要

商贸物流是指与批发、零售、住宿、餐饮、居民服务等商贸服务业及进出口贸易相关的物流服务活动。加快发展商贸物流业,有利于提高流通效率,降低物流成本,引导生产,扩大消费。根据《国民经济和社会发展第十三个五年规划纲要》《物流业发展中长期规划(2014—2020年)》,制定本规划。规划期为2016—2020年。

"十三五"时期是我国全面建成小康社会的决胜阶段,也是推进供给侧结构性改革的重要时期,商贸物流发展面临重大机遇:居民消费规模进一步扩大,服务需求更加多元,为商贸物流业发展提供了广阔市场。随着"一带一路"建设、京津冀协同发展、长江经济带发展的推进实施,物流基础设施加快建设,为商贸物流区域协调发展奠定基础。新型城镇化和农业现代化有利于实现城乡融合，提高城市和农村间物流基础设施衔接和配套水平，为商贸物流发展提供支撑。云计算、大数据、物联网、移动互联网等新一代信息技术的普及应用，有利于高效整合物流资源，为商贸物流转型升级和创新发展创造条件。内外贸一体化进程的加快与跨境电子商务等新型贸易方式的兴起，为商贸物流国际化的发展拓展了空间。法治化营商环境持续改善，有利于促进商贸物流主体公平竞争，为行业规范发展提供保障。

"十三五"期间，基本形成城乡协调、区域协同、国内外有效衔接的商贸物流网络；商贸物流标准化、信息化、集约化和国际化水平显著提高，商贸流通领域托盘标准化水平大幅提升，标准托盘使用率达到 30% 左右，先进信息技术应用取得明显成效，商贸物流企业竞争力持续增强；商贸物流成本明显下降，批发零售企业物流费用率降低到 7% 左右，服务质量和效率明显提升；政府管理与服务方式更加优化，法治化营商环境更趋完善；基本建立起高效集约、协同共享、融合开放、绿色环保的商贸物流体系。

2.1　城市物流配送的基本概念

为什么要研究城市物流配送？它与一般意义上的物流及配送有什么区别与联系？在介绍城市物流配送发展的宏观背景的基础上，阐明城市物流配送的内涵及相关概念。

2.1.1　城市物流配送的发展背景

城市是人类文明的标志，是人们经济、政治和社会生活的中心。城市化的程度是衡量一个国家和地区经济、社会、文化和科技水平的重要标志，也是衡量国家和地区社会组织程度和管理水平的重要标志。城市化是人类进步必然要经过的过程，是人类社会结构变革中的一个重要线索，经过了城市化，标志着现代化目标的实现。而城市物流正是依托于扎实的社会、经济、科技宏观基础环境。

小贴士

城市化程度是一个国家经济发展，特别是工业生产发展的一个重要标志。由于自然条件、地理环境、总人口数量的差异和社会经济发展的不平衡，各国城市化的水平和速度相差很大。经济发达的工业化国家的城市化程度要远远高于经济比较落后的农业国家。国家新型城镇化规划（2014—2020 年），根据中国共产党第十八次全国代表大会报告、《中共中央关于全面深化改革若干重大问题的决定》、中央城镇化工作会议精神、《中华人民共和国国民经济和社会发展第十二个五年规划纲要》和《全国主体功能区规划》编制，按照走中国特色新型城镇化道路、全面提高城镇化质量的新要求，明确未来城镇化的发展路径、主要目标和战略任务，统筹相关领域制度和政策创新，是指导全国城镇化健康发展的宏观性、战略性、基础性规划。

社会的发展、经济的繁荣、人民消费水平的提高和消费观念的变化，促进了物流配送需求的增加；电子商务的发展、商业连锁店的出现和普及，以及企业对降低生产成本的诉求，使城市物流配送朝着"便利化、一体化"方向发展；而信息技术的广泛应用为物流配送的快捷和便利提供了有力的技术支撑。

2.1.1.1　社会因素

首先，我们回顾美国物流配送的发展历史。

20 世纪 50 年代，美国经济的快速发展使得企业的生产满足不了需求，企业的经营思想是以生产制造为中心，根本无暇顾及流通领域中的物流问题。

20 世纪 60 年代，当时支撑美国经济发展的主要动力是以制造业为核心的强有力的国际竞争能力，美国的工业品向全世界出口，生产厂商为了追求规模经济进行大量生产，而生产出的产品大量地进入流通领域。由于人口迅速增长，出现农村向城市转移、中心城市人口向城市边缘地区转移的现象，这一变化趋势导致超市和大型百货店向郊区扩张。由于竞争加剧，企业开始寻找降低生产成本以外的降低成本的方法，并逐渐意识到物流对企业降低成本的作用。

20 世纪 70 年代，两次石油危机对美国经济产生了深刻的影响。物价上涨给美国企业的经营带来了很多困难，运价上涨，迫使企业开始考虑改善物流系统。物价上涨也导致美国经济停滞不前，影响产品的销售，其结果使得企业产品积压并使得粗放经营的库存成为企业的重大问题。为此，美国企业开始全面改善大量生产、大量消费时代的物流系统。

20 世纪 80 年代是物流革新时代。美国政府出台了一系列物流改善政策，如为卡车运输业提供优惠政策。一些大型企业开始主动积极地改善企业物流系统。其标志体现在对物流的理解从 physical distribution 向 logistics 转化。物流管理部门成为企业经营战略中的重要职能部门，美国的很多企业纷纷引入日本汽车工业开发的 JIT 管理方式，大大降低了企业的库存，但同时对运输服务的准确性和及时性比以往任何时候要求都高。以铁路运输为主的多式联运开始迅速普及，航空快递运输大量出现（除 FedEx 公司外还涌现了诸如 UPS、DHL 等众多的航空快递企业）。企业外包制的管理思想也是这时候兴起的。20 世纪 80 年代是美国企业全面进入物流领域的时代。

到了 20 世纪 90 年代，美国企业的物流系统更加系统化、整合化，物流也从 logistics 向 supply chain management 转化。不仅出现了第三方物流服务，还应用了精益物流的概念①，即运用多种现代管理方法和手段，以社会需求为依据，以充分发挥人的作用为根本，有效配置和合理使用企业资源，最大限度地为企业谋求经济效益。在精益物流系统中，电子化的信息流保证了信息流动的迅速、准确无误，还可有效减少冗余信息传递，减少作业环节，消除操作延迟，这使得物流服务具备准时、准确、快速等高质量特性。

从美国的物流发展历程可以看出，影响城市物流配送发展的社会因素主要有人口增长及分布、社会生产力发展等。

现代物流的理念虽然发源于美国，最近几十年来却在日本获得了飞速发展。日本走出了一条既符合国情又能与欧美等先进国家并驾齐驱的现代物流发展道路。日本现代物

---

① 精益物流是起源于日本丰田汽车公司的一种物流管理思想，其核心是追求消灭包括库存在内的一切浪费，并围绕此目标发展的一系列具体方法。它是从精益生产的理念中蜕变而来的，是精益思想在物流管理中的应用。

流的发展是其特定的经济社会状况、产业格局和具体国情的综合反映。其具有以下发展特色。

（1）日本的大规模基础设施建设阶段与其现代物流业的兴起基本同步。在 20 世纪 60 年代下半期到 20 世纪 70 年代末，日本交通运输业发展很快，高速公路纷纷投建，仓储条件大为改观，汽车迅速普及，还有集装箱船的出现，极大地促进了物流业的发展。与现阶段的物流业发展相适应，日本已经将基础设施建设的重点转向国际海港等国际物流基地、海上高速网络、干线公路网络和连接港口、机场与高速公路的出入口交通设施，同时通过修建市内环状公路、改进道口等来扩大交通容量，解决城市内物流的瓶颈制约问题。在空间布局上，日本从国土和人口等国情出发，把物流性基础设施的重点放在高速公路网和沿海港口设施、海运网络上，以避免在狭小国土上铁路运输的不便，发挥公路运输快捷可控和灵活机动的优势，同时突出"海运立国"的发展战略。

小案例

日本东京的 CBD

回首从江户时代到现在的物流发展，400 年来物流基础设施的完善为东京 CBD 的发展作出了贡献。河流线路和运河的建设，这些运输网络的发展，增强了江户时代主要的货运方式——水路交通的发展。此外，沿海船舶港口和内河港口建造为江户内陆地区提供高效的货运作出了很大的贡献。这一发现很重要，因为它表明大城市需要提高其物流基础设施以达到一定水平的发展（见图 2-1 和图 2-2）。

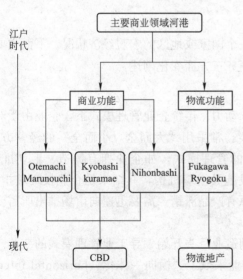

图 2-1　东京 CBD 的形成及发展

图 2-2　东京 CBD 的商业和物流功能的转移

（2）极其重视物流管理方式的创新，不断提高物流管理的现代化水平。"零库存管理""JIT 生产""看板管理"等都是日本企业为提高物流效率而发展出来的管理模式。长期以来，日本的物流业界在经营管理过程中，逐渐积累了一些行之有效的原则，即"采购计划化、配送共同化、运输直达化、物流大量化、管理系统化"，这些原则的内容综合表现在采购、运输、仓储、包装、配送的各个环节，环环相扣，构成了一个完整的物流体系，将物流管理手段与工业化生产有机结合起来。

（3）致力于信息网络对物流业的全方位覆盖和信息技术的广泛运用，并努力实现物流信息资源共享化，信息技术装备和信息管理系统在物流诸多环节的全过程覆盖。日本物流业界在信息化方面最关注的课题是如何实现公共部门、制造业、商家与物流业之间的信息自由交换。要达到这些目标需要政府、企业和学术界的大量协作与互相支持，其中相当重要的是信息网络平台的建立和通用数据交换软件的开发应用。

（4）逐步实现制造业的物流专门化和物流业的专业化，高度重视社会资源的整合和物流成本的降低，把物流管理提升为一种竞争手段和经营战略。首先，日本大多数制造型企业将物流职能从其生产职能中剥离出来，强化了自身的物流管理，降低了物流活动总成本。其次，日本的物流业也在这种专业化的浪潮中进行重组和整合。专业化的一个直接后果就是使物流企业把眼睛盯在与物流相关的经营管理领域，以更多的精力去完善企业的现代物流功能，发展物流中心业务。最后，日本的物流业企业非常注重物流资源的优化整合，以保持核心竞争力和专业优势。在实行"供应链管理"的过程中，日本物流业也非常强调对物流各个环节的运行方案的优化，强调"链"的作用和它们之间的衔接，提高从原材料供应采购到产成品销售直至送达用户手中的全过程物流效率。

可见，日本的物流发展注重社会整体效益，突出体现在对物流配送的供给方面，如运输基础设施建设、信息网络构建等，以及企业对社会资源的整合。

2.1.1.2　经济因素

所谓经济因素，是指影响组织活动发展的一个国家或地区的宏观经济状况。下面主要从工业企业生产模式、消费市场需求方式和电子商务三方面变化阐述。

1. 工业企业生产模式

工业管理模式的不断革新产生工业配送需求动力。传统企业管理模式下，企业由于对制造资源的占有要求和对生产过程直接控制的需要，常采用"大而全，小而全"的经营方式，或称为"纵向一体化（vertical integration）"的管理模式，如企业拥有铸造、毛坯准备、零件加工、装配、包装、运输等一整套设备、设施及组织机构，其结果是企业投资负担重，投资周期长，投资风险大。当市场发生变化，原有产品滞销，需要迅速向市场推出所需的新产品时，这种管理模式显然难以胜任。

自 20 世纪 50 年代以来，日本丰田等汽车制造业巨头开始领导工业管理模式的变革。从20 世纪 80 年代后期开始，国际上越来越多的企业采取了"横向一体化（horizontal integration）"的管理模式。其核心思想是：利用企业外部资源快速响应市场需求，本企业只抓最核心的产品方向和市场；至于生产，只抓关键零部件的制造，甚至全部委托其他企业加工。由此，在企业之间逐步盛行注重核心竞争力和实行非核心竞争力业务外包的管理模式。这直接导致了工业企业物流社会化。市场的变化和竞争推动着工业企业不断采用新型管理模式，而新型管理模式的运作需要配送活动有效地配合与衔接。由此，工业企业的配送需求便从运用了新型管理模式的制造企业中产生了，如表 2-1 所示。

表 2 - 1　工业管理模式的变革及其配送特点

模式	产生年代	定义与特点	配送需求特点及效果
准时制 (just in time, JIT)	20 世纪 50 年代	在恰当的时间、恰当的地点，以恰当的数量、恰当的质量提供恰当的物品。通过合理配置和使用设备、人员、材料等资源降低成本	准时配送，按"鼓点"节奏作业，库存为"零"，提高资金周转率
物料需求计划 (material require planning, MRP)	20 世纪 60 年代	从最终产品的生产计划（独立需求）导出相关材料（原材料、零部件等）的需求量和库存信息组织定量配送。需求时间（相关需求），根据物料的需求时间和生产（订货）周期来确定其开始生产（订货）的时间	运用主生产计划、物料清单（bill of material, BOM）
计算机集成制造系统 (computer integrated manufacturing system, CIMS)	20 世纪 70 年代	信息技术与生产技术的综合运用，以企业资源为主，快速响应客户需求，更快、更省、更好地生产市场需求的产品	及时定量配送，大量用于汽车、家电等制造行业
制造资源计划 (manufacturing resource planning, MRPII)	20 世纪 80 年代产生	把生产、财务、销售、工程技术、采购等各个子系统集成为一个一体化的系统，面向企业内部资源全面计划管理，在企业中形成以计算机为核心的闭环管理系统	在周密的计划下有效地利用各种制造资源、控制资金占用、缩短生产周期、降低成本，但它仅仅局限于企业内部物流、资金流和信息流的管理
业务外包 (outsourcing)	20 世纪 80 年代后期	强调集中企业资源经过仔细挑选后的少数具有竞争力的核心业务，也就是集中在那些使他们真正区别于竞争对手的技能和知识上，而把其他一些虽然重要但不是核心的业务职能外包给世界范围内的"专家"企业，并与这些企业保持紧密合作的关系	工业配送生产的直接根源。Dell "点到点"配送，惠普、宜家家居、广州宝洁分别把物流业务外包给FedEx、马士基、宝供物流集团
敏捷制造 (agile manufacturing, AM)	20 世纪 90 年代初	采用快速重构的生产单元的扁平组织结构，以充分自治的、分布式的协同工作实现企业之间的信息开放、共享和集成，实现双赢	企业之间的合作成品需要大量实时生产过程不同企业生产的零部件配送才能完成
企业资源计划 (enterprise resource planning, ERP)	20 世纪 90 年代	现代企业不但要依靠自己的资源，还必须把经营过程中的有关各方如供应商、制造工厂、分销网络、客户等纳入一个紧密的供应链中，才能在市场上获得竞争优势	供应商对制造商、制造商与分销商、分销商与零售商、零售商与最终客户之间的配送，库存下降30%～50%

小贴士

工业 4.0

新一代信息技术与制造业深度融合，正在引发影响深远的产业变革，形成新的生产方式、产业形态、商业模式和经济增长点。各国都在加大科技创新力度，推动三维（3D）打印、移动互联网、云计算、大数据、生物工程、新能源、新材料等领域取得新突破。基于信息物理系统的智能装备、智能工厂等智能制造正在引领制造方式变革；网络众包、协同设计、大规模个性化定制、精准供应链管理、全生命周期管理、电子商务等正在重塑产业价值链体系；可穿戴智能产品、智能家电、智能汽车等智能终端产品不断拓展制造业新领域。

"工业4.0"的概念诞生于2011年汉诺威工业博览会，被称为"第4次工业革命"。2015年国务院印发的《中国制造2025》，是我国实施制造强国战略第一个十年的行动纲领。实质上就是中国版的"工业4.0"。

"工业4.0"是制造业的数字化和网络化，通过IT技术同制造业技术的结合，创造智能工厂，使生产变得高度弹性化和个性化，提高生产效率及资源利用效率。

2. 消费市场需求

城市商业连锁经营产生商业配送需求动力。现代零售业的商业生命力源于商家对消费者需求的满足。早期消费者对零售商家的需求，是能够买到所需要的商品。随着经济市场的发展繁荣，消费者可选择的商家在增加，人们的生活节奏也在加快，消费者对零售商家的需求已经逐渐上升到希望能便利地买到所需要的商品，这种"便利"包括交通便利、区域便利、趋近便利、进出便利、购物便利。连锁经营正是具有这种便利的先进的商业组织形式，其形式十分广泛，包括连锁超市、连锁便利店、连锁专卖店、连锁快餐店、连锁服务店等。连锁商业以"规模经济性"和服务上的"便利性"相结合，以统一的商号、统一的管理、统一的核算、统一的经营理念、统一的采购配送直至统一的价格，在激烈的市场竞争中处于领先地位，越来越成为市场的主流商业业态。

国外连锁商业已经有一百多年的历史了。遍览世界各大连锁企业，均有以下共同特点：经营规模化、管理规范化、分工合理化、决策科学化、设施标准化、环境无害化，以及结算、信息电子化。从其经营发展模式和组织形式上分析，这应当归功于现代化的物流管理和配送中心建设。一些著名的连锁商业集团都设立了功能齐全的配送中心，如美国的西尔斯（Sears）、凯马特（Kmart），日本的大荣、伊藤洋货堂（Ito Yokado）、西友（Seiyu）等，为各自的连锁分店销售服务，为连锁经营体系服务，以实现经营整体上的优势。

消费方式的变化产生大众配送需求动力。随着消费能力的爆炸式膨胀，便利、快捷、高效及小批量、多频次、时效性强的城市配送业，将成为城市未来商业竞争力的核心组成部分。配送的速度、效率、范围、方式及方便程度，将直接影响到城市居民消费选择。

小贴士

消费方式变化是社会文明进步的重要特征之一，经济发达国家的消费方式很大一部分体现为社会化，如饮食社会化可以节省大量时间用于工作、学习、休息等。过去我国家庭消费基本上是一种封闭、半封闭方式，自给自足、自我服务是其典型特征。未来我国家庭消费方式将转向社会化，将家庭的部分劳务转移到社会服务部门，以便家庭成员有更多闲暇时间用于学习和娱乐。

如美国Sears网店购物可以直邮到中国及Kmart的全球购；日本大荣连锁店邀请本地农民每天供应新鲜果蔬，并以"水果杯"的形式售卖；提供精选日式小菜和便当，如每一份鸡蛋盖饭都是在平底锅中手工精心烹制；供应精选生鱼片和寿司拼盘等。

此外，随着消费需求和消费结构的变化，居民对社区商业的需求日益增加，对社区配送服务也将有旺盛的需求。

小案例

每日优鲜

每日优鲜，隶属于北京每日优鲜电子商务有限公司，是专注于优质生鲜的移动电商。2014 年 11 月成立至今，已完成在水果、肉蛋、水产、蔬菜、乳品、饮品、零食、轻食、油 9 个品类的布局，并在北上广深等全国 10 个核心城市建立起"城市分选中心＋社区配这中心"的极速冷链物流体系，为全国数百万客户提供 2 小时送货上门的极速达冷配送服务。

资料来源：https：//www.missfresh.cn/#about.

3. 电子商务

Internet 紧密地连接企业与客户、企业与企业、客户与客户，从而产生了企业、伙伴、供应商和客户之间相互协作的、利用电子方式来完成的、一种全新的价值（金钱、货物、服务和信息等）交换方式——电子商务。电子商务使商品交易发生了巨大的革命，不仅时间缩短，交易速度加快，而且可以大大降低商业交易的交易成本。尤其对于个性化不强的商品，对于现代经济中大量按标准生产的、有严格品种、规格、质量标准约定的产品，可以在网上实现全部商业交易活动。就此而言，以互联网为平台的电子商务具有非常大的优势。

商品流通可以分解成商流、物流、信息流、资金流四个组成部分。任何一次商品流通过程，也都是这"四流"实现的过程。现在商流、信息流、资金流都可以有效地通过网络来实现，在网上可以轻松完成商品所有权的转移，但是这些都是"虚拟"的经济过程，最终的资源配置，还需要通过商品实体的转移来实现，即最终将实物送到需求者手中。

在国外，商家为了充分利用电子商务优势而又完成实物配送工作，已进行了许多成功的实践，如德国的连锁店发展电子商务时与德国邮政联手，通过其优良的邮政网络将网上购物送达千家万户；在日本，连锁商店成为电子商务必争之地。先是索尼等 7 家大公司与日本规模最大的连锁商店"7 - Eleven"宣布成立电子商务交易新公司，之后各个连锁商店纷纷效仿。

小贴士

海　淘

海淘，即境外购物，就是通过互联网检索境外商品信息，并通过电子订购单发出购物请求，然后填上私人信用卡号码，由境外购物网站通过国际快递发货，或是由转运公司代收货物再转寄回国。一般付款方式是款到发货（在线信用卡付款、PayPal 账户付款）。

央行上海总部 2014 年 2 月 18 日宣布，在上海自贸区启动支付机构跨境人民币支付业务试点。银联支付、快钱、通联等 5 家支付机构与合作银行对接签约。

2016 年 4 月 8 日根据财政部、海关总署、国家税务总局发布的《关于跨境电子商务零售进口税收政策的通知》，跨境电子商务零售进口商品的单次交易限值为人民币 2 000 元，个人年度交易限值为人民币 20 000 元。在限值以内进口的跨境电子商务零售进口商品，关税税率暂设为 0%；进口环节增值税、消费税取消免征税额，暂按法定应纳税额的 70% 征收。超过单次限值、累加后超过个人年度限值的单次交易，以及完税价格超过 2 000 元限值的单个不可分割商品，均按照一般贸易方式全额征税。

我国电子商务企业在实现电子商务与物流配送的良好结合上也在不断做出努力。

小资料

中国电子商务市场数据监测报告

电商研究机构、产业互联网智库——中国电子商务研究中心（100EC. CN）定期发布电子商务领域权威经济数据。如《2016 年度中国电子商务市场数据监测报告》显示，2016 年中国电子商务交易额 22.97 万亿元（人民币，下同），同比增长 25.5％。其中，B2B 市场交易规模 16.7 万亿元，网络零售市场交易规模 5.3 万亿元，生活服务 O2O 交易规模 9 700 亿元。2016 年中国规模以上快递企业营收为 4 005 亿元，与 2015 年的 2 769.6 亿元相比，同比增长了 44.6％，受电商网购包裹持续刺激，近年来全国规模以上快递企业营收持续增长。

资料来源：http://www.100ec.cn/zt/16jcbg/.

2.1.1.3　科技因素

科学技术的进步和生产力发展，可以为社会经济发展提供省力且高效的管理方式与技术装备。

20 世纪 50 年代至 20 世纪 60 年代，生产企业开始重视工厂范围内物流过程中的信息传递。客户对工厂产品的期望是同月供货或服务，信息交换通过邮件；对产品的跟踪采用贴标签的方式；信息处理的软硬件平台是纸带穿孔式的计算机及相应的软件。这一阶段储存与运输分离，各自独自经营，物流服务的需求在这种程度的技术支持下还是可以满足的。

20 世纪 70 年代，经济快速发展商品生产和销售进一步扩大。这时的制造业已广泛采用成组技术（group technology，GT），对物流服务的需求增多，要求也更高。客户的期望已变成同一周供货或服务。仓库已不再是静止封闭的储存式模式，而是动态的物流配送中心，需求信息不光是看订单，而是从配送中心的装运情况获取需求信息；这个时期信息交换采用电话方式，通过产品本身的标记实现产品的跟踪；进行信息处理的硬件平台升级为小型计算机。

20 世纪 80 年代，制造业已采用 JIT 生产，物流需求信息可直接从仓库出货点获取，通过传真方式进行信息交换，产品跟踪采用条码扫描；信息处理的软硬件平台是客户/服务器模式和购买商品化的软件包。

20 世纪 90 年代，物流的需求信息直接从客户消费点获取，信息采集采用 RFID 技术，信息交换采用 EDI 技术，信息处理广泛应用 internet 和物流服务方提供的软件。

目前基于互联网和电子商务的电子物流正快速发展，物流信息的来源由专业的电子商务服务供应方提供；最优化供应链管理进一步扩展，以进一步实现物流的协同规划、预测和供应。

从上述发展过程可以看出，科技手段的应用是随着企业对物流服务的质量及物流信息传递速度的要求而变化的。应用科技手段的目的在于加快物流信息的传递，使物流与生产、销售等环节更好衔接，降低物流成本，提高配送效率。

小资料

增材制造（又称"3D打印"）产业

增材制造是以数字模型为基础，将材料逐层堆积制造出实体物品的新兴制造技术，体现了信息网络技术与先进材料技术、数字制造技术的密切结合，是先进制造业的重要组成部分。当前，增材制造技术已经从研发转向产业化应用，其与信息网络技术的深度融合，或将给传统制造业带来变革性影响。

增材制造技术及产品已经在航空航天、汽车、生物医疗、文化创意等领域得到了初步应用。

资料来源：《国家增材制造产业发展推进计划（2015—2016年）》.

现代技术在城市配送系统的应用如表2-2所示。

表2-2　现代技术在城市配送系统的应用

领域	技术类型	应　用
信息技术	条码技术（bar code）	自动扫描识别技术，可进行仓储运输、时点销售（point of sale）、售后服务、质量控制等方面的信息管理需求
	无线射频识别技术（RFID）	非接触的自动识别技术，可实现物品信息的自动存储、传递和配送跟踪应用
	电子数据交换技术（EDI）	用于传递货单、发票、海关申报单、进出口许可证等凭证，描绘货物的品种、数量、重量、尺寸及其他相关信息
	数据库技术（database）	对配送信息进行加工、编码、格式化等处理，实现数据的存取、查询、删除等
	internet/intranet技术	实现不同企业、不同时间、不同地点的各种信息的即时交互、共享等
	地理信息系统（geographic information system，GIS）	通过GIS系统的空间数据运算能力，根据客户分布位置、配送网点位置和交通状况，自动安排最优配送路线
	全球定位系统（global positioning system，GPS）	实时监控车辆等移动目标的位置
专业技术	选址技术	结合预测、建模、优化、仿真等技术使配送中心选址最优
	仓储技术	货架技术、托盘技术、自动存取系统（automated storage/retrieval system，AS/RS）技术、分拣技术、流通加工技术、库存控制技术等
	车辆调度技术	结合建模、优化、仿真等技术使配送车辆装载、配送路线最优

小资料

"宽带中国"战略及实施方案

根据《2006—2020年国家信息化发展战略》《国务院关于大力推进信息化发展和切实保障信息安全的若干意见》（国发〔2012〕23号）和《"十二五"国家战略性新兴产业发展规划》的总体要求，特制定《"宽带中国"战略及实施方案》。

到2020年，我国宽带网络基础设施发展水平与发达国家之间的差距大幅缩小，国民充分享受宽带带来的经济增长、服务便利和发展机遇。宽带网络全面覆盖城乡，固定宽带家庭普及率达到70%，3G/LTE用户普及率达到85%，行政村通宽带比例超过98%。城市和农村家庭宽带接入能力分别达到50 Mbps和12 Mbps，发达城市部分家庭用户可达1 Gbps。

宽带应用深度融入生产生活，移动互联网全面普及。技术创新和产业竞争力达到国际先进水平，形成较为健全的网络与信息安全保障体系。

资料来源：国务院关于印发"宽带中国"战略及实施方案的通知（国发〔2013〕31号）.

2.1.2　城市物流配送的相关概念

城市物流配送是服务于城市范围的物流配送服务系统。城市物流配送与传统意义上的物流配送相比，由于受服务区域范围的限制，其特征发生了较大改变。本节依次介绍城市、物流与配送等相关概念，以便更全面理解城市物流配送的内涵。

2.1.2.1　城市

《辞海》（2009年版）对"城市"的定义为：规模大于乡村，人口比乡村集中，以非农业活动和非农业人口为主的聚落。中国通常把设市建制的地方称作城市，人口一般在10万人以上。城市人口和生产力集中，大多是某个区域的工业、商业、交通运输业及文化教育、信息、行政的中心。

城市是社会分工和生产力发展的产物。按城市综合经济实力和世界城市发展的历史来看，城市分为集市型、功能型、综合性、城市群等类别，这些类别也是城市发展的各个阶段。任何城市都必须经过集市型阶段。

为更好地实施人口和城市分类管理，满足经济社会发展需要，2014年11月，国务院发布《关于调整城市规模划分标准的通知》（国发〔2014〕51号），正式调整我国城市规模划分标准。以城区常住人口为统计口径，将城市划分为五类七档。城区常住人口50万以下的城市为小城市，其中20万以上50万以下的城市为Ⅰ型小城市，20万以下的城市为Ⅱ型小城市；城区常住人口50万以上100万以下的城市为中等城市；城区常住人口100万以上500万以下的城市为大城市，其中300万以上500万以下的城市为Ⅰ型大城市，100万以上300万以下的城市为Ⅱ型大城市；城区常住人口500万以上1000万以下的城市为特大城市；城区常住人口1000万以上的城市为超大城市（以上包括本数，以下不包括本数）。

小资料

2017年5月25日，第一财经·新一线城市研究所举办"新一线城市峰会暨2017年中国城市商业魅力排行榜发布仪式"，发布了最新一期的城市商业魅力榜单。这份2017年最新的城市商业魅力排行榜按照商业资源集聚度、城市枢纽性、城市人活跃度、生活方式多样性和未来可塑性5个维度，评估了中国城市的商业魅力。

最新的城市商业魅力排行榜沿用了上一年的商业资源集聚度、城市枢纽性、城市人活跃度、生活方式多样性和未来可塑性五大指标，但在分析算法做出了一些调整：邀请新一线城市研究所专家委员会为五大指标的权重赋值，以专家打分法的方式计入评分体系；并在二级指标以下的数据中分析采用了主成分分析法客观赋权。

以此综合计算得到的结果是，北上广深4个一线城市的地位依然不可动摇，但15个"新一线"城市的席次有了一些改变，依次是成都、杭州、武汉、重庆、南京、天津、苏州、西安、长沙、沈阳、青岛、郑州、大连、东莞和宁波。

根据《国家新型城镇化规划（2014—2020年）》，目前我国常住人口城镇化率为53.7%，户籍人口城镇化率只有36%左右，不仅远低于发达国家80%的平均水平，也低于人均收入与我国相近的发展中国家60%的平均水平，还有较大的发展空间。到2020年，常住人口城镇化率达到60%左右，户籍人口城镇化率达到45%左右，户籍人口城镇化率与常住人口城镇化率差距缩小2个百分点左右，努力实现1亿左右农业转移人口和其他常住人口在城镇落户。

户籍制度改革是推进以人为核心的新型城镇化的重要环节。进一步推进户籍制度改革，促进有能力在城镇稳定就业和生活的常住人口有序实现市民化，稳步推进城镇基本公共服务常住人口全覆盖，2014年7月发布《国务院关于进一步推进户籍制度改革的意见》（国发〔2014〕25号）。适应推进新型城镇化需要，进一步推进户籍制度改革，落实放宽户口迁移政策。统筹推进工业化、信息化、城镇化和农业现代化同步发展，推动大中小城市和小城镇协调发展、产业和城镇融合发展。统筹户籍制度改革和相关经济社会领域改革，合理引导农业人口有序向城镇转移，有序推进农业转移人口市民化。意见要求：全面放开建制镇和小城市落户限制；有序放开中等城市落户限制；合理确定大城市落户条件；严格控制特大城市人口规模。改进城区人口500万以上的城市现行落户政策，建立完善积分落户制度。

从城市规模及城市化的主导力量来看，发达国家分别走了以大城市为主导和以小城镇为特色的不同的城市化道路。而发展中国家的城市化特征则主要是过度城市化和城市化滞后，并且在城市布局方面只有一个或几个主要的中心城市在人口、生产和服务部门的分布方面有显著优势，其典型代表是南美、东南亚等地区的国家。

小案例

巴西贝洛哈里桑塔大都市区

巴西的贝洛哈里桑塔（Belo Horizonte）市，拥有人口将近250万，位于贝洛哈里桑塔大都市区（the metropolitan region of Belo Horizonte，RMBH）中，RMBH由三十四个城市组成，拥有将近500万人口，如图2-3所示。

通过对RMBH的主要通道的调查，我们看到在Belo市的中心区域有30%的卡车空载运行，在那些有负载运行的卡车中，能够观察到载重量低于其负载能力50%的卡车。另一方面，大容量的卡车却在以超过其额定载重的23%超载运行。

图2-3 RMBH大都市区

新型城镇化是现代化的必由之路，是最大的内需潜力所在，是经济发展的重要动力，也是一项重要的民生工程。2016 年 2 月，《国务院关于深入推进新型城镇化建设的若干意见》提出，加快调整完善超大城市和特大城市落户政策，根据城市综合承载能力和功能定位，区分主城区、郊区、新区等区域，分类制定落户政策。中国城镇化还处于加速发展阶段，城镇化总体每年还将继续快速提高；农村进入城市为主导阶段即将结束，未来人口流动将依次进入以小城市进入大城市为主导阶段、以大城市郊区化为主导阶段和以都市圈为主导阶段。

小贴士

当前全球前六大都市区分别为：东京都市区（3 593 万人）、首尔都市区（2 495 万人）、上海市（2 415 万人）、孟买都市区（2 280 万人）、墨西哥城都市区（2 040 万人）、北京都市区（不含生态涵养发展区，1 980 万人）。相应的土地面积分别为：8 592、4 673、6 883、4 355、5 102、7 664 平方公里，人口密度分别为 4 181、5 339、3 535、5 235、4 000、2 583 人/平方公里。

资料来源：http://money.163.com/17/0203/15/CCC1VKAM002581PP.html.

《全国主体功能区规划》和《国家新型城镇化规划（2014—2020 年）》都强调以城市群的形态推进中国的城市化。所谓城市群，是指在特定地域范围内，以 1 个以上特大城市为核心，由至少 3 个以上大城市为构成单元，依托发达的交通通信等基础设施网络所形成的空间组织紧凑、经济联系紧密、并最终实现高度同城化和高度一体化的城市群体。

国家"十三五"规划纲要进一步明确，要优化提升东部地区城市群，建设京津冀、长三角、珠三角世界级城市群，提升山东半岛、海峡西岸城市群开放竞争水平；培育中西部地区城市群，发展壮大东北地区、中原地区、长江中游、成渝地区、关中平原城市群，规划引导北部湾、山西中部、呼包鄂榆、黔中、滇中、兰州—西宁、宁夏沿黄、天山北坡城市群发展，形成更多支撑区域发展的增长极。

2.1.2.2 物流与配送

美国物流管理协会 1985 年给出的物流定义是：以满足客户需求为目的，为实现原材料、在制品、产成品及相关信息从供应地到消费地的高效率、低成本流动和储存而进行的计划实施和控制过程。1992 年更新定义为：以满足客户需求为目的，对产品及相关信息从供应地到消费地的高效率、低成本流动和储存而进行的计划实施和控制过程。1998 年再次更新为：物流是供应链流程的一部分，是为了满足客户需求而对商品、服务及相关信息从原产地到消费地的高效率、高效益的正向和反向流动及储存进行的计划、实施与控制过程。

根据中华人民共和国国家标准《物流术语》（GB/T 18354—2006）可知，物流是指物品从供应地向接收地的实体流动过程。根据需要，将运输、储存、装卸、搬运、包装、流通加工、配送、信息处理等基本功能实施有机结合。

小贴士

GB/T 18354—2006

为适应我国物流发展的新的形势，《物流术语》国家标准于2005年开始修订，2006年12月获国家标准化管理委员会批准发布、2007年5月起正式实施。新修订的《物流术语》国家标准在结构上，在保留原有的基础、作业、技术与设施设备、管理四部分术语的同时，增加了物流信息与国际物流两个部分；在词条数量上，由2001年版的145条增加到249条，其中新增词条138条，保留111条，删除34条，保留词条中，55条的内容做了修改或补充；在学术上，对当前物流界的一些热点问题，如物流园区、物流中心、区域物流中心等，进行了新的探讨和界定。

资料来源：http://www.bzjsw.com.

配送是物流系统中由运输环节派生出的功能，不仅是物流的一个重要组成部分，而且是物流活动的缩影和物流成果的体现，如图2-4所示。

图2-4　配送在物流过程中的地位

《物流术语》将配送定义为："在经济合理区域范围内，根据客户要求，对物品进行拣选、加工、包装、分割、组配等作业，并按时送达指定地点的物流活动。"物流配送就是在产品用户集中的区域，按用户的订货要求和时间计划，在物流中心进行配货，并将配好的货物采用汽车巡回运送方式送交收货人的小范围、近距离、小批量、多品种、为多用户服务的运输。配送不是单纯的运输或是送货，而是运输与其他活动的组合，除了各种"运""送"活动外，还要从事大量的集货、分货、配货、配装等工作，是配与送的结合。同时，还伴随着物流信息在整个过程中的传递。

总的来说，配送具有以下特点：

① 配送是从物流据点到用户之间的一种特殊送货形式，是中转环节的送货，这与通常的直达运输有所不同；

② 配送连接了物流的其他功能（如分拣、加工、配货、送货）；

③ 配送将配货与送货有机地结合而极大地方便了用户；

④ 配送是复杂的作业体系，它通常伴随较高的作业成本；

⑤ 配送在固定设施、移动设备、专用工具组织形式等方面都可形成系统化的运作体系；

⑥ 配送的服务水平很大程度上体现了物流服务的水准。

2.2   城市物流配送的基本内容

城市配送从本质来说，是指合理地安排和组织配送计划，在城市范围内提供物流服务，以满足客户多样性的物流需求。

2.2.1   物流配送的功能与流程

物流配送几乎包括了所有的物流功能要素，是全部物流活动在小范围内的体现。主要的功能要素如下所述。

（1）备货。它是配送的准备工作或基础工作，备货工作包括筹集货源、订货或购货、集货、进货及有关的质量检查、结算、交接等。配送的优势之一，是可以集中用户的需求进行一定规模的备货。备货是决定配送成败的初期工作，如果备货成本太高，会大大降低配送的效益。

（2）储存。配送中的储存有储备及暂存两种形态。储备是按一定时期的配送经营要求形成的对配送的资源保证。这种类型的储备数量较大，储备结构也较完善，视货源及到货情况，可以有计划地确定周转储备及保险储备结构及数量。暂存是具体执行日配送时，按分拣配货要求，在理货场地所做的少量储存准备。暂存主要是调节配货与送货的节奏，暂存时间不长。总体储存效益取决于储存总量，而暂存数量只会对工作方便与否造成影响。

（3）分拣及配货。分拣及配货是完善送货、支持送货的准备性工作，是不同配送企业在送货时进行竞争和提高自身经济效益的必然延伸，即是送货向高级形式发展的必然要求。有了分拣及配货功能会大大提高送货服务水平，因此，分拣及配货是决定整个配送系统水平的关键要素。

（4）配装。在单个用户配送数量不能达到车辆的有效载运负荷时，就存在如何集中不同用户的配送货物，进行搭配装载以充分利用运能、运力的问题，这就需要配装。通过配装送货可以大大提高送货水平并降低送货成本，所以配装也是配送系统中有现代特点的功能要素，也是现代配送不同于以往送货的重要区别。

（5）配送加工。在配送中，配送加工这一功能要素不具有普遍性，但是往往是有重要作用的功能要素。主要原因是通过配送加工，可以大大提高用户的满意程度。配送加工是流通加工的一种，一般配送加工只取决于用户要求，其加工的目的较为单一。

（6）配送运输。配送运输属于运输中的末端运输、支线运输，是较短距离、较小规模、频度较高的运输形式，一般使用汽车做运输工具。配送运输不同于干线运输，由于配送用户多，城市交通路线较为复杂，如何组合成最佳路线、如何使配装和路线有效搭配等，是配送运输一项难度较大的工作。

（7）送达服务。配好的货运输到用户还不算配送工作的完结，因为送达货和用户接货往往还会出现不协调。因此，要圆满地实现货物的移交，有效地、方便地处理相关手续并完成结算，还应讲究卸货地点、卸货方式等内容。

物流配送的一般业务运作流程如图 2-5 所示。

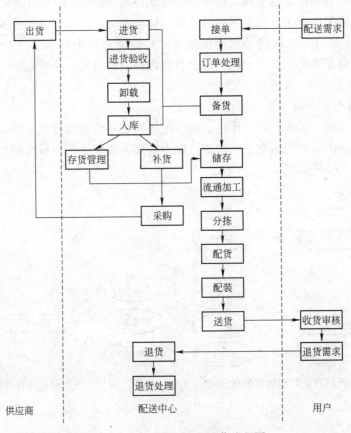

图 2-5 物流配送业务运作流程图

2.2.2 物流配送的形式

本节根据配送的主体和客体、配送的服务方式,以及配送的组织形式等分类标准,简要介绍物流配送形式。

2.2.2.1 基于配送主体和客体划分的配送模式

1. 按物流配送的主体划分

1) 大型生产厂商主导型物流配送

这指的是规模较大、有着分布较广的营销网络的生产厂商直接将产品按零售商的时间、数量等要求送至零售商的一种配送方式。随着零售商对高频度、少批量订货要求的增强及生产厂商越来越重视将其产品和服务靠近客户的营销战略,传统大型生产厂家通过批发、代理等中间流通渠道进行商品销售的方式开始大大弱化,零售商通过互联网直接向生产厂商订货,生产厂商根据各零售商的订货要求直接配送已逐渐成为一种主流。如联想官网商城提供电脑 24 小时内专人送达(最快 3 小时送达)、货到付款的"急速达"尊享服务。海尔商城提供 24 小时限时达(全国 1 300 个县支持 24 小时送货上门),按时送达,超时免单(全国

1 081个县支持），货到付款（全国2 076个区县支持）。海尔大家电产品主要依托日日顺物流以及全国两千多家售后服务商提供送货安装一体化服务，小件产品、小家电产品主要依托顺丰快递和EMS等第三方快递公司进行配送，并提供送货上门服务（特别偏远的地区除外，当地如果没有配送点，快递公司一般会放在离该地最近的一个配送点，然后联系用户取件）。其配送模式如图2-6所示。

2）大型连锁企业自组型物流配送

连锁企业由于统一采购、统一库存、统一配送和统一管理而降低了经营管理成本，取得了规模经营效益。而随着门店数量的增加，能否实现有效配送往往成为制约连锁企业业务发展的重要因素。其模式如图2-7所示。

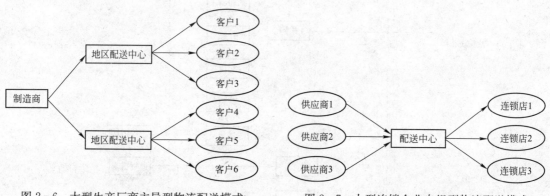

图2-6　大型生产厂商主导型物流配送模式　　　　图2-7　大型连锁企业自组型物流配送模式

小案例

沃尔玛中国

沃尔玛百货有限公司由美国零售业的传奇人物山姆·沃尔顿先生于1962年在阿肯色州成立。经过五十多年的发展，沃尔玛公司已经成为世界最大的私人雇主和连锁零售商。

沃尔玛致力通过实体零售店、在线电子商店及移动设备移动端等不同平台不同方式来帮助世界各地的人们随时随地能够节省开支，并生活得更好。

截至2016年12月31日，沃尔玛已经在全国189个城市开设了439家商场、8家干仓配送中心和11家鲜食配送中心。沃尔玛在中国的经营始终坚持本地采购，目前，沃尔玛中国与超过7 000家供应商建立了合作关系，销售的产品中本地产品超过95%。

沃尔玛在中国经营多种业态，包括购物广场、山姆会员商店两大主力业态。在电子商务方面，从2010年底开始，山姆会员网上商店（www.samsclub.cn）陆续在深圳、北京、大连、上海、广州、福州、杭州、苏州、武汉、常州和珠海在内的所有已开设山姆会员商店的城市开通了山姆会员网购直送服务。2016年10月，沃尔玛与京东双方宣布在电商、跨境电商、O2O等领域的合作取得了多项重要进展（山姆会员商店独家入驻京东、全球官方旗舰店入驻京东全球购、沃尔玛购物广场入驻"京东到家"平台），将携手为中国消费者提供更丰富的海内外优质商品、更便捷高效的物流服务。

资料来源：http://www.wal-martchina.com/walmart/index.html.

3）批发企业主导型物流配送

此配送即大型或中型批发商从各生产企业批来商品并将之批发配送给地域内小型超市、便民店、百货店等中小零售企业，如图 2-8 所示。

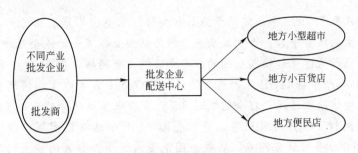

图 2-8　批发企业主导型共同配送

小案例

北京新发地农产品批发市场

北京新发地农产品批发市场成立于 1988 年。现已成为首都北京，乃至亚洲交易规模最大的专业农产品批发市场。承担了首都 80% 以上的农产品供应。目前，新发地市场已在全国农产品主产区投资建设了 10 家分市场和 200 多万亩基地，在北京市区内建立了 150 多家便民菜店，300 多辆便民直通车。全力推进"农超对接""农餐对接""农校对接""场店对接"工程，减少农产品流通环节，降低流通费用。北京新发地在京东设有官方旗舰店。

资料来源：http://www.xinfadi.com.cn/.

4）专业物流企业社会化物流配送

这主要指由原大型生产厂商，批发、零售企业等储运部门脱离母体单独分化出去，或通过不同企业间储运部门的联合兼并共同成立的物流公司，以及从公路运输、仓储企业转化而来的专门从事社会第三方物流服务物流企业。在这种模式中，从事配送业务的企业，通过与上游（生产、加工企业）建立广泛的代理或买断关系，与下游（零售店铺）形成较稳定的契约关系，从而用高效的信息系统将生产、加工企业的商品或信息进行统一组合、处理后，按客户订单的要求，快速、稳定、高效率、低成本地配送到需求用户。其模式如图 2-9 所示。

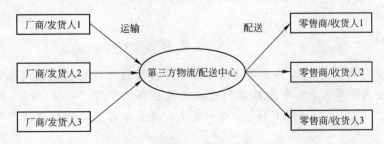

图 2-9　专业物流企业社会化物流配送

小案例

日 日 顺 物 流

日日顺物流成立于1999年，定位于为居家大件（家电、家居、出行产品等）提供供应链一体化解决方案的服务平台。企业发展先后经历从企业物流→物流企业→平台企业的三个转型阶段。日日顺物流建立起辐射全国的分布式三级云仓网络，拥有10个前置揽货仓、100个物流中心，2 000个中转HUB库，总仓储面积500万平方米以上，实现全国网络无盲区覆盖。建立即需即送的配送网，在全国规划3 300多条班车循环专线，9万辆小微型车，为客户和用户提供到村、入户送装服务，并在全国2 915个区县已实现"按约送达，送装同步"。全国建立6 000多家服务网点，实现全国范围内送货、安装同步上门服务，为用户提供安全可靠、全程无忧的服务体验。建立开放智慧物流平台，不仅可以实现对每一台产品，每一笔订单的全程可视，还可以实现人、车、库与用户需求信息即时交互。搭建起开放的专业化、标准化、智能化大件物流服务平台和资源生态圈平台，为客户和用户提供差异化的服务体验。

资料来源：http://www.ehaier.com/helpcenter.php?id=33.

5）以交通运输业为主体的货运转型物流配送

这是指从事交通运输业的航运、港口、铁路和公路等企业依托港口、货运站、集装箱堆场、公路枢纽、机场及其后方集疏运网络通道将货物迅速地配送给用户，而不是等待用户自行提取。如果在港口建立物流配送中心，将若干个用户的货物，使用一辆卡车，根据路程的远近或用户地理分析情况，一次性送达所有用户，这将大大提高运输装卸效率和降低港口仓库面积，最终提高客户服务水平和降低物流费用。其模式如图2-10所示。

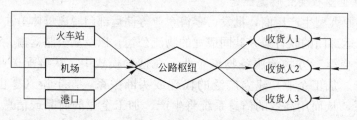

图2-10　以交通运输业为主体的货运转型物流配送

小资料

中 欧 班 列

推进"一带一路"建设工作领导小组办公室印发了《中欧班列建设发展规划（2016—2020年）》，全面部署未来5年中欧班列建设发展任务。作为"一带一路"建设的重要平台，中欧班列到2020年将实现开通5 000列左右，并力争在集装箱铁路国际联运总量中占比达到80％。

中欧班列（CHINA RAILWAY Express，缩写CR express）是由中国铁路总公司组织，按照固定车次、线路、班期和全程运行时刻开行，运行于中国与欧洲及"一带一路"沿线国家间的集装箱等铁路国际联运列车。目前，中欧班列已初步形成西、中、东 3 条通道。截至 2016 年 6 月底，已累计开行 1 881 列，其中回程 502 列，国内始发城市 16 个，境外到达城市 12 个，运行线达到 39 条，实现进出口贸易总额 170 亿美元。自 2011 年首次开行以来，已经逐步成为世界知名的物流品牌。

按照合理布局、畅通联运，统筹协调、区域联动，市场运作、政府引导，开放包容、共建共享的原则，《规划》提出了七大任务，明确了中欧铁路运输通道、枢纽节点和运输线路的空间布局。利用干支结合、枢纽集散的铁路组织方式，将内陆的主要货源地、铁路枢纽、沿海重要港口、沿边陆路口岸等规划设立的成都、广州、上海等 43 个枢纽节点连接起来发展 43 条运行线，将为完善贸易通道、物流枢纽设施建设以及货源整合打下坚实的基础。到 2020 年，中欧班列年开行 5 000 列左右，回程班列运量明显提高，国际邮件业务常态化发展，将基本形成布局合理、设施完善、运量稳定、便捷高效、安全畅通的中欧班列综合服务体系。

资料来源：http://www.nra.gov.cn/jgzf/yxjg/zfdt/201610/t20161027_28807.shtml.

2. 按物流配送客体特征划分

1）按物流配送的产品类型划分

主要有家电配送、化妆品配送、医药品配送、日用品配送、食品配送、服饰产品配送、汽车零件配送、电子产品配送、书籍产品配送等。

小资料

用时间丈量新鲜

三元特品鲜牛奶（见图 2-11）的生产及物流配送过程。

6：00 近郊牧场　奶源采集

8：00 奶源检测

10：00 巴氏杀菌

24：00（H）

3：00 冷藏运输

6：00 超市货架

图 2-11　三元特品鲜牛奶

2）按配送物品的种类和数量差别划分

（1）少品种大批量配送模式。一般为生产和批发企业所采用，配送成本低，选择直接配送的效果往往会更好。

（2）多品种少批量配送模式。一般应用于生产线上的零配件配送和商业连锁超市配送。具有多用户、多批次、高频度和组织难度大等特点，符合现代消费、需求多样化的趋势。

（3）配套（成套）配送模式。指按照企业的生产需要，将其所需的多种商品（配送或成套产品）配备齐全后直接送到企业的配送模式。这既是定时配送的一种形式，又能达到多品种、少批量、准时配送的效果。

2.2.2.2　按服务方式划分

按照配送的服务方式，即配送的时间和配送的数量的不同，可划分为下列类型。

（1）定时配送模式。按规定的时间间隔进行物品配送，每次配送的品种和数量均可按计划执行，也可按事先商定的联络方式下达配送通知，按用户要求的品种及数量和时间进行配送。如配套定时配送可以使服务的生产企业实现"零库存"，达到多品种、少数量、准时配送的效果，便于配送企业安排工作计划和运输工具，用户则便于安排接收货物的人员和设备，但当要求配送数量变化较大时，则会使配送运力安排出现困难。定时配送常见的形式有小时配、日配等。

（2）定量配送模式。按规定的数量（批量）在一个指定时间范围内配送物品。这种配送方式每次配送的品种、数量固定，备货作业较为简单，可以按托盘、集装箱等方式或按车辆的装载能力规定配送的数量。这种配送方式的工作较好安排，适用于以下情况：用户有一定的仓储能力；配送路线难以实现准时配送；难以实行共同配送，只有达到一定配送批量才能使配送成本降低。

（3）定时、定量配送模式。按规定的时间、品种、数量进行配送作业。这种配送方式结合了定时配送方式和定量配送方式的特点，服务质量水准较高，同时也使配送组织工作难度增加，通常针对固定用户进行此项服务，其适用范围很有限，只适合于在生产稳定、产品批量较大的用户中推行。

（4）定时、定量、定路线配送模式。在规定的线路上按规定时间表进行物品配送。这种配送方式有利于安排车辆及驾驶人员，在配送用户较多的地区，也可以避免配送工作组织的困难，它只适用于消费者集中、配送数量、品种及时间等都较稳定的地区，如连锁商品配送活动。

（5）即时配送模式。可以满足用户的急需，降低用户的库存，但组织难度较大，是一种灵活的配送模式。

（6）JIT配送模式。是以需定供，即供方根据需方的要求，按照所要求的品种、规格、质量、数量、时间等将物品配送到指定的地点的一种配送模式。它要求不多送、也不少送，不早送、也不晚送，所送物品要个个保证质量，不能有任何废品。准时配送可以使用户有效地安排接货的人力、物力并实现零库存、零废品，也可避免商品积压、过时变质等浪费现象，实现最大节约。

小资料

国美物流与配送

国美自营商品，① 大家电，全境免费，次日达；② 小件商品，天津仓发货1天，其他仓4~7天；③ 供货商直接配送。部分地区由于道路不便不支持下乡配送，只配送到当地乡镇主街道，如表2-3和表2-4所示。

表2-3　大家电配送服务特色

计时达	限时达	定期达
全天截单时间划分为三个时间节点，即当日12：00、14：00、24：00。您在每个截单时间之前提交的当地仓库有货的现货订单，在当日和次日指定时间之前送达	您在下单时可以根据自主意愿，选择次日及以后的一日三达服务，即：上午达、下午达、夜间达	按收货地物流调拨频次发货，以分部联系客户的具体时间为准

表 2-4　中小件配送服务特色

半日达	次日达	指定日达
当天上午 11:00 前提交的现货订单（以订单出库时间点开始计算），当日送达	在次日达区域，当天 22:00 前提交的现货订单（以订单出库时间点开始计算），次日送达	在指定日达区域，您可享有选择自下单之日起 7 日内的预约送达服务

资料来源：http://help.gome.com.cn/question/28.html.

2.2.2.3　基于配送组织形式划分

1. 按上下游企业（用户）的不同关系划分

（1）集货型配送模式。主要针对上家的采购物流进行创新而形成。其上家生产具有相互关联性，下家相互独立，上家对配送中心的储存明显大于下家，上家相对集中，而下家分散，具有相当的需求。同时，这类配送中心也强调其加工功能，此类配送模式适用于成品或半成品物资的配送，如汽车配送中心。

（2）散货型配送模式。主要是对下家的供货物流进行优化而形成。上家对配送中心的依存度小于下家，而下家相对集中或有利益共享（如连锁业）。采用此类配送模式的流通企业，其上家竞争激烈，下家需求以多品种、小批量为主要特征，适用于原材料或半成品物资配送，如机电产品配送中心。

（3）混合型配送模式。综合了上述两种配送模式的优点，并对商品的流通全过程进行控制。采用这种配送模式的流通企业规模较大，具有相当的设备投资，如区域型物流配送中心，比较符合电子商务下城市物流配送的要求。

（4）企业对企业的配送模式。指社会开放系统的企业之间的配送。作为配送需求方，有两种情况：第一种是企业作为最终的需求方；第二种是企业在接受配送服务之后，还要对产品进行销售，即"分销配送模式"。

（5）企业内部配送模式。大多发生在巨型企业之中，有两种情况：一是连锁型企业各连锁商店的"连锁型配送模式"，配送的作用是支持连锁商店经营，它的主要优势是计划性较强，容易实现低成本的精细配送；二是巨型企业内部的"供应配送模式"，由高层主管统一采购、统一库存，并按车间或分厂的生产计划统一配送，是巨型企业成本控制的一项重要方法。

（6）企业对消费者的配送模式。是在开放社会系统中所运行的配送。在多数情况下，消费需求的随机性非常强，服务水平的要求又很高，是配送供给与需求之间最难协调的一种类型。最典型的是与 B2C 型电子商务相配套的配送服务。

小资料

美国 Costco 好市多

Costco 好市多 1976 年成立于美国加州圣地亚哥，是全球会员制的仓储批发量贩卖场的创始者。Costco 好市多会员可以在全球任何一家卖场都买到高质量，价廉质优的全球知名品牌或具特色的精选品牌商品。另外，Costco 好市多更提供一系列 Costco 好市多自有品

KIRKLAND SIGNATURE™科克兰商品，以更优的质量，更棒的价格来满足会员的需求。

Costco好市多不打广告，并运用不断降低成本之经营模式，将省下来的成本直接反映在卖价上。例如，规模经济，以较大数量的包装销售，降低成本并相对增加价值，直接进货不通过盘商，以原运送栈板的方式进货并直接在卖场陈列销售，简单不奢华的卖场装潢等。

Costco好市多提供许多全球性知名品牌商品，虽然每种种类商品的选项有限，但是一定是市场上受欢迎的品项及样式。所以不论是为家庭而添购的一般会员，或是为营业所需而添购的商业会员都能得到满足。

资料来源：https://costco.tmall.hk/p/costco.htm? spm＝a1z10.1－b－s.w5002－16594475335.9.Rx6GWs&scene＝taobao_shop.

2. 按是否与其他企业合作划分

1）自营配送模式

自营配送模式指企业物流配送的各个环节由企业自身筹建并组织管理，以实现对企业内部及外部货物配送的模式。该类型的配送包括原材料仓库和成品仓库在内的各种物流设施和设备归一家企业或企业集团所拥有，其物流配送只服务于集团内部各个企业，通常不对外提供配送服务。

自营配送可以提供更高的客户价值。自建物流系统最大的好处，是拥有对物流系统运作过程的有效控制权，借此提升该系统对企业服务客户的专用性，因此配送速度及服务都是很好的。另外它有利于企业内部各个部门之间的协调，对于获得第一手市场信息也有帮助，同时，可以有效地防止企业商业秘密的泄露。

2）共同配送模式

共同配送模式指对某一地区的用户进行配送时，由多个配送企业联合在一起共同进行，以实现整体合理化的协作型配送模式，共同配送也就是把过去按不同货主、不同商品分别进行的配送，改为不区分货主和商品集中运货的"货物及配送的集约化"，其配送模式可参考图1-12和图1-13。

物流配送共同化并不局限于配送共同化，还包括物流资源利用共同化、物流设施与设备利用共同化及物流管理共同化。物流资源是指人、财、物、时间和信息；物流的设施及设备包括运输车辆、装卸机械、搬运设备、托盘和集装箱、仓储设备及场地等；物流管理是指商品管理、在库管理、配送管理、作业管理、成本管理、劳务管理等。

小贴士

初期送货以单独企业为主体来满足用户要求，难免出现车辆利用率低，不同企业之间交错运输，交通紧张，事故频繁等诸多不合理现象。日本早在20世纪60年代就开始尝试采用共同配送来解决便利店的零散送货问题，到了近几年，已上升到从大范围考虑配送的合理化，致力于推行整个城市，所有企业的共同配送，城市间的配送共同化也在东京和大阪等干线道路上开展起来。目前发达国家的配送组织数量在减少，但其总体实力和经营规模却与日俱增，明显走上了集约化道路。

共同配送的推进过程中也遇到过一些阻力，主要是以下三点。

（1）组织协调难度大。共同配送体系由多家企业组成，各货主对货物配送都有一定要求，在时间、地点、数量、安全等方面必然存在差异，要把这些要素统一协调起来并非易事。

（2）信息共享可能带来商业秘密的外泄。各参与主体的商业秘密（如客户、价格、经营手段等）易于在共同配送中外泄，很多货主不愿加入其中相当程度是出自于这方面的考虑。

（3）存在利益分配上的矛盾。每个参与共同配送的企业都是独立的利益主体，共同配送所实现的利益在参与方之间进行分配时缺乏客观标准，难以做到公平合理地分担成本与收益。

3）互用配送模式

互用配送模式（见图2-12）指几个企业为了各自的利益，以契约的方式达成某种协议，互用对方配送系统而进行的配送模式。

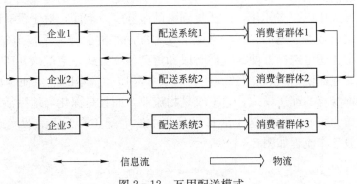

图2-12　互用配送模式

与共同配送模式相比，互用配送模式稳定性较差，以企业自身服务为核心，其合作对象包括经营和非经营配送业务的企业。

4）第三方配送模式

第三方配送模式（见图2-13）指交易双方把自己的配送业务委托给第三方来完成的一种配送运作模式。

图2-13　第三方配送运作模式

随着物流产业的不断发展以及第三方配送体系的不断完善，第三方配送模式已成为工商企业和电子商务网站进行货物配送的首选模式和方向。

四种模式的优缺点及各自适用的范围如表2-5所示。

表2-5　四种模式的特点及适用范围比较

	自营配送	共同配送	互用配送	第三方配送
优点	有利于企业的一体化作业，系统化程度高	提高效率，降低运营成本；可实现社会资源的共享	不需投入较大资金和人力就可扩大配送规模	集中精力于核心业务，减少固定投资，提供多样服务
缺点	增加投资规模，在配送规模小时，成本也较高	在配送组织、费用分摊方面存在难度，有泄露商业机密的可能	需有较高管理水平及组织协调能力，稳定性较差	不能直接控制物流，难以维护与客户的长期关系

续表

	自营配送	共同配送	互用配送	第三方配送
适用范围	大型集团公司或连锁企业	运输企业和家电连锁店联合	电子商务下 B2B 的交易方式	处理物流能力相对较低的企业

2.2.2.4　其他物流配送模式

（1）宅配模式。指有着现代 IT 系统的支持及营销货运驾驶员①的优质服务，通过分区域的配送体系实现门到门的小件货物的配送模式。随着电子商务的迅速发展与网络的快速普及，人们的购物方式比以往多元化，而送货到家的服务——宅配，对于没有时间采购的上班族或不便外出的民众，通过电话、因特网可享受宅配贴心的服务，不仅节省了购物的时间、免去了提运的负担，还可选择方便的收件时段和货到付款方式。宅配最初产生于日本，被称为"宅急便"或"宅配便"，强调细致、便利的服务品质。日本的宅急便全面提供个人包裹递送服务，是日本特有的配送模式，它不仅是物流业，而且是深化当地生活形态的服务业。

以高服务品质为核心、以配送生活日用品为主的宅配，属无店铺贩卖或零阶通路的性质。宅急便的一般工作流程如图 2-14 所示。

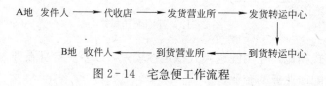

图 2-14　宅急便工作流程

目前，宅配以其快速、准确、亲切的服务理念深入全球，许多国家也已开始采用"宅配"模式。

（2）加工配送模式。指在配送中心按用户的要求进行必要的加工，再将产品送交用户的配送模式。加工和配送一体化，充分利用了本来应有的中转；加工与配送相结合，使加工更具针对性，配送服务也更趋完善；另外，加工与配送有机结合，投入不增加太多，却能使配送企业大大提高经济效益、增强竞争力。

（3）往复配送模式。指在配送时，将用户所需的物资送到，再将该用户生产的产品用同一车运回的配送模式。这种模式使配送企业和用户建立了稳定、密切的协作关系，配送企业不仅成了用户的供应代理人，而且成为用户的产品配送人，甚至成为产品代销人。这种送取结合的配送模式，不仅充分利用运力，而且使配送企业功能有了更大的发挥，免去了生产企业物资供应和产品库存的后顾之忧，从而实现了合理化配送。

（4）ABC 配送模式。指根据 ABC 管理方法，将配送物资分为 ABC 三类，并针对这三类物资确定配送方法的配送模式。首先划分配送物资的类别：15%～20%的少量物资占其总物资价值的 65%～80%划分为 A 类物资，30%～40%的物资占总物资价值的 15%～20%划分为 B 类物资，40%～55%的物资占总物资价值的 5%～15%划分为 C 类物资。对于 A 类

---

①　营销货运驾驶员不仅仅是一位驾驶员，他还是行销式的驾驶员。这个区域的业务的开发、协调都由这个驾驶员来处理。

物资，为减少占用资金，保证用户收货，宜采用准时配送、单独作业、反馈跟踪；对于 B 类物资，可实行批量正常配送，即在规定的延迟期内，将物资组合成批量配送；对于 C 类物资，由于价值最低，其配送的延迟期最长，可以充分利用社会配送或共同配送实现。运用 ABC 配送模式，可使不同层次用户的需求在超过供货方配送能力的条件下得到充分满足，能够适应客户多样化、个性化的需求。

小资料

国 安 社 区

国安社区（北京）科技有限公司（简称"国安社区"）在中信集团、国安集团双品牌背书支持下，扎根社区、服务社区。国安社区通过运用互联网、云计算及大数据等创新技术，以社区及社区居民为服务对象，搭建线上＋线下一站式的社区共享平台。

国安社区创新构建了"1＋2＋3＋5＋7＋N"的社区服务体系。"1"是指搭建一个线上线下融合的一站式社区服务共享平台；"2"是指创建以线下服务和社区大数据（CIDM、CSDM）为核心的支撑体系；"3"是指平台可为居民提供 1 小时以内的本地生活服务、24 小时全天候服务和其他类服务；"5"是指平台可为居民提供购物、生活、物业、公共服务、信息与交互五个板块的服务内容；"7"是指平台为满足不同居民生活所习惯提供的移动端、电视端、PC 端、400 电话端、门店端、社区专员端以及智能终端七类社区服务触点；"N"是指在平台内的每个业务板块里都将提供 N 种服务频道和无限种商品和服务，如图 2-15 所示。

图 2-15　国安社区的社区服务体系

资料来源：https://www.guoanshequ.com/.

2.3　城市物流配送的内涵及体系

研究城市物流配送，必然要了解和把握整个城市物流配送体系，即从系统的角度分析城市物流配送系统所包含的要素及各组成要素如何有机地运作。

2.3.1　城市物流配送的内涵

Eiichi Taniguchi 把城市物流定义为："在市场经济中，考虑城市交通环境、交通堵塞和能源消耗的同时，由私人企业来实现的使物流和运输活动总体最优化的过程"。①②

王之泰教授曾在《现代物流学》③ 中提到："城市物流要研究城市生产、生活所需物资的如何流入，如何以更有效的形式供应给每个工厂、每个机关、每个学校和每个家庭，城市巨大的耗费所形成的废物又如何组织物流等"。崔介何在《物流学》④ 中提到："城市物流是在一定的城市行政规划条件下，为满足城市经济发展要求和城市发展特点而组织的区域性物流"。程世东在《城市物流系统及其规划》⑤ 中提到："城市物流是指物品在城市内的实体流动、城市与外部区域的货物集散，以及废弃物的清理等活动"。

综上所述，城市物流是为了满足城市和以城市为中心的周围经济区域内经济活动的需要而进行的城市内，以及城市与外界之间的物流活动。它降低了物流活动对城市交通环境和能源消耗等方面的负面影响。

从供应链的角度分析，从生产者到最终消费者存在几类连接点，以及各种类型的运输方式，它们之间的联系如图 2 - 16。

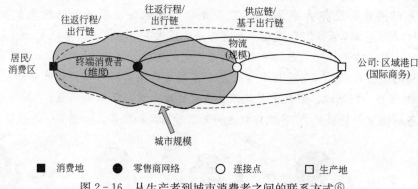

图 2 - 16   从生产者到城市消费者之间的联系方式⑥

在城市交通网络中，确定供货运车辆使用的子网络。事实上，一些城市规划者，他们在更大规模上规划了大都市内的重型车辆的流动，将其与小街道网络联系和中型的及大型的主要路线区分开来。这些措施主要是指运输公司参与（如图 2 - 16 中白色和黑色圆圈之间的链接）。在这方面，一些城市已经调查了货车路线的使用，以使运行时间和城市路网中的所有车辆及受货运交通（经济和环境方面）影响的居民的行程减少。

城市物流涉及城市的交通运输、枢纽场站、仓储业、信息服务业及制造加工、商贸流通、城市空间等物流核心及外围的方方面面。从连接点角度看，从生产者到城市消费者之间的联系方式有：

① 没有任何连接点，直接接触。消费者在网上购买物品同时生产厂家直接将物品从生

---

① TANIGUCHI E, RUSSELL G. Thompson. City logistics network modeling and intelligence transport systems [J]. Transportation Research Record：Journal of the Transportation Research Board：Volume 1790/2002：45 - 51.

② VISSER J, HASSALL K. What should be the balance between free markets and a not so 'Invisible Hand' in urban freight regulation and land use：Dutch and Australian experiences [A]. Procedia Social and Behavioral Sciences 2, 2010：6065 - 6075.

③ 王之泰. 现代物流学 [M]. 北京：中国物资出版社，2001.

④ 崔介何. 物流学 [M]. 北京：北京大学出版社，2003.

⑤ 程世东. 城市物流系统及其规划 [J]. 北京工业大学学报，2005 (1).

⑥ RUSSO F, COMI A. A classification of city logistics measures and connected impacts [A]. Procedia Social and Behavioral Sciences 2, 2010：6355 - 6365.

产地（白色方框）送到消费地（黑色方框）；

② 零售点为连接点。生产厂利用零售商网络（黑色圆圈）使产品到达消费地点；

③ 通过一个或多个连接点（白色圆圈）集中或分拆货物，这种类型的连接点源于降低物流和运输的成本。

从空间地域看，城市物流属于中观物流，是宏观物流（社会物流）与微观物流（企业物流）之间的过渡。城市物流配送完成了国际物流、国内物流的"最后一公里"的配送业务，是物流社会化、专业化的必然要求。如果说国际物流、跨区域物流是一个城市的主要供水管道或者社区的大型自来水管的话，那么城市物流就是接入每个家庭的小自来水管。城市物流配送将跨国、跨区域的宏观物流与直接面对零售商和消费者的微观物流有机地、系统地对接起来。

小案例

UPS 联合包裹服务公司

UPS，或者称为联合包裹服务公司，最初作为一家信使公司于 1907 年在美国成立，现已成长为一家年营业额达到数百亿美元的全球性的公司，致力于以支持全球商业发展为目标。作为世界上最大的快递承运商与包裹递送公司之一，UPS 同时也是专业的运输、物流、资本与电子商务服务的领导性的提供者。每天，UPS 都在世界上 200 多个国家和地域管理着物流、资金流与信息流。

资料来源：https：//www.ups.com/cn/zh/Home.page? .

由于受到城市区域的限制，决定了城市物流配送不可能涉及长距离、大范围的物流配送业务，而只能以城市道路系统和近郊短途运输为主。然而，随着城市经济实力的提高和对周边区域的影响能力增强，城市物流也逐渐超越了"城市"的地理上的界限，服务于周边城市或者整个经济协作区。

小案例

菜鸟乡村

菜鸟乡村项目计划三年内与本地化的物流合作伙伴一道，共同建设成为覆盖中国广大县域及农村地区的平台型综合服务网络；同时为城乡消费者、中小企业、电商平台提供商品到村配送、县域间流通、农副产品销售流通及各类商品安装维修的综合性解决方案。如图 2-17 所示。

图 2-17　菜鸟乡村的发展

资料来源：https：//www.cainiao.com/markets/cnwww/terminal - country - all? spm = a21da.44372.0.0.5c874601yXgA5P.

城市物流功能全面，既包含供应（采购）物流、销售（商业）物流，也包含生产（工业、建筑）物流、回收物流、废弃物流。在市区或大城市区域的货物运输涉及零售中的取货和分配，包裹和快递服务，废弃物运输，为建筑工业运输设备及更广泛的其他类型的运输，如表2-6所示。

表2-6　城市物流配送类型

城市物流配送类型	内　　容
零售业城市配送	零售业连锁经营配送；城市零售终端配送
宅配快递	电子商务下城市配送；文件、信函、小包裹住宅配送；日常食品、日用品住宅配送
商品交易市场配送	大宗原材料配送；零部件配送；农产品加工配送
特殊行业配送	医药零售连锁配送；卷烟配送

小案例

台湾的"垃圾不落地"政策

台湾从20世纪90年代开始实行"垃圾不落地"政策，小区内不设垃圾桶、垃圾箱、密闭式清洁站等生活垃圾暂存和中转设施，居民必须在家里对垃圾进行粗分类，不分类则会被拒收或被处罚。台湾垃圾回收系统见图2-18。

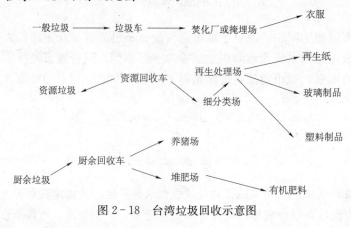

图2-18　台湾垃圾回收示意图

2.3.2　城市物流配送体系

2.3.2.1　城市物流配送体系框架

从可持续发展的角度看，基于Sjostedt的综合运输模型分析影响城市物流配送的要素之间的关系如图2-19所示。首先，把SUTP（sustainable urban freight transport）概念及其规划原则作为整合部分，其次，扩展了影响城市货物运输的外部因素；再次，外部因素所产生的影响和城市货运交通规划和措施。该模型以系统为导向，主要由四个基本要素组成：经济活动发生地的工具设备，在设施间有运输需求的货物，提供运输服务的车辆及基础设施。这些要素在可达性、土地利用、运输和交通这四个子系统中相互作用。①

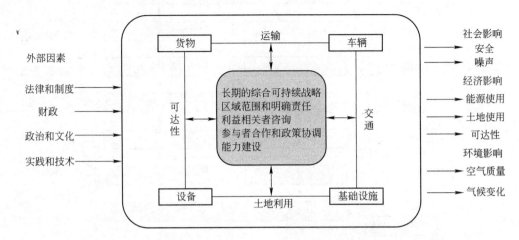

图2-19　影响城市物流配送可持续发展的要素之间的关系分析框架

城市物流配送体系具备以下特征。

（1）由多种要素组成的有机整体，不是简单的要素相加。城市物流配送体系的基本要素包括驱动要素（经济发展、科技进步、政策环境、物流需求等），功能要素（运输、储存、包装、装卸搬运、流通加工、物流信息、增值服务），网络要素（多对多的物流网络），流动要素（流体、载体、流量、流向、流程）和资源要素（具有满足功能要素、流动要素和网络要素需要的各种资源，如交通运输资源、信息资源等）。这些要素的集合不是简单的叠加，它们之间存在着冲突和联系，通过要素的内部、要素之间和要素外部的目标冲突和联系，最终形成了有机整体。

（2）具有一定的结构，以保障体系运行的有序性，并具备特定的功能。城市物流配送体系具有多方面和多层次的结构，如物流配送据点的空间布局结构、物流配送的运作组织结构、物流配送的功能管理结构等，这些结构内部和之间相互衔接，以保障体系的顺利运作，如图2-20所示。

（3）环境是制约体系形成和存在的重要条件。城市物流配送体系贯穿于社会再生产过程中的生产、流通、消费三大领域，它与外界多层次多因素进行着密切的联系。例如，该体系与城市经济发展，城市空间布局有着极为密切的联系，城市经济的快速、稳定、健康发展将有效带动城市物流配送体系发展，城市的空间布局也影响着城市物流配送体系的空间布局。再如，该体系与外部的政策导向有极为密切的联系。

① LINDHOLM M. A sustainable perspective on urban freight transport: factors affecting local authorities in the planning procedures [A]. Procedia Social and Behavioral Sciences 2, 2010: 6205-6216.

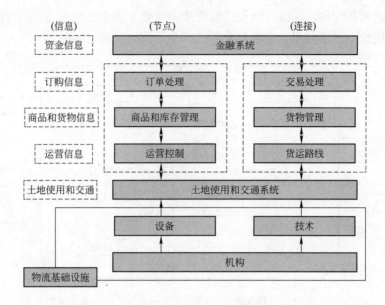

图 2-20　物流系统和物流基础设施的结构和功能①

2.3.2.2　城市物流配送的参与者

在城市物流配送中，有各类直接或非直接的参与者，从运输的角度看，它们关注城市物流配送的侧重点不尽相同。

（1）发货人（批发商）希望在满足客户需求的情况下配送和取货的费用最低。

（2）运输公司希望低费用并且高质量的运输操作系统，满足发货人和收货人（商店）的利益需求。

（3）收货人（商店的管理者）希望产品在最短的时间内能够配送。

（4）最终消费者。包括：居民（居民、生意人、员工）希望将货物运输引起的副作用降到最低；参观者或公共购物区的消费者，希望将货物运输和商店里最新出现的各种商品引起的副作用降到最低。

（5）公共管理者，或者说当地政府最基本的关注点是为居民和参观者创造一个有吸引力的城市，最小化城市物流配送的副作用，创建一个实际的、效率高的交通运营系统。

由于不同参与者的关注点不同，他们的行为及相互关系也会对城市物流配送的发展产生影响。总体而言，当城市物流措施实施和环境发生变化时，这些参与者会改变他们的行为以适应变化的环境。如货运承运人的目的是尽量提高运输利润，他们的行为是收取托运人需付的运输费用和完成托运人的送货任务。托运人的目的是支付给货运承运人最少的运输成本，他们主要是选择合适的货运承运人和要求他们把货送到。运输成本包括付给货运承运人的运费和机会成本。当货物没有按指定的时间窗运到时，就会产生机会成本。居民的目的是使车辆排放出的氮氧化物量保持在环境允许的范围内，并在氮氧化物的排放量超过了在当地区域环境的限制时，选择是否要向管理员提出投诉。管理员的目的是使居民对氮氧化物的排放量

① KUSE H, ENDO A, IWAO E. Logistics facility, road network and district planning：Establishing comprehensive planning for city logistics [A]. Procedia Social and Behavioral Sciences 2, 2010：6251-6263.

的抱怨最小化，并决定他们是否应该在存有居民抱怨的区域内执行一些城市物流监管措施。高速公路经营者的目的是尽量提高他们收取的高速公路通行费，并能对高速公路通行费进行调整。他们之间的行为关系如图 2-21 所示。

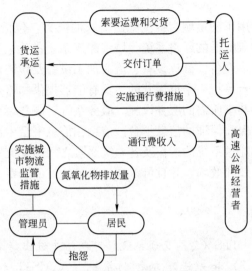

图 2-21　利益相关者之间的相互作用关系①

2.3.2.3　城市物流的影响因素

城市物流配送系统（见图 2-22）由物流配送的业务服务需求方和基础设施运营供给方构成主体，信息平台及电子商务构成信息沟通网络环境，城市所处的社会、经济、技术发展环境构成其外部发展环境。

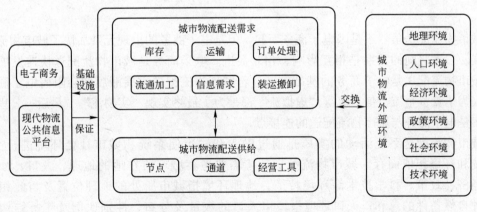

图 2-22　城市物流配送系统

城市物流配送需求是指一定时期内，客户对物品在空间、时间和费用方面的要求，它涉及订单的处理、库存、运输、装卸搬运、流通加工及相关的信息需求等。城市物流

---

① TAMAGAWA D, TANIGUCHI E, YAMADA T. Evaluating city logistics measures using a multi-agent model [A]. Procedia Social and Behavioral Sciences 2，2010：6002-6012.

需求具有派生性、多样性、广泛性、时空性、层次性等特性，价格（运费）、经济水平、地理布局、制度政策、需求偏好、家庭收入与结构、技术、供给能力等因素对城市物流需求有重要影响作用。城市物流配送的需求主体、客体都具有多样性的鲜明特点，需要个性化的物流服务。

城市物流配送供给即用于满足城市物流配送需求的能力，包括节点、通道和运营工具。节点和通道构成了城市物流配送的网络系统。城市配送系统的运营离不开"配送工具"（如车辆、仓储设备、装卸搬运设备、分拣设备、流通加工设备及包装设备等）的使用。

现代物流公共信息平台是指一个可运营的、具有能够提供物流企业之间、企业与客户之间的物流信息和物流功能共享所需的服务设施、服务系统、服务模型和核心技术，以及提供安全、信任和服务质量担保和保证的信息平台。信息在信息平台中被采集、传输、储存、处理、输出，协调整个城市配送系统的运作及各系统要素之间的交流。信息和通信技术基本上都可以提高物流流程的成效和效率，并且可以减少消极的外部因素，提高执行效率以及扩展实施范围。

小贴士

在城市货运交通方面，ITS（智能交通系统）可包括先进出行者信息系统（ATIS），先进交通管理系统（ATMS）和先进车辆控制系统（AVCS），和主要的商业车辆营运（CVO）。它们通常作为一个车载导航系统的组成部分，使用先进的信息和通信技术来管理交通，提醒司机和控制机动车流量。随着远程信息工具（通常称为智能交通系统工具）的使用，使不同的运输方式联系在一起，这属于可持续的友好的运输方式，另外还可以通过联合运输和改善装载能力来优化配送系统。因此，远程信息收费使外部费用和私人花费（如降低整体物流成本）都降低了。简言之，远程信息处理主要应用是：促进参与者之间的信息交流；支持车辆根据运输网络的拥堵程度进行调度；有效分配装卸区；增加车辆的负荷。

城市物流配送虽然不是因电子商务而起，但是电子商务的出现无疑加快了城市物流配送的发展。二者之间的关系是相互影响、相互促进。电子商务是城市物流配送快速发展的保证，城市物流配送是电子商务的基础支持，若城市物流配送发展滞后便会阻碍电子商务发展，因为毕竟资金流、信息流等"虚拟流"都是为了最终实现"实物流"。"最后一公里"解决方案是电子商务与城市物流配送的连接点。

城市物流配送系统活动的实质是通过输入和输出使系统和城市社会环境进行交换，使系统和环境相依而存。城市物流配送环境需要考察城市所在地的地理、人口、社会文化、经济、政策、科学技术等环境特征。地理环境指城市所处的地理位置及与此相联系的各种自然条件的总和；人口环境指城市人口的数量及分布、性别比例及年龄结构等情况；社会文化环境主要包括城市或地区的风俗习惯、价值观念、审美观念等会影响居民发生物流配送活动的因素；经济环境主要指城市整体经济形态和发展水平，以及城市居民的收入水平、储蓄情况、就业程度等影响市场消费的因素；政策环境主要指当地政府对城市配送的基础设施规划和配送市场正常运营与健康发展采取的宏观调控行为；科学技术环境指直接或间接参与城市配送活动的相关技术手段应用情况、国家或地区对科技开发的投资和支持、专利及其保护等。

小贴士

许多城市在时间窗口配送方面有规章制度。该策略会影响收货人（零售商）的利益，收货人（零售商）有时会修改商店的营业时间，托运人和运输公司必须按照这个规则安排他们的运输活动。

公共汽车专用道在城市中很普遍。这类特殊许可可以通过创造激励措施，拓宽到某一货运类型的汽车，从而为货运车辆进一步创造一个高速网络。货运公司将会受益于运输时间的降低，从而加强他们各项活动的效率。

不同形式的进入市区的收费措施在许多城市已经实施。这个措施的主要目的是调节流量。基本模式是从以下原则中选其一：所有种类的车辆进入市区时都将付费，且付费的多少因车辆类型而异；只有特定道路的使用者允许进入并且必须付费。这个策略的实施会影响运输费用的增加，从而会影响托运人、运输公司、接货人，以及终端消费者。这个措施还会改变一些货运参与者的税收（如运输公司）。

资料来源：RUSSO F, COMI A. A classification of city logistics measures and connected impacts [A]. Procedia Social and Behavioral Sciences 2，2010：6355 - 6365.

2.4　城市物流配送优化理论及方法

城市物流配送的优化，主要包括配送设施布局合理化和配送设备运作高效化。

2.4.1　城市物流配送设施布局优化

所谓城市物流配送设施布局优化，是指合理、准确地选择城市物流配送体系的类型、布局和功能定位，从而使城市物流配送设施体系可以满足配送业务的需要，同时符合城市发展的要求。

2.4.1.1　城市物流配送设施布局优化的理论

城市物流配送设施布局优化需根据城市物流配送物资的供求关系，结合经济效益等原则，运用网络分析确定设立配送基础设施的数量，每个配送设施的地理位置和规模，配送节点主要服务对象和节点间的物流关系等，使城市物流配送系统获得合理的运输和库存成本，有效满足系统运作和客户的需求，并通过节点布局的优化带动配送线路的优化，提高整个物流系统的敏捷反应能力。

配送布局规划模型分为连续型和离散型。所谓连续型是指在城市区域内的任意点都可以选择布局配送节点，不考虑可能受到的客观因素影响，只考虑数学上的最优解，如重心法。离散型模型是指在城市物流配送体系的布局中，配送节点的选取只能在有限的备选点中选取最优解，选址模型受到各种因素的制约，只能按照预定目标从有限解中选取最优方案。

一般选址步骤为：

① 进行可行性分析；

② 依据有关的定性和定量方法确定出备选地址；

③ 利用数学模型对待选地址进行筛选；

④ 确定方案，并考虑对方案进行评价和依实际情况的变化而进行调整，以及如何将服务水平和服务质量也加以考虑和实现企业内部资源的合理配置等。

通过配送中心布局优化模型的建立和求解可以解决以下问题：

① 环境变化后的重新布局问题；

② 通过资源（车辆数、客户数）在配送中心间的合理分配，提高资源配置效率并提高为客户服务的水平；

③ 在保证新方案的输出（客户服务水平、效率水平等）不低于原方案的情况下实现收益最大和成本最小化。

2.4.1.2　城市物流配送设施布局优化模型

城市物流配送设施布局可以采用的优化模型较多，如定量的有重心法、混合整数规划法等；定性的有德尔菲专家法、层次分析法等方法。

有关重心法、混合整数规划法、德尔菲专家法、层次分析法的详细介绍，可登录加阅平台进行学习。

小案例

苏 宁 云 商

苏宁创立于 1990 年。面对互联网、物联网、大数据时代，苏宁云商坚持零售本质，持续推进智慧零售战略和线上线下融合，全品类经营、全渠道运营、全球化拓展，开放物流云、数据云和金融云，通过 POS 端、PC 端、移动端和家庭端的四端协同，实现无处不在的一站式服务体验。2016 年，苏宁易购线下连锁网络覆盖海内外 600 多个城市，拥有苏宁云店、苏宁生活广场、苏宁易购直营店、苏宁超市、红孩子门店、苏宁小店等业态近 4 000 家自营门店和网点；苏宁易购线上通过自营、开放和跨平台运营稳居中国 B2C 市场前三名。截至 2016 年年末，公司拥有物流仓储及相关配套总面积达到 583 万平方米，拥有的快递网点达到 17 000 个，公司物流网络覆盖全国 352 个地级城市、2 805 个区县城市。

资料来源：http://www.suningholdings.com/cms/profile/index.htm.

2.4.2　城市物流配送设备运作优化

物流配送设备运作是指为实现客户需要和要求，设计物流作业方案，有效地使用或配置各种运输和仓储资源组织实施的具体活动过程，使城市物流配送体系在实现预定目标所需的费用最小，或者所获得的收益最大。运作管理就是对运作过程的计划、组织、实施和控制的过程，是与零部件、产品生产和服务创造密切相关的各项管理工作的总称。[①]

---

① 董千里，陈树公，王建华. 物流运作管理 [M]. 北京：北京大学出版社，2010.

2.4.2.1　配送体系运作优化管理的目标

运作管理系统是社会经济系统的一部分，其目标是获得宏观社会效益和微观商业效益的统一。物流运作管理系统要实现以下 5 个目标，即 5S 目标。

（1）服务（service）。配送体系运作系统是起"桥梁、纽带"作用的流通系统的一部分，连接着生产与再生产、生产与消费，因此具有很强的服务性。物流配送体系要以用户为中心，树立用户第一的观念。其利润的本质是"让渡"性的，不一定是"以利润为中心"的系统。在技术方面，"JIT 生产""柔性供货方式"等，也是其服务性的体现。

（2）快速及时（speed）。及时性是服务性的延伸，既是用户的要求，也是社会发展进步的要求。随着社会大生产的发展，对物流快速、及时性的要求更加强烈。在配送体系采用直达运输、国际多式联运、快速反应（quick response，QR）系统管理和技术，就是这一目标的具体体现。

（3）低成本（saving）。在物流配送体系中，除了时间的节约外，由于流通过程费用等成本消耗大而基本上不增加或不提高商品的使用价值，所以依靠节约流通费用等成本来降低投入，是提高相对产出的重要手段。

（4）规模优化（scale optimization）。由于物流运营系统比生产系统的稳定性差，难以形成标准的规模化模式。所以在物流配送体系以分散或者集中的方式建立物流运营系统时，研究物流集约化的程度，体现了规模优化这一目标。

（5）库存控制（stock control）。库存控制是服务性的延伸，也是物流配送体系本身的要求，物流配送体系通过自身的库存，对生产企业和消费者需求做出保证，从而创造良好的社会外部环境。在配送体系中需要正确确定库存方式、数量、结构、分布。

要提高物流配送体系系统化的效果，就要把从生产到消费过程的货物量作为一体化流动的物流量看待，依靠缩短物流路线及物流时间，使物流配送作业更加合理化、现代化，从而实现配送体系优化的目标。

2.4.2.2　配送体系运作优化管理的内容

城市物流配送体系重视物流活动的响应及时性，同时兼顾物流活动的可靠性。虽然城市物流配送运作管理的内容和目标因服务对象的要求不同而有所不同，但主要内容都包括配送计划的安排、库存的控制决策、配装运输计划等。

1. 制订最优的配送计划

1）配送计划的内容

（1）运输工具、运输计划和运输线路的选择与优化。

（2）运输车辆的优化。通过对城市物流配送车辆的管理，权衡车辆运作的费用和承载能力，确定车辆的类型和数量。

（3）运输线路的优化和车辆行程安排。根据不同的约束条件，选取合适的配送线路。

（4）运输计划的制订。主要是通过制订合适的运输计划，满足客户的要求；对配送车辆的运输货物合理安排，既不能超过车辆的荷载，又要考虑车辆的实载率；制定配送时刻表，考虑城市对货车的交通管制，避开交通高峰时刻，提高配送效率。

2）配送计划的种类

配送计划一般包括配送主计划、每日配送计划和特殊配送计划。

（1）配送主计划是指未来一定时期内，对已知客户需求进行前期的配送规划，统筹安排车辆、人员、支出等，以满足客户的需要。

（2）每日配送计划是针对上述配送主计划，逐日进行实际配送作业的调度计划。如订单增减、添加或取消，配送任务细分，时间安排，车辆调度等。

（3）特殊配送计划是指针对突发事件或不在主计划规划范围内的配送业务，或不影响正常性每日配送业务所做的计划，是配送主计划和每日配送计划的补充。

3）配送计划的特点

配送计划具有时效性、安全性、沟通性、方便性、经济性等特点。

4）配送计划的实施

配送计划制订后的组织实施，应先做好准备工作。配送计划的实施过程，通常可以分为三个步骤。

（1）下达配送计划：配送计划确定后，将到货时间、到货品种、规格、数量及车辆型号分别通知用户和配送点，以便用户做好接货准备，配送点做好配送准备。

（2）按计划给配送点进行配货：各配送点按配送计划审定库存物品的保有程度，若有缺货情况应立即组织进货。同时配送点各职能部门按配送计划进行配货、分货包装、配装等活动。

（3）装车发运：各理货部门按计划将用户所需要的各种货物进行分货和配货，然后进行适当的包装并详细标明用户名称、地址、送达时间以及货物明细，按计划将各用户货物组合、装车，发货车辆按指定路线送达各用户，并通知财务结算，完成配送工作。

5）配送计划的类型

（1）配送需求计划。

配送需求计划（distribution requirements planning，DRP）是制造需求计划（MRP）的编制原理和方法在流通领域的应用。MRP 研究的是产品生产所需投入原材料、零部件等的需要量，它从最终产品的生产部计划出发，按各工序分阶段展开，逐级计算和计划在一定期间所需资料、零部件的需用量和计划补充订购数量。DRP 则是与产品的配送业务有关，需要考虑多个配送阶段及各阶段的特点。它基于 IT 技术和预测技术，对不确定的客户需求进行预测分析，并规划确定配送系统的存货、分拣、运输等能力。

DRP 主要解决产成品的供应、调度和配送问题，基本目标是合理进行物资配送和资源配置，在保证有效满足市场需要的基础上，使得配置费用最低。DRP 实际应用的是"准时"供应的思想，要求将用户所需产品准时保质保量送到用户手上。实施 DRP 时，要输入社会需求文件、库存文件和供货厂商资源文件，然后根据这三个文件制订订货或进货计划、送货计划。

（2）配送资源计划。

配送资源计划（distribution resources planning，DRP Ⅱ）是一种企业内部物品配送计划系统管理模式。为了达到系统优化运作的目的，DRP Ⅱ是在 DRP 的基础上，提高了各环节的物流能力，具体来说是增加了配送的车辆管理功能、仓储管理功能、成本核算功能，并且能够进行物流能力的平衡，制订出物流能力计划，实现成本、库存、产能、作业等良好控制，以实现客户满意。

DRPⅡ的处理步骤如下。

① 建立社会需求主文件。

② 列出 DRP 计划。

③ 进行任务和能力的粗平衡。包括由计划确定的每天的总任务，车辆的拥有状况，初步估算车辆是否够用，如果不够用时采取的弥补措施。

④ 具体运输方案、仓储方案的制订。

⑤ 成本核算。基本方法是用单位成本乘以任务量，任务量由运输方案和存储方案确定，而单位成本则由车队和仓库根据实际情况或价格政策来确定。

DRPⅡ是以业务流程优化为基础，以销售与库存综合控制管理为核心的集采购、库存、销售、促销管理、财务及企业决策分析功能于一体的高度智能化的企业配送业务解决方案。DRPⅡ的重要意义在于，它能够实现物流企业高效率的集成化管理，具有优化流程与规范化管理、降低经营成本、优化资源配置等功能。

2. 制定最优的库存决策

制定最优库存决策是存货管理的一项主要任务。存货管理，即对企业的存货进行管理，主要包括存货的信息管理和在此基础上的决策分析，其目标是将货品的库存量保持在适当的标准内，以免库存过多造成资金积压和保管困难，或库存过少导致仓容浪费及货品供不应求的情况。

1) 存货管理的关键问题①

（1）应维持多少存量，即存量基准问题。存量基准包括最低存量与最高存量。前者是管理者在衡量企业本身特性、需求后，所订货品库存数量应予以维持的最低界限；后者是为防止存货过多浪费资金，各种货品均应限定可能的最高存量，也就是货品库存数量的最高界限。

（2）何时必须补充存货，即订购点问题。所谓订购点，是指存货降至某一数量时，应即刻请购补充的点或界限。订购点过早，则使存货增加，相对增加了货品的在库成本及空间占用成本；倘若订购点太晚，则会造成缺货，甚至流失客户、影响信誉。

（3）必须补充多少存货，即订购量问题。所谓订购量，是指存量已达请购点时，决定请购补充的数量。按此数量请购，方能配合最高库存量与最低存量的基准。一旦订购量过多，则货品的在库成本增加；若订购量太少，货品有可能供应间断，且增加订购次数，也提高了订购成本。订货可以采用定期订货方式和订货点方式。

定期订货方式是指在一定期间内补充库存的方式，这种方式适用于管理重要的品种。每周、每月或 3 个月为一个周期，进行预先确定订货，以防止缺货，计算公式如下：

$$订货周期 = \frac{平均一次订货量}{单位时间内平均需求量} \qquad (2-1)$$

订货点方式是指库存即将超过一定水平时马上发出订货指令的方式。订货点上所具有的库存量，要适应订货商品交货期间所需的量。

当需要量和供应期间没有变动时：

$$订货点 = 供应期间中的需求量 \times 供应时间 \qquad (2-2)$$

---

① 刘斌. 物流配送营运与管理［M］. 上海：立信会计出版社，2006.

当需求量和供应时间发生变化时：

　　订货点＝供应期间的需求量＋该期间变动所需要的预备库存量

　　　　　＝供应期间的一般需要量＋该期间不确定因素所需要的预备库存量

　　　　　＝(单位时间内平均需要量×供应时间)＋安全库存量　　　　　　　　　(2-3)

库存成本是和库存系统的经营活动有关的成本，包括维持库存和不维持库存所花费的代价。库存成本分为以下 4 种。

① 购入成本，指单位购入价格，包括购价和运费。

② 订货成本，指向外部供应商发出采购订单的成本，包括提出请购单、分析供应商、填写采购订货单、来料验收、跟踪订货及完成交易所必需的各项业务费用。

③ 储存成本，也叫持有成本，是指为保持存货而发生的成本。

④ 缺货成本，也叫亏空成本，是指由于库存供应中断所造成的损失，包括延期交货成本、当前利润损失（潜在销售量的损失）和未来利润损失等。

2）解决此类问题常见的模型

(1) 经济订货批量模型 (economic order quantity, EOQ)

(2) 经济订货周期模型 (economic order interval, EOI)

两类模型的具体计算方法过程，可登录加阅平台进行学习。

3. 制订合理的配装运输计划

制订合理的配装运输计划，从运筹学的角度出发，就是解决车辆调度问题，以实现运输费用最少、车辆装载率最优、运输时间最少、运输里程最短等目标。

1）车辆调度问题

一般定义为：对一系列发货点和（或）收货点，组织适当的行车路线，使车辆有序地通过它们，在满足一定的约束条件（如货物需求量、发送量交发货时间、车辆容量限制、行驶里程限制、时间限制等）下，达到一定的目标（如路程最短费用极小、时间尽量少、使用车辆数尽量少等）。车辆调度问题的分类见表 2-7。

表 2-7　车辆调度问题的分类

标　准	类　型
任务性质	对弧服务问题（如中国邮递员问题）、对点服务问题（如旅行商问题）、混合服务问题（如校车路线安排问题）
任务特征	装货问题、卸货问题、装卸混合问题
车辆载货状况	满载问题、非满载问题
车场数目	单车场问题、多车场问题
车辆类型数量	单车型问题、多车型问题
需求的性质	确定性问题、随机性问题
优化目标数量	单目标问题、多目标问题

常用的车辆调度问题有旅行商问题、分派问题、运输问题、背包问题、最短路程问题、最小费用最大流问题、中国邮路问题等。通常多个解决方案配合使用，如用于优化车辆路径的旅行商问题和用于制定车辆配载货物数量的背包问题的配合应用。

2）背包问题

背包问题（knapsack problem）是一种组合优化的 NP（non-deterministic polynomial）完全问题。问题描述：给定一组物品，每种物品都有自己的重量和价格，在限定的总重量内，如何选择，才能使得物品的总价值最高。也可以将背包问题描述为决定性问题，即在总重量不超过 W 的前提下，总价值是否能达到 V？

背包问题的数学表达及详细介绍，可登录加阅平台进行学习。

3）货物配装运输注意事项

（1）为了减少或避免差错，尽量把外观相近，容易混淆的货物分开装卸。

（2）重不压轻，大不压小，包装强度差的货物应放在包装强度好的货物上面。

（3）不将散发臭味的货物与具有吸臭性的食品混装。

（4）尽量不将散发粉尘的货物与清洁货物混装。

（5）切勿将渗水货物与易受潮货物一同存放。

（6）包装不同的货物应分开装载，如板条箱货物不要与纸箱、袋装货物堆放在一起。

（7）具有尖角或其他突出物的货物应和其他货物分开装载或用木板隔离。

（8）易滚动的卷状、桶状货物，要垂直摆放。

（9）货与货之间，货与车辆之间应留有空隙并适当衬垫，以防货损。

（10）装货完毕，应在门处采取适当的稳固措施，以防开门卸货时，因货物倾倒造成货损或人身伤亡。

（11）尽量做到"后送先装"。

小案例

神龙汽车有限公司的配送体系

神龙汽车有限公司是我国最早规划建设的 3 大轿车基地之一。公司拥有东风雪铁龙、东风标致两大品牌的 7 大车型系列，2005 年神龙公司整车物流质量得到大幅度提升——整车网点支付的质损率控制在较低水平，能够取得这样的成绩主要得益于公司所实行的一系列有效的配送体系运作管理工作。

（1）树立全过程质量控制的观念。按物流运作流程，整车下线后，从入库、储存、出库，再到运输，最后交付网点。其中仅整车运输就涉及运输商、商务部、生产部分库、营销网点等部门，这势必要求对整车的整个物流全过程实行物流质量的控制。

（2）抓住关键环节。整车入库是生产环节和整车商品化环节的接口，因此，首先要严格把库关。生产部整车储运分部对入库车实行 100％外观和缺件检查，拒绝有 A 类外观质损和缺件的新车入库。

（3）实行动态监控。每周一公司都要组织质量部等相关部门在质量厂房召开质量分析会，对质量问题进行集中展示和分析。

（4）强化制度。为规范商品车入库、出库、网点接收的行为，统一质量标准，使各方以相同的手段和方法来评价、记录商品车破损，公司制定并执行了《整车物流中商品车交接检验程序》，对商品车质量验收、车辆维修和维修费用索赔进行了文件化规定。

（5）加强对运输设备的监管。为提高运输商的运输质量和管理水平，公司生产部每年年初都对运输商的车辆进行集中审核和确认，淘汰旧车，发放准运证，减少了由于运输造成的质量事故；公司生产部和质量部还组织了运输部、商务部、分库、营销网点的培训和运行检查，加大了对运输商和分库的监督和考核，有力控制了商品车在途运输质量，控制了质损率。

上述措施使公司的商品车在储运的全过程中都得到了精心呵护，确保了整车物流服务质量得到稳步提升。

资料来源：柏杰，陆薇，黄志. 神龙汽车有限公司物流技术应用［J］. 工业工程与管理，2000（2）.

本 章 小 结

城市物流配送与一个地区的经济、社会、科技、文化等方面密切相关，它是现代物流的一个重要发展领域。配送模式、物流流程等在城市的背景下有了新的延展。本章先从城市物流配送的发展背景出发，阐明了城市物流、配送等概念，介绍了城市物流配送的功能及流程。接着对城市物流配送的形式进行分类，之后引出城市物流配送体系的概念并做了系统分析。最后介绍了城市物流配送的设施布局和设备运作优化常用的理论方法。

练习题

（1）简述城市物流配送的概念、目标及特点。
（2）论述城市物流配送的功能及流程。
（3）简述城市物流配送的形式。
（4）论述城市物流配送体系的目标与约束。
（5）简述城市物流配送系统的概念及构成。
（6）简述城市物流配送设施布局与设备运作优化的常用理论方法。

 【应用案例】

凡客诚品如风达

2007 年成立的凡客诚品，最初像大多数 B2C 网站一样，都是依赖第三方物流公司开展配送服务。直到 2009 年 8 月初，凡客诚品决心在北京、上海建立自己的物流公司，他们要在网购人群集中的一线城市，依靠"自己人"送货。自建物流后，凡客诚品实现一天两次送货和当场开箱试穿。

8 月 18 日傍晚 6 点，刘敏（化名）下班回家后，打开了凡客诚品（VANCL）的网页后，发现自己所在的北京丰台区正阳北里小区可以在 24 小时内收到货品。刘敏下单后不到一分钟，晚上 6 点 50 分左右，凡客诚品的物流仓储配送系统就收到了她的订单，并给她回了邮件。从这一刻起，她的订单将通过系统自动处理，首先会根据订单中的商品编号，计算出货物的摆放位置、颜色及尺码，接着北京郊外库房中心的打印机会自动打印出拣货单，让工作人员配货。半个小时后，一名工作人员拿着包括刘敏订单在内的数十张拣货单，进入仓库货架提货，十分钟左右，工作人员就找齐了所有物品，并转交给包装人员。晚上 7 点 30 分，刘敏买的两件衬衫被装进规格为 10 厘米的盒子里。在出库前，"盒子"还要经过条码扫描器的核对，打印出含有物品价格、顾客住址、姓名和联系电话的信息单后，工作人员会把信息单贴在盒子外面，并将它们摆放在标有相关发货地区的地面上，这刚好是晚上 7 点 50 分。当天晚上 11 点 40 分左右，两辆金杯面包车停在了凡客诚品的库房中心外，它们要将北京五环以内的货物送到各个配送站，每辆车各送 3 个配送站，中午 12 点送一次，凌晨 12 点送一次。而 6 个配送站互为对角线，基本囊括了五环以内的区域。凌晨 12 点 40 分，刘敏的货送到了她所在区域的配送站，工作人员在签收存放后，也将信息反馈至物流系统。第二天（19 日）早上 7 点 30 分，送货员李俊杰分配到了刘敏的盒子，中午 11 点半，李俊杰用公司配备的手机给刘敏发送短信，询问她接收时间。当天下午 5 点 35 分，刘敏在家中收到了印有自己名字的盒子。在收款之前，李俊杰一再提醒刘敏开盒检验。这样的服务速度和效率让刘敏十分满意，她所不知道的是，这次她能那么快收到货，乃是因为凡客诚品在北京建了自己的物流公司。而在其他没有自建物流的省市，收货一般需要 2~3 天，远的如黑龙江甚至需要 4~6 天。

凡客诚品自建物流，当天早上发的货，晚上就可以回款；下午发的货，第二天早上就能拿到钱。不但大大减轻了公司的资金周转压力，其他优势如保证限时送达，提供特殊服务，改善用户印象都能取得立竿见影的效果。如风达快递又称北京如风达快递有限公司成立于 2008 年 4 月 15 日，原属凡客诚品（Vancl）旗下全资自建的配送公司，专业经营最后一公里（门到门）B2C 配送业务。2014 年 6 月，如风达被中信基金全资控股的公路快运企业天地华宇集团收购，作为天地华宇旗下的快递品牌独立运营。

以上门量体为特色的互联网定制近几年发展迅猛。近日，凡客诚品对外宣布，新增私人定制业务。网站显示，凡客诚品定制的产品包括衬衫、西装上衣、西装套装、西裤，业务目前仅在北京、上海两个城市推出。

思考题：

（1）分析讨论如风达快递的发展历程及趋势。

（2）分析提供互联网定制服务的发展趋势。

第3章
城市物流配送需求

【引言】

物流需求与物流供给都是城市物流配送体系的有机组成部分。在市场经济的背景下，市场供需的主要矛盾——物流需求需要我们高度重视和关注。本章从城市物流配送需求的概念出发，分析城市物流需求的特性及其影响因素，并从需求主体出发，阐述重点行业在城市物流配送背景下的物流需求特征。而运用科学的方法预测城市物流需求，是研究整个城市物流配送系统的基础。

【知识要求】

➢ 熟悉城市物流配送需求的概念；
➢ 理解城市物流配送需求的特性；
➢ 理解城市物流配送需求的影响因素；
➢ 了解城市物流配送需求主体类型；
➢ 了解不同行业的城市物流配送需求特征；
➢ 掌握城市物流配送需求的预测方法。

【技能要求】

➢ 在生活实例中体会城市物流配送需求的特性；
➢ 能够运用所学知识分析某个城市的城市物流配送需求的影响因素；
➢ 学会总结行业中的物流需求特征；
➢ 熟悉城市物流需求预测的常用方法。

导入案例

近1.1万辆国三柴油集装箱运输车辆完成尾气净化装置加装

近日，上海市近1.1万辆柴油国三排放标准的集装箱运输车辆（以下简称：国三集卡）尾气净化装置加装工作已结束，共计加装10 963辆（个别因特殊原因无法加装），完成占应加装国三集卡数99.98%，经环保部门对产品质量及运行质量等随机检测结果，均达到质量和运行的产品标准要求。

据市环保部门测算，上海市机动车船等流动源的尾气排放仍为PM2.5的主要来源。而柴油集卡发动机功率大，使用强度高，尾气污染物排放多，是本市机动车排放污染的主要来源之一。从颗粒物排放来看，一辆国三柴油货车相当于 200 余辆小汽车的排放。因此，市政府将国三柴油货车纳入本市高污染机动车治理范畴，为贯彻落实《上海市清洁空气行动计划（2013—2017 年）》要求，以及《市交通委、市环保局、市发展改革委、市财政局关于印发〈上海市国三柴油集装箱运输车辆加装尾气净化装置补贴操作办法〉的通知》和《上海市交通委员会关于做好国三柴油集装箱运输车辆加装尾气净化装置工作的通知》要求，本市自 2016 年 7 月 1 日起开展了对本市国三集卡加装尾气净化装置工作。经过半年多的努力，全市国三集卡尾气净化装置加装工作已全面完成。

　　资料来源：http://www.jt.sh.cn/jtw/xwzx/n15/u1ai52945.html.

3.1　城市物流配送需求概述

　　市场需求是城市物流配送系统形成的自底向上的推动力。自 20 世纪初以来，城市配送市场需求日益旺盛，极大地推动着城市配送供给方的形成与壮大，而良好的供给服务又反过来促进了城市配送需求方的成长，这种关系体现为城市配送系统的供需平衡，这也是城市配送系统形成的基础。在城市物流供需关系中，城市物流需求是主导力量。

3.1.1　城市物流配送需求的概念

　　按照微观经济学的观点，需求是在一定的时期，在一既定的价格水平下，消费者愿意并且能够购买的商品数量。

　　从城市物流配送角度来说，由于城市配送属于物流的末端活动，因此城市物流需求与城市配送需求并无明显的区分。

1. 物流需求

　　根据物流的概念及特点，物流活动提供的是一种服务，因此物流需求就是对物流服务的需求。一般认为物流需求是指一定时期内社会经济活动对生产、流通、消费领域的原材料、成品、半成品、商品，以及废旧物品、废旧材料等的配置作用而产生的对物在空间、时间和效率方面的要求，涉及运输、库存、包装、装卸搬运、流通加工、配送及与之相关的信息需求等物流活动的诸方面。其中的社会经济活动是产生物流需求的根本原因，包括：农业生产及农产品消费，工业、建筑业生产，工业半成品、产品的消费。从事相关社会经济活动的实体是物流服务产品的消费者，包括工农业产品的生产者、批发商及零售商、普通消费者等。

　　现代物流服务需求包括物流需求量（规模）和物流需求结构两个方面。

　　物流规模是物流活动中运输、储存、包装、装卸搬运和流通加工等物流作业量的总和。

　　2004 年 10 月，国家发展改革委和国家统计局联合印发了《关于组织实施〈社会物流统计制度及核算表式（试行）〉的通知》（发改运行〔2004〕2409 号），建立了全国社会物流统计核算制度。经国家统计局批准，自 2006 年起将社会物流统计核算试行制度转为正式制度，定期开展社会物流统计核算工作。

小资料

核算参考表中的部分指标解释

社会物流总额：一定时期内，初次进入社会物流领域，经社会物流服务，已经或正在送达最终用户的全部物品的价值总额。它是一定时期内社会物流需求规模的价值量的表现。与货运量、物品周转量等指标共同反映社会物流需求规模。从国内物品初次来源看，一定时期内，能够进入社会物流领域，需要经过社会物流服务，送达最终用户的物品，主要有以下5个方面：进入社会物流领域的农林牧渔产品商品总额；进入社会物流领域的工业产品商品总额；进口货物物流总额；进入社会物流领域的再生资源商品总额；单位与居民物品物流总额，包括铁路、航空运输中的行李、邮递业务中包裹、信函、社会各界的各种捐赠物、单位与居民由于搬家迁居形成的物品装卸搬运与运输等。

全社会物流总费用：是指一定时期内，国民经济各方面用于社会物流活动的各项费用支出。包括：支付给运输、储存、装卸搬运、包装、流通加工、配送、信息处理等各个物流环节的费用；应承担的物品在物流期间发生的损耗；社会物流活动中因资金占用而应承担的利息支出；社会物流活动中发生的管理费用等。社会物流总费用划分为运输费用、保管费用、管理费用三大部分核算。

社会物流业务总收入：是指一定时期内，物流相关行业参与社会物流活动，提供社会物流服务所取得的业务收入总额，反映国内物流市场总规模。包括：参与社会物品物流过程中运输、储存、装卸搬运、包装、流通加工、配送、信息处理等各个方面业务活动的收入。

物流需求结构可以有不同的表述。按物流服务内容分，包括运输、仓储、包装、装卸搬运、流通加工、配送、信息服务等方面的需求；按物流需求的形态分，包括有形的需求和无形的需求，有形的需求就是指对物流服务内容的要求，无形的需求是指对物流服务质量的要求，如物流效率、物流时间、物流成本等方面的要求。

2. 配送需求

配送需求是指一定时期内，客户由于经营需要而产生的对物品在空间、时间和费用方面的要求，它涉及订单的处理、库存、运输、装卸搬运、流通加工，以及相关的信息需求等配送活动的各个方面。

根据企业规模的大小，客户都具有不同的配送需求。配送需求结构包括三个层次[①]：

① 配送规划与管制；

② 策略性需求，包括策略目标，如成本、品质、速度、弹性，建立信息共享机制，以实现配送信息的共享和沟通；

③ 功能性需求。

小案例

菜 鸟

菜鸟网络科技有限公司成立于2013年5月28日，由阿里巴巴集团、银泰集团联合复星

---

① 王丰. 现代物流配送管理［M］. 北京：首都经济贸易大学出版社，2008.

集团、富春集团、申通集团、圆通集团、中通集团、韵达集团等共同组建。

菜鸟的愿景是建设一个数据驱动、社会化协同的物流及供应链平台。它是基于互联网思考、基于互联网技术、基于对未来判断而建立的创新型互联网科技企业。它致力于提供物流企业、电商企业无法实现，但是未来社会化物流体系必定需要的服务，即在现有物流业态的基础上，建立一个开放、共享、社会化的物流基础设施平台，在未来中国任何一个地区可实现 24 小时内送货必达。

由菜鸟网络搭建的"中国智能骨干网"，将通过自建、共建、合作、改造等多种模式，在全中国范围内形成一套开放共享的社会化仓储设施网络。同时，利用先进的互联网技术，建立开放、透明、共享的数据应用平台，为电子商务企业、物流公司、仓储企业、第三方物流服务商、供应链服务商等各类企业和消费者提供优质服务。

资料来源：https://www.cainiao.com/.

配送需求从配送规模和配送服务质量综合反映。配送规模是配送活动中订单处理、库存、运输、装卸搬运、流通加工等配送作业量的总和，其中，货物运输是配送活动中实现空间转换的中心环节；配送服务质量是配送服务效果的集中反映，可以用配送时间、配送费用、配送效率来衡量，其目的是缩短配送时间、降低配送成本、提高配送效率（准确）等。

在配送需求分析中应综合考虑配送需求的地域性、渠道特征、时间的准确性、配送供应链的稳定性，以及配送服务的可得性和可靠性等方面。

3.1.2 城市物流配送需求的特性

1. 派生性

在社会经济活动中，如果某种商品或劳务的需求由另一种或几种商品或劳务需求派生出来的，则称该商品或劳务的需求为派生性需求。而把引起派生需求的商品或劳务需求称为本源性需求。人们日常生活中的衣服、食物、住房等是一种本源性需求，而物流需求绝大多数情形下是一种派生性需求。社会之所以有物流需求，并非是因物流本身的缘故，即人们对物流的追求并不是纯粹为了让"物"在空间上运动或储存。相反，物流的目的是满足人们生产、生活或其他目的的需要。

小案例

饿 了 么

"饿了么"是 2008 年创立的本地生活平台，主营在线外卖、新零售、即时配送和餐饮供应链等业务。创业 9 年，饿了么以"Make Everything 30 min"为使命，致力于用创新科技打造全球领先的本地生活平台，推动了中国餐饮行业的数字化进程，将外卖培养成中国人继做饭、堂食后的第三种常规就餐方式。

截至 2017 年 6 月，饿了么在线外卖平台覆盖全国 2 000 个城市，加盟餐厅 130 万家，用户量达 2.6 亿。

2015 年 8 月，饿了么建立外卖行业首个即时配送物流平台——蜂鸟，致力于搭建全国最大的即时配送网络。物流平台包括自营配送团队、第三方加盟团队以及社会化众包配送。

"有菜"于2015年7月起试运营，其核心理念是利用互联网技术，在公开透明的平台机制下，直接将产地、一级批发商和餐厅连接，消除传统餐饮供应链中诸多不必要的中间环节，从根本上降低餐厅原材料的采购价格。

资料来源：https://jobs.ele.me/about/#type=0.

2. 多样性

由于城市物流配送的需求主体及配送对象千差万别，不同的需求主体提出的物流配送需求在形式、内容、配送次数等方面均会有差异，如大型的连锁超市和社区里的小零售店的物流配送需求差异明显；而配送的对象由于在重量、容积、形状、性质上等各有不同，因而对运输、仓储、包装、流通加工等条件的要求也各不相同，从而使得物流配送需求呈现多样性，如鲜活货物需用冷藏车运输，运送汽车需要使用汽车运输专用车辆等。

小资料

不同生产经营场所配送模式及配送次数比较

城市物流配送中一项重要指标是每周各类收货人配送和自取货物的次数，通常该指标可以根据各种类型收货人的取货的总次数或者某类大型供应商的次数分析得来。研究表明，这一数据的变化幅度大，这使得研究比较困难。而且，不同城市取件人类型的分类也有很大不同。表3-1是法国1995—1997年的实例研究[1]。

表3-1　不同生产经营场所配送模式及配送次数比较[2]

需求方类型	自营物流	租赁物流	每周次数	配送	自取
小型零售店	24%	14%	197 527	47%	53%
批发商	5%	5%	174 509	73%	27%
船代公司	29%	14%	131 485	55%	45%
工厂	9%	17%	127 505	35%	65%
仓储公司	1%	2%	80 920	91%	9%
第三方物流	31%	45%	55 488	83%	17%
连锁超市	0%	3%	19 306	70%	30%
农业	1%	0%	2 822	38%	62%
总计	100%	100%	789 562		

资料来源：波尔多、马赛和第戎三个法国城市市镇区在1995—1997年的调查数据，共4 500家机构参与调查。

市区的停留时间是衡量城市货运空间占用和（结合配送质量）配送效率的重要指标。表3-2、表3-3给出了英国某地区不同类型生产经营场所的送货停留时间范围。

---

[1]　http://www.bestufs.net/download/BESTUFS-Ⅱ/key-issuesⅡ/BESTUF-Quantification-of-effects.pdf.

[2]　表格中所指"每周次数"是指各行业机构每周发生的配送行为总数；"所占比例"是指该行业每周配送次数在所有调查机构每周配送次数中所占的比例；"配送"是指负责配送的企业将货物配送到收货人目的地的配送行为；"自取"是指收货人自己去货物的始发地提取货物的配送行为。

表 3-2　部分生产经营场所配送的平均时间（分钟）

生产经营场所类型	配送时间	生产经营场所类型	配送时间
花店	15	送餐	5
售酒执照业	120～180	便利店	2～15
药店	30	快餐店	30～120
书店	5～60	服装店	15～30
文具业	30	成衣店/食品店	30～45
酒吧（酒水配送）	15～30	家私店	5～120
酒吧（饮食配送）	5	礼品店	5～10

资料来源:《为鼓励发展中地区城市货运交通以及货物、服务发展而拟定的政策的框架》，BESTUFS，GB—07.

表 3-3　曼彻斯特（包含所有车辆类型）不同商业类型平均送货停留时间（分钟）

商业类型	平均停留时间	商业类型	平均停留时间
食品零售业	19	银行	7
服装零售业	23	其他服务业	14
其他零售业	20	仓储业	18
饭店	42	制造业	11
酒吧	14	私人服务业	9
宾馆	37	—	—

资料来源:《曼彻斯特货运的影响》，BESTUFS，GB—03.

停留时间也会受送货方式和区域的影响。表 3-4 显示车越大，停留时间越长。

表 3-4　不同区域不同配送车辆的平均停留时间（分钟）

车辆类型	市中心	Winnall（某地名）	高速公路	Bar End（某路）
拖挂货车	32	23	41	50
有轨货车	21	14	20	20
厢式货车	9	6	14	8
小型汽车	9	6	7	6

资料来源:《曼彻斯特货运的影响》，BESTUFS，GB—03.

3. 不平衡性

城市物流配送需求在时间和空间上有一定的不平衡性。

物流需求的时间不平衡性，有长期的，如不同的经济发展阶段对物流需求量的影响不一样。例如，经济繁荣时期的物流活动与经济萧条时期的物流活动在强度上存在明显的差别。也有短期的或者季节性的，如衣服和电器类货物有明显的季节性，到了夏季，空调、风扇、遮阳伞等商品的需求量猛增，而电热毯、羽绒服等御寒用品在冬季的需求量往往出现明显增加的现象。

物流需求的空间不平衡性，是指在同一时间内，不同区域物流需求的空间分布存在差异，这主要是因为自然资源、地理位置、生产力布局等因素的差异造成的。如不同城市由于资源禀赋等原因大多有自己的发展定位及支柱产业，如煤都抚顺、盐都自贡、钢都攀枝花、汽车城十堰等，因此，以上城市的煤炭、食盐、钢材、汽车的物流服务需求相对应地体现其城市特征。

4. 部分可替代性

不同的物流需求之间一般是不能互相替代的。但是在某些情况下，人们却可以对某些不同的物流活动做出某种替代性的安排。例如，在煤炭供电方面，煤炭的物流需求可以在一定程度上被长距离高压输电线路替代；在工业生产方面，当原料产地和产品市场分离时，人们可以通过对生产位置的布局调整，从而在运送原料还是运送产成品或半成品之间做出选择。当然，在实际物流运作中，必须综合考虑可行性、成本、效益等各方面因素，再做出是否进行物流活动替代的决策。

5. 层次性

从物流服务的内容上看，物流需求是有层次的，可分为基本物流需求和增值物流需求。基本物流需求一般是标准化服务需求，主要包括对运输、仓储、配送、装卸搬运和包装等物流基本环节的需求。增值物流需求则是过程化、系统化、个性化服务需求，主要对包括库存规划和管理、流通加工、采购、订单处理和信息系统、系统设计、设施选址和规划等增值活动的需求。

小贴士

开 放 平 台

API（application programming interface，应用程序编程接口）是一些预先定义的函数，目的是提供应用程序与开发人员基于某软件或硬件得以访问一组例程的能力，而又不需要访问源码，或理解内部工作机制的细节。

基于互联网的应用正变得越来越普及，在这个过程中，有更多的站点将自身的资源开放给开发者来调用。对外提供的 API 调用使得站点之间的内容关联性更强，同时这些开放的平台也为用户、开发者和中小网站带来了更大的价值。

如百度地图开放平台，提供定位、地图、数据、出行、鹰眼轨迹及分析服务的 SDK（software development kit，软件开发工具包）和 API；提供上门服务、物流配送、房产行业、智慧交通及商业地理等解决方案的开发文档。

6. 市场响应性

按照作用与反作用的一般规律，供给能力的变化必然会影响需求的变化，而需求也必定会反作用于供给，刺激供给能力朝更适合市场发展规律的方向进一步发展，同时，又可以带动城市物流需求的进一步发展。

现代科技更新周期的不断缩短、人们消费观念的日益变化、物流政策的不断完善，也增强了物流需求随时间变化的敏感性。

物流行业历来对市场保持着很高的敏感度，换言之，市场是调控供需关系的"看不见的手"，物流市场中需求方与供给方的相互作用见图 3-1。

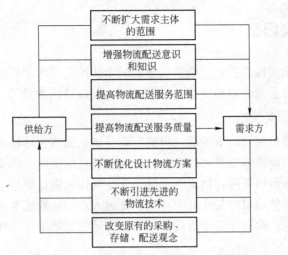

图 3-1　物流市场中需求方与供给方的相互作用

小资料

中国跨境电子商务综合试验区

中国跨境电子商务综合试验区是中国设立的跨境电子商务综合性质的先行先试的城市区域，旨在跨境电子商务交易、支付、物流、通关、退税、结汇等环节的技术标准、业务流程、监管模式和信息化建设等方面先行先试，通过制度创新、管理创新、服务创新和协同发展，破解跨境电子商务发展中的深层次矛盾和体制性难题，打造跨境电子商务完整的产业链和生态链，逐步形成一套适应和引领全球跨境电子商务发展的管理制度和规则，为推动中国跨境电子商务健康发展提供可复制、可推广的经验。

2015 年 3 月 7 日，国务院关于同意设立中国（杭州）跨境电子商务综合试验区。

2016 年 1 月 6 日，国务院常务会议决定，在宁波、天津、上海、重庆、合肥、郑州、广州、成都、大连、青岛、深圳、苏州 12 个城市新设一批跨境电子商务综合试验区，用新模式为外贸发展提供新支撑。

据商务部统计，2017 年上半年，13 个跨境电商综试区进出口的规模超过 1 000 亿元人民币，同比增长了一倍以上。其中，B2B 占比达到了六成，跨境电商进出口已经成为我国外贸发展新的增长点。

3.2　城市物流配送需求的影响因素

城市物流配送需求的影响因素按指标是否可以量化，可以区分为定量影响因素和定性影响因素两类。

3.2.1　定量影响因素

定量影响因素是指可以直接运用数值反映的城市物流配送需求影响因素，如城市物流配送的服务价格、城市货运量、城市消费品零售总额、城市居民数量等。

1. 城市物流配送服务价格

城市物流配送服务价格（以下简称"价格"）是影响微观主体物流需求量的一项非常重要的影响因素。价格与物流需求量之间存在一种此消彼长的关系：物流服务价格上涨，物流需求量减少；物流服务价格下降，物流需求量上升。具体来讲，价格主要指货物的运费，作为博弈的双方，价格必然是双方关注的中心点。托运人希望运输成本尽可能少，运费减去成本的利润空间可以加大；而货主希望运费尽可能低，运费是货主在选择物流运输公司最重要的因素之一。

小案例

物流的自营模式与平台模式

继 2016 年 1 月、12 月调整运费之后，2017 年 2 月京东再次调整运费。北上广等 13 个城市在此次调价之列，一方面提高了免运费的门槛，99 元以内订单都需要 6 元运费，增加了续重费，自提费用不变。另一方面，生鲜商品和其他商品的配送费用分别计算，客观上增加了消费者免邮费购买额度。

京东的传统优势 3C、大家电确实不会受什么影响，虽然不会减少，但也不会增加。但到了商超品类，一方面拼单可能增加销量，但涨价和续重费也会抑制一部分用户的消费。免运费门槛一提再提，京东钻石会员与京东 Plus 会员门槛也有所提升。所有用户购买不满 99元都需承担 6 元基础运费。Plus 用户之前京豆返现从 1% 到 0.5% 已经有过一次不愉快的体验，现在免邮券只用于免邮费，而不免超重费。更让人不愉快的是，自提物品也需要收超重费。

截至 2017 年 6 月 30 日，京东在全国范围内拥有 7 大物流中心，运营了 335 个大型仓库，覆盖全国范围内的 2 691 个区县，能够为全国 99% 的人口提供自营物流服务。目前京东实现 52% 的订单在 6 小时内完成交付，92% 的订单在 24 小时内完成交付。与此同时，京东物流推出了"京准达""京尊达"等服务产品，满足有特定需求和高端消费群体的购物体验。

随着菜鸟物流的发力，菜鸟之前"极速达""超时退钱"等可覆盖范围越来越大。而在低级城市，菜鸟的网络更是远超京东物流。应对竞争对手，京东物流业务也在开放，引入第三方合作方一起来配送的，毕竟纯粹的自营物流是无法满足波峰需求的。京东把到家业务外包给了达达。

资料来源：http://www.ebrun.com/20170208/213471.shtml.

2. 城市经济发展水平

城市物流作为一种现代服务方式，其发展与城市的整个经济发展密切相关。一般来说，物流在经济发展中处于先决条件的地位，落后的物流系统将成为制约经济发展的瓶颈。国内生产总值（Gross Domestic Product，GDP）① 经济总量规模越大、经济发展水平越高的国家和地区，对货物运输、仓储、配送、物流信息处理等物流服务的需求就越大；经济增长越强劲，对物流需求的增长也越强劲。反之，物流总值的高速增长，表明经济增长对物流的需求越来越大，对物流的依赖程度也越来越强。总之，经济发展水平相对发达的城市，其物流需求水平相对也高一些。

1）城市支柱产业

城市支柱产业，是指在城市经济中生产发展速度较快，对整个城市的经济起引导和推动作用的先导性产业。支柱产业具有较强的连锁效应，诱导新产业崛起；支柱产业对为其提供生产资料的各部门、所处地区的经济结构和发展变化有深刻而广泛的影响。例如，煤炭业是大同市的支柱产业，义乌的支柱产业是日用品批发业，东莞以制造业为支柱产业，而北京、上海等一线城市，已逐渐把第三产业（服务业）作为其支柱产业。

小资料

产业的部门

20 世纪 20 年代，国际劳工局最早对产业做了比较系统的划分，即把一个国家的所有产业分为初级生产部门、次级生产部门和服务部门。后来，许多国家在划分产业时都参照了国际劳工局的分类方法。第二次世界大战以后，西方国家大多采用了三次产业分类法。在中国，产业的划分是：第一产业为农业，包括农、林、牧、渔各业；第二产业为工业，包括采掘、制造、自来水、电力、蒸汽、热水、煤气和建筑各业；第三产业分流通和服务两部分，共 4 个层次。

（1）流通部门，包括交通运输、邮电通信、商业、饮食、物资供销和仓储等业。

（2）为生产和生活服务的部门，包括金融、保险、地质普查、房地产、公用事业、居民服务、旅游、咨询信息服务和各类技术服务等业。

（3）为提高科学文化水平和居民素质服务的部门，包括教育、文化、广播、电视、科学研究、卫生、体育和社会福利等业。

（4）为社会公共需要服务的部门，包括国家机关、政党机关、社会团体及军队和警察等。

实物型行业的物流需求大于服务行业，如第二产业（以制造业为主）对物流的需求远大于第三产业（服务业）。从各产业对物流的需求看，第二产业中的制造业、采掘业等提供的都是实物形态的产品，从生产到消费离不开运输仓储，第二产业对运输仓储的需求较大，投入也比其他产业高，它的物流支出相对较大。相反，第三产业的产值创造主要来自无形的服务，对物流的依赖程度小，物流投入低，物流成本支出少，与产值相比，物流成本只占很少的比例。

---

① 国内生产总值是指在一定时期内（一个季度或一年），一个国家或地区的经济中所生产出的全部最终产品和劳务的价值，常被公认为衡量国家经济状况的最佳指标。它不但可以反映一个国家的经济表现，更可以反映一国的国力与财富。一般来说，国内生产总值共有四个不同的组成部分，其中包括消费、私人投资、政府支出和净出口额。用公式表示为：GDP＝CA＋I＋CB＋X，式中：CA 为消费，I 为私人投资，CB 为政府支出，X 为净出口额。

小贴士

供给侧结构性改革

2003 年后，中国央企生产力变革变得很缓慢，钢铁、煤炭、水泥、玻璃、石油、石化、铁矿石、有色金属等几大行业，亏损面已经达到 80%，产业的利润下降幅度最大，产能过剩很严重。一方面，过剩产能已成为制约中国经济转型的一大包袱。另一方面，中国的供给体系与需求侧严重不配套，总体上是中低端产品过剩，高端产品供给不足。

中国的结构性问题主要包括产业结构、区域结构、要素投入结构、排放结构、经济增长动力结构和收入分配结构等六个方面的问题。

供给侧结构性改革的根本目的是提高社会生产力水平，落实好以人民为中心的发展思想。要在适度扩大总需求的同时，去产能、去库存、去杠杆、降成本、补短板，从生产领域加强优质供给，减少无效供给，扩大有效供给，提高供给结构适应性和灵活性，提高全要素生产率，使供给体系更好适应需求结构变化。

2）固定资产投资

固定资产投资总额对城市经济的发展具有后向效应，即投资将转化为下一年度的生产能力及物流量的增加。同时，目前我国经济增长方式中，全社会固定资产投资额大、增长快，固定资产的投资是经济增长的主要拉动力。

小资料

复兴号（中国标准动车组）

复兴号动车组列车，是中国标准动车组的中文命名，由中国铁路总公司牵头组织研制、具有完全自主知识产权、达到世界先进水平的动车组列车。

2017 年 8 月起，京津冀地区开行 22.5 对"复兴号"动车组列车，通达北京南、武清、天津、北京西、涿州东、高碑店东、高邑西、保定东、石家庄、邢台东 10 个车站。

2017 年 9 月起在京沪高铁以 350 公里时速运行，北京到上海的时间可达 4 个半小时。

高铁网提速，增强同城效应，助推区域经济社会发展，带动新一轮产业结构调整布局。

3. 城市货运供给

物流供给能力大的地区，其物流需求相应较物流供给能力较低的地区高，主要是因为物流供给能力大的地区除了可以满足现有的物流需求，还可以让更多潜在的物流需求得到释放。

1）城市货物运输量

需求量是动态量，因此在对物流需求的研究中，尤其是在对物流需求进行预测分析的时候，常常把地区的交通运输量（如公路货运量、港口吞吐量）作为物流需求量的预测基本数据。

城市货物运输量指的是始发地为市内目的地为市外、始发地为市外目的地为市内，以及始发地目的地均为市内的货物运输量的总和。城市货运需求量是由进入市区的货物运输量决定的。影响城市运输量的因素有全市生产总值、城市经济结构、城市产业结构、城市发展水平。

城市货运量的大部分统计数据来源于市区内，即市内配送所占比例较大，大城市尤其如此，如表3-5所示的都柏林和伦敦的道路货运量。

表3-5 2004年都柏林与伦敦作为始发地/目的地（O/D）的道路货运数量及所占比例

配送类型	都柏林/千吨	比例	伦敦/千吨	比例
到市外	19 028	26.2%	50 000	25%
进市内	21 105	29.0%	66 000	33%
市内配送	32 647	44.8%	84 000	42%
总量	72 780	100.0%	200 000	100.0%

资料来源：Road Freight Transport Survey 2004，Central Statistics Office（CSO），Table 16，DFT（2004）.

在一些城市，收集了非常具体的行程数据来反映货物车辆来源和目的地。据调查，伦敦70%的货物（109 200吨）从东部或是东南部进入市区，30%（46 800吨）的货物从英国的其他地方进入。运出伦敦的货物与运进的货物数量保持大致平衡。伦敦每天共有473 000吨货物的交通流——由市内运输的200 000吨、运进伦敦的156 000吨及运出伦敦的117 000吨构成（见图3-2）。[①]

图3-2 伦敦市每日城市货运交通流量

小资料

挪威4个城市的年人均货物运输量

表3-6展示的是挪威4个城市的年人均货物运输量。以载货车辆的吨位进行区分。"市内"是指运输的始发地和目的地都在该城市市内。"县"是指始发地或目的地其中一个是市区的周边县城；"其他"是指始发地或目的地其中一个是市外地区。

表3-6 1993—1999年挪威4个城市的年人均货运量（单位：吨每人每年）

城市	车辆载重<3.5吨				车辆载重>3.5吨			
	市内	县	其他	总共	市内	县	其他	总共
腓特烈斯塔	2.3	0.9	0.2	3.4	23.0	20.3	19.9	63.2
奥斯陆	2.1	0.8	0.2	3.1	24.2	13.1	20.8	58.1
卑尔根	2.1	0.4	0	2.5	22.2	7.8	5.3	35.3
特罗姆瑟	2.0	0.1	0	2.1	27.9	4.6	3.7	36.2

资料来源：Toi-report737/2004，http://www.bestufs.net/download/BESTUFS-II/key-issuesII/BESTUF-Quantification-of-effects.pdf.

---

① http://www.bestufs.net/download/BESTUFS_II/key_issuesII/BESTUF_Quantification_of_effects.pdf，10-11页。

2)"门到门运输"服务

为提升服务质量，兴起"门到门运输"服务，如"最后一公里"配送及由商店送货上门的宅配。

小案例

近 邻 宝

收快递已经成了生活的一部分，但是快递到了，家里没有人，需要同快递员协商时间非常麻烦，智能快递柜的兴起，解决了最后 100 米的快递难题。

在一些大学校园里，近邻宝智能快递柜的使用更加成规模，快递员只需将包裹拉到近邻宝，就会有专门的工作人员扫描物品，并放入快递柜，取件短信就会发到收件人手机上。24小时自助取件。这样为快递员和客户都提高了效率，节省了时间。

4. 城市消费水平

市场环境变化影响物流需求变化，这包括国际、国内贸易方式的改变和生产企业、流通企业的经营理念的变化及经营方式的改变等。

物流服务于生产和市场销售，物流的具体对象更离不开企业和社会所需要的各种物质资料。因此，市场环境的改变将影响物流的物资流向、服务方式、服务数量和质量等。

1) 进出口贸易总额

市场的统一和市场范围的扩大可以促进物流活动范围的扩大，如经济全球化、区域一体化等市场环境的变化，使得物流需求的空间范围日益扩大。贸易的自由化和产品的地理分工推动着物流、资金流、信息流的迅速增长。

小贴士

丝绸之路经济带+21 世纪海上丝绸之路

陆上：依托国际大通道，以沿线中心城市为支撑，以重点经贸产业园区为合作平台，共同打造新亚欧大陆桥、中蒙俄、中国—中亚—西亚、中国—中南半岛等国际经济合作走廊。

海上：以重点港口为节点，共同建设通畅、安全、高效的运输大通道。中巴、孟中印缅两个经济走廊与推进"一带一路"建设关联紧密，要进一步推动合作，取得更大进展。

资料来源：http://www.yidaiyilu.gov.cn/ztindex.htm.

国际和国内贸易意味着城市地区与外部经济环境的交流，商品的流通离不开物流的支持。

小贴士

根据国家统计局提供的《中国统计年鉴》中给出的指标解释，①"对外经济贸易"统计货物进出口总额，商品经营单位所在地进、出口额，商品目的地进口额和商品货源地出口额，服务进出口等指标；②"批发和零售业"统计批发和零售业商品购进、销售、库存额，社会消费品零售总额等指标。

关于此部分的拓展说明信息，可登录加阅平台进行学习。

小资料

《国内贸易流通"十三五"发展规划》制定的发展目标

到 2020 年，新一代信息技术广泛应用，内贸流通转型升级取得实质进展，全渠道经营成为主流，现代化、法制化、国际化的大流通、大市场体系基本形成。流通新领域、新模式、新功能充分发展，社会化协作水平提高，市场对资源配置的决定性作用增强，流通先导功能充分发挥，供需实现有效对接，消费拉动经济增长的基础作用更加凸显，现代流通业成为国民经济的战略性支柱产业。

（1）总体规模稳步扩大。

到 2020 年，社会消费品零售总额接近 48 万亿元，年均增长 10％左右，消费对经济增长的贡献明显加大。批发、零售、住宿、餐饮业增加值达到 11.2 万亿元，年均增长 7.5％左右。

（2）现代化水平明显提升。

到 2020 年，流通成本进一步下降，效率明显提高。电子商务交易额达到 43.8 万亿元，年均增长 15％左右。网上零售额达到 9.6 万亿元，年均增长 20％左右。实体商业加速转型，线上线下深度融合，服务消费、绿色消费占比扩大，流通信息化、标准化、集约化水平大幅提升。

（3）企业竞争力显著提高。

流通企业活力增强，形成一批具有国际竞争力的骨干流通企业，发展一批专业化、特色经营的中小流通企业。流通企业创新创业能力显著增强，组织化程度大幅提高，整合供应链水平明显提升，品牌影响力扩大，走出去步伐加快。

（4）发展协调性进一步增强。

国内外市场一体化程度明显提升。东部地区流通创新引领作用增强，中西部地区流通枢纽和通道功能提升，东北地区流通支撑经济增长作用加大，区域市场一体化程度提高。城市流通网络体系更加优化，农村流通现代化进程加快，城乡内贸流通发展差距缩小。流通产业扶持老少边穷地区经济和社会发展取得积极成效。

（5）营商环境明显改善。

到 2020 年，中央与地方政府权责划分进一步清晰，部门间协作机制基本健全，社会共同治理能力显著提升。法律法规和信用体系更加完善，综合执法效能提高，以诚信兴商为主的商业文化逐步彰显，市场秩序明显好转，商品和要素流动自由有序。规则健全、统一开放、监管有力、协调高效的内贸流通体制机制基本形成。

2）消费品零售额

随着经济发展、人民收入及生活水平的提高，人们消费观念也在不断改变，消费内容不断更新，消费支出不断增多，因而派生出巨大的物流需求。

小资料

法国居民每天产生的交通千米数

法国的一项调查发现，与个人机动车流量相比，城市货物流量相当低。当消费者使用私家车外出购物时，"个人"构成城市货流的主体（见表 3-7）。

表 3-7　法国居民每天产生的交通千米数（单位：km）

	分类	波尔多	马赛	第戎
城市货运	购物（汽车）	1.87	1.72	1.05
	配送与城市管理流量	0.83	0.78	0.89
其他	其他（私家车）	13.8	10.3	13.4

资料来源：LET，Aria Technologie，Systems consult，2000，according to urban freight surveys results in Bordeaux，Marseille，Dijon，1995-97.

小案例

跨　境　通

上海跨境通国际贸易有限公司（简称"跨境通公司"）于 2013 年 9 月 10 日成立。作为中国（上海）自由贸易实验区首批 25 家入驻企业之一，跨境通是自贸区内一家从事跨境贸易电子商务配套服务的企业，专注于在互联网上为国内消费者提供一站式国外优质商品导购和交易服务，同时为跨境电子商务企业进口提供基于上海口岸的一体化通关服务。

跨境通的合作商户和所卖商品都经过了海关、检验检疫部门的备案，避免了消费者买到假货的风险，所有出售的商品都有相应的售后服务保障机制。跨境通网站上的每件商品都以中文进行说明，克服了海淘中遇到的语言障碍，并清楚地标明商品本身的价格、进口关税和物流费用，使消费者对支付的价格结构有清晰的了解，而且消费者只需支付人民币，省却了海淘中兑换外汇的麻烦，完成订单后跨境通网站还会提供缴纳进口关税的缴税凭证；线下，跨境通于浦东机场自贸区内搭建了跨境贸易电子商务的专业仓储设施，为合作商户各类商品的进境流程提供仓储服务和报关报检服务，并与国际、国内知名物流企业开展合作，确保快递配送服务质量。

资料来源：http://www.kjt.com/helpcontent/196.

《商务部关于做好"十三五"时期消费促进工作的指导意见》指出"十三五"时期是我国全面建成小康社会的决胜阶段，也是消费需求持续增长、消费增速换挡、消费结构加快升级的重要阶段。进一步加快内贸流通创新推动供给侧结构性改革扩大消费，对稳增长、调结构、惠民生具有重要意义。"十三五"时期的主要目标包括以下几方面。

（1）消费规模进一步扩大。到 2020 年，社会消费品零售总额达到 48 万亿元左右，年均增长 10% 左右，最终消费率达到 55% 左右。

（2）消费结构进一步优化。大众化、个性化消费快速发展，品质化、品牌化消费显著增加，绿色消费、文明消费理念普遍形成，服务消费比重大幅提高，城乡消费差距进一步缩小。

（3）消费环境进一步改善。信用体系初步建立，重要产品追溯体系逐步完善，侵犯知识产权和制售假冒伪劣商品行为进一步减少，居民消费信心和消费满意度显著提高。

（4）消费拉动作用进一步增强。消费对经济增长的年均贡献率稳定在 60% 以上，消费对经济发展的"稳定器""压舱石"作用进一步增强。

小案例

北京市《关于实施节能减排政策的通知》节选

为进一步扩大消费需求，引导商业"规范化、连锁化、便利化、品牌化、特色化"发展，提高能源利用效率，减少环境污染，引导绿色消费理念，促进节能、节水、减排，我市自 2015 年 11 月 27 日开始，在全市范围内实施节能减排政策，鼓励消费者购买使用节能减排商品，对符合条件的消费者给予一定额度的资金补贴。

实施时间从 2015 年 11 月 27 日至 2018 年 11 月 30 日。

节能减排商品包括符合国家质量标准的电视机、电冰箱、洗衣机、空调、热水器、吸油烟机、空气净化器、坐便器和自行车等 9 类产品。2016 年 8 月新增符合国家质量标准的微波炉、家用燃气灶具、淋浴器 3 类商品。

3.2.2　定性影响因素

定性影响因素是指难以直接用数值反映的影响城市物流配送需求的一类因素，如物流服务水平、政府政策及市场环境、消费理念及消费习惯。

1. 城市货运设施及设备服务水平

城市交通设施是城市各项社会经济产业赖以生存发展的基础条件，也是维持社会正常生活不可或缺的基础条件。城市货运交通基础设施包括水路运输设施、公路运输设施、铁路运输设施及航空运输设施等方面，具体包括港口、码头、场站、高速公路等。

小资料

根据 2017 年 6 月发布的《"一带一路"建设海上合作设想》，中国政府将积极行动，① 推进内外对接。中国政府鼓励环渤海、长三角、海峡西岸、珠三角等经济区和沿海港口城市发挥地方特色，加大开放力度，深化与沿线国的务实合作。支持福建 21 世纪海上丝绸之路核心区、浙江海洋经济发展示范区、福建海峡蓝色经济试验区和舟山群岛海洋新区建设，加大海南国际旅游岛开发开放力度。推进海洋经济创新发展示范城市建设，启动海洋经济发展示范区建设。② 促成项目落地。马来西亚马六甲临海工业园区建设加紧推进。巴基斯坦瓜达尔港运营能力提升，港口自由区建设、招商工作稳步推进。缅甸皎漂港"港口＋园区＋城市"综合一体化开发取得进展。斯里兰卡科伦坡港口城、汉班托塔港二期工程有序推进。埃塞俄比亚至吉布提铁路建成通车，肯尼亚蒙巴萨至内罗毕铁路即将通车。希腊比雷埃夫斯港已建设成为重要的中转枢纽港。中国与荷兰合作开发海上风力发电，与印度尼西亚、哈萨克斯坦、伊朗等国的海水淡化合作项目正在推动落实。海底通信互联互通水平大幅提高，亚太直达海底光缆（APG）正式运营。中马钦州—关丹"两国双园"、柬埔寨西哈努克港经济特区、埃及苏伊士经贸合作区等境外园区建设成效显著。

交通基础设施的发展状况及服务水平是影响物流需求的重要因素。例如，在一次较远距离的物流配送作业中，由于公路的实时可监控性好，配送企业宁愿选择运输成本相对高的公路运输，也不会选择运输成本低的铁路运输。这就说明了交通基础设施发展越完善，其所能提供的服务水平越优质，配送企业的管理效率也越高，进而刺激客户对城市物流配送服务的需求。

小资料

北京市"十三五"时期交通发展阶段特征

"十三五"时期是北京交通扩展服务范围、提升服务品质、转变发展模式的重要转折期，交通发展总体呈现出新的趋势与特征：交通服务的范围由市域向都市圈、城市群扩展，一体化运输效率和水平将加快提升；客运服务多样化和货物专业化需求凸显，客货运输结构、服务模式将发生明显变化；交通服务和管理模式由粗放向精细化转变，从"关注车辆的畅通"转向"关注人和物的畅通"转变；"互联网＋"促使交通运输行业转型升级，成为交通运输产业重构的重要驱动；改革创新成为重要的发展动力，交通发展将更多依靠深化管理体制改革、加快推进法治和标准建设、完善交通运输市场体系等制度创新。

总体来看，未来五年北京交通形势依然严峻，预计到"十三五"末，六环内日均出行总量可达 5 700 万人次以上，比"十二五"末增长 21％，治理交通拥堵仍是一项长期艰巨的任务。随着疏解北京非首都功能和京津冀协同发展的推进，交通出行需求将更为复杂多样并具有一定的不可预见性，因此要着眼长远、适度超前，在发展中兼顾刚性和弹性，既要考虑到土地资源、环境承载力等约束条件，又要适应城市快速发展的形势和要求，给未来发展留有一定余地。

城市货运设备，从五种运输方式来看，主要包括载货货车、铁路货车、空运设备、管道设备及货船等。一方面，运输在物流中的独特地位对运输设备提出了很高的要求，要求运输设备能满足现代物流灵活、快速、安全、高效、低成本的目标。以公路运输设备来说，如今我国路网建设发达，经济和物流发展迅速，这些因素大大增加了对运输车辆的需求数量；另一方面，物流客户对物流服务的质量和要求越来越高，不但需要大量通用的物流车辆，更需要大量能够满足各种个性化要求的专用运输车辆（如冷链运输车）。

2. 空间经济布局和地理因素

空间经济布局的不平衡、区域经济的分工格局对物流需求的影响均很大。如自然资源禀赋、产业布局、生产力和消费群体分离等，导致"物"在空间和时间上需要发生状态改变；区域经济的专业化分工和协作必然会增强不同区域间的经济及社会联系，极大地增加区域间商品、中间产品和生产要素的转移与流动，从而引起物流需求的变化，拉动物流需求的快速增长。

改革开放以来，伴随着工业化进程加速，我国城镇化经历了一个起点低、速度快的发展过程。1978—2013 年，城镇常住人口从 1.7 亿人增加到 7.3 亿人，城镇化率从 17.9％提升到 53.7％，年均提高 1.02 个百分点；城市数量从 193 个增加到 658 个，建制镇数量从 2 173 个增加到 20 113 个。京津冀、长江三角洲、珠江三角洲三大城市群，以 2.8％的国土面积集聚了 18％的人口，创造了 36％的国内生产总值，成为带动我国经济快速增长和参与国际经济合作与竞争的主要平台。根据世界城镇化发展普遍规律，我国仍处于城镇化率 30％～

70％的快速发展区间，但延续过去传统粗放的城镇化模式，会带来产业升级缓慢、资源环境恶化、社会矛盾增多等诸多风险，可能落入"中等收入陷阱"，进而影响现代化进程。

根据《全国主体功能区规划》构建以陆桥通道、沿长江通道为两条横轴，以沿海、京哈京广、包昆通道为三条纵轴，以轴线上城市群和节点城市为依托、其他城镇化地区为重要组成部分，大中小城市和小城镇协调发展的"两横三纵"城镇化战略格局。

2015 年，我国人均 GDP 约 8 000 美元，城乡居民的生活方式和消费结构正在发生新的重大阶段性变化，对农产品加工产品的消费需求快速扩张，对食品、农产品质量安全和品牌农产品消费的重视程度明显提高，市场细分、市场分层对农业发展的影响不断深化；农产品消费日益呈现功能化、多样化、便捷化的趋势，个性化、体验化、高端化日益成为农产品消费需求增长的重点；对新型流通配送、食物供给社会化、休闲农业和乡村旅游等服务消费不断扩大，均为推进农产品加工业和产业融合创造了巨大的发展空间。

小贴士

"菜篮子"工程是支撑现代农业发展、确保主要农产品有效供给和促进农民就业增收的重要保障，是关系国计民生与社会和谐稳定的民生工程。于 1988 年开始实施的"菜篮子"工程，经过 20 多年的建设与发展，取得了显著成效。"菜篮子"产品供给保障能力显著增强、产品质量安全水平明显提高、产品现代流通格局基本形成。2012—2015 年"菜篮子"工程以市场需求为导向，以转变"菜篮子"产品生产方式为主线，以保障"菜篮子"产品有效供给和促进农民增收为目标，进一步强化"菜篮子"市长负责制，通过加强生产能力建设、完善市场流通设施、加快发展方式转变、创新调控保障机制，推动"菜篮子"工程建设步入生产稳定发展、产销衔接顺畅、质量安全可靠、市场波动可控、农民稳定增收、市民得到实惠的可持续发展轨道。

根据《全国农产品加工业与农村一二三产业融合发展规划（2016—2020 年）》制定的发展目标：① 农产品加工业引领带动作用显著增强。农产品加工业产业布局进一步优化，产业集聚程度明显提高，科技创新能力不断增强，质量品牌建设迈上新台阶，节能减排成效显著。到 2020 年，力争规模以上农产品加工业主营业务收入达到 26 万亿元，年均增长 6％左右，农产品加工业与农业总产值比达到 2.4：1。主要农产品加工转化率达到 68％左右，其中粮食、水果、蔬菜、肉类、水产品分别达到 88％、23％、13％、17％、38％；农产品精深加工和副产物综合利用水平明显提高。规模以上食用农产品加工企业自建基地拥有率达到 50％，专用原料生产水平明显提高。② 新业态新模式发展更加活跃。农业生产性服务业快速发展，"互联网＋"对产业融合的支撑作用不断增强，拓展农业多功能取得新进展，休闲农业和乡村旅游等产业融合新业态新模式发展更加活跃。到 2020 年，力争农林牧渔服务业产值达到 5 500 亿元，年均增速保持在 9.5％左右；企业电商销售普及率达到 80％；农产品电子商务交易额达到 8 000 亿元，年均增速保持在 40％左右；休闲农业营业收入达到 7 000 亿元，年均增长 10％左右，接待游客突破 33 亿人次。③ 产业融合机制进一步完善。农业产加销衔接更加紧密，产业融合深度显著提升，产业链更加完整，价值链明显提升。产业融合主体明显增加，农村资源要素充分激活，股份合作等利益联结方式更加多元，农民共享产业融合发展增值收益不断增加。城乡之间要素良性互动，公共服务均等化水平明显改善，产业融合体系更加健全，培育形成一批融合发展先导区。

　　地理因素是影响物流需求的重要外生变量。不仅城市内物流、城际物流间存在很大区别，而且城市和农村的物流也有很大差异。如城市物流需求的强度和物流需求的水平远高于农村物流需求的强度和水平。

小资料

四川省《关于进一步加快我省农村物流运输发展的实施意见》

　　意见指出，我省将以推进农村物流网络化发展、"降本增效"为目标，培育一批理念创新、运作高效、服务规范、竞争力强的农村物流企业。意见明确，将加强农村物流基础设施建设，力争逐步建成集客运、货运、小件快运、邮政快递为一体的农村综合运输服务站；拓展客运站服务功能，增加客运站货运功能；充分发挥客运车辆通村达户的运输优势，大力发展农村客运班线带货业务，开展客车附搭小件货物运输，发展农村物流配送体系；进一步推广运邮共建，在运邮共建基础上积极引入商贸、供销等部门，开展运邮合作和连锁配送业务，鼓励物流骨干企业在贫困地区设立物流网点，形成辐射城乡的物流配送体系。

　　资料来源：http://www.sc.gov.cn/10462/10464/10465/10574/2016/11/21/10404687.shtml.

---

3. 专业化分工与技术因素

　　社会分工越细，对物流需求越大。地区间专业化分工将会形成地区间的贸易，从而影响地区间的物流需求。这主要是由于生产的专业化可以获得更高的效率，每一种产品的生产都有一定的规模经济，在该范围内生产规模越大，产品的单位生产成本越低，这就使得每一个地区并不需要生产所有自己需要的产品，而是低成本地集中生产某些产品，并用自己具有成本优势的产品去交换其他自己需要的产品。这样，地区之间的贸易和物流活动就不可避免的产生了。

　　技术进步能够使物流需求量增加或使潜在的物流需求得到释放，而技术落后则会抑制物流需求。例如，集装箱的使用大大地推动了集装箱多式联运的发展，其快速、安全、低成本很快吸引了诸多客户的物流需求。又如，现代通信和信息技术的发展，加快了订货需求的传输速度、生产进度、装运进度及海关清关速度等，使国际物流作业周期大为缩短，提高了国际物流作业的准确性，大大刺激了全球范围的物流需求。在城市快递服务中，原本客户不需要某项服务，但企业基于技术的进步提供了该项服务后，获得客户的认同，便引发了客户的潜在需求。如快递业的付款方式从"到货付款"，到现在的"网上支付"。

　　现代物流技术的发展，也使经济发展中物资流动的方式和内容发生巨大的变化。媒介和信息产品的流动由物质流动变为信号传输，减少了物流的部分需求，网络的发展使世界范围内的企业间具有一个更为广泛和巨大的国际分工合作关系，国际分工合作的发展使物流的物资流向和流动方式发生了变化。

小贴士

海 外 仓

　　海外仓直接本地发货，大大缩短配送时间；使用本地物流，一般都能在线查询货物配送状态，从而实现包裹的全程跟踪；海外仓的头程是采用传统的外贸物流方式，按照正常清关流程进口，大大降低了清关障碍；本地发货配送，减少了转运流程，从而大大降低了破损丢包率；海外仓中存有各类商品存货，因此也能轻松实现退换货。

如中邮海外仓（china postal warehousing service，CPWS）是中国邮政速递物流股份有限公司开设的境外仓配一体化服务项目，服务内容包括国内仓库接发操作、国际段运输、仓储目的国进口清关/仓储/配送、个性化增值服务等。费用主要产生在三个环节：头程物流转运费、仓租与订单操作费及出库配送费。另外根据货品清关要求与客户个性化需求，收取合理的关税代垫费与增值服务费。

4. 制度因素和政策导向

在发展中国家，由于物流市场的不完善以及存在地区之间的市场分割和行业之间的进入壁垒，使得人们降低了对物流需求的预期。又如计划经济体制条件下和市场经济条件下的物流需求无论从形式、内涵、质量等方面存在很大区别。宏观经济政策变化对物流需求将产生刺激或抑制作用，这点在我国表现十分明显。

小贴士

北京市关于对部分载货汽车采取交通管理措施降低污染物排放的通告

根据《中华人民共和国大气污染防治法》《中华人民共和国道路交通安全法》《北京市大气污染防治条例》的有关规定和《北京市 2013—2017 年清洁空气行动计划》的有关要求，为改善首都空气环境质量，有效降低机动车污染物排放，经市政府同意，自 2017 年 9 月 21 日起，在六环路（含）内设立载货汽车低排放区，对在本市行政区域内道路上行驶的部分载货汽车采取如下交通管理措施。

一、本市核发号牌（含临时号牌）的载货汽车应遵守以下规定。

（一）每天 6 时至 23 时，五环路（不含）以内道路禁止载货汽车通行，五环路主路禁止核定载质量 8 吨（含）以上载货汽车通行。

（二）自 2019 年 9 月 21 日起，六环路（含）以内道路全天禁止所有国Ⅲ排放标准柴油载货汽车（含整车运送鲜活农产品的国Ⅲ排放标准柴油载货汽车）通行。

二、外省、区、市核发号牌（含临时号牌）的载货汽车应遵守以下规定。

（一）每天 6 时至 24 时，六环路（含）以内道路禁止所有载货汽车通行。

（二）每天 0 时至 6 时，进入六环路（含）以内道路行驶的载货汽车（整车运送鲜活农产品的载货汽车除外），须办理进京通行证件。

（三）全天禁止国Ⅲ排放标准柴油载货汽车进入六环路（含）以内道路通行。自 2017 年 9 月 21 日至 2019 年 9 月 20 日每天 0 时至 6 时，以下两种车辆可以进入六环路（含）以内道路行驶。

1. 经相关管理部门确认为保障本市生产生活需求并办理进京通行证件的国Ⅲ排放标准柴油载货汽车。

2. 整车运送鲜活农产品的国Ⅲ排放标准柴油载货汽车。

（四）自 2019 年 9 月 21 日起，六环路（含）以内道路全天禁止所有国Ⅲ排放标准柴油载货汽车（含整车运送鲜活农产品的国Ⅲ排放标准柴油载货汽车）通行。

资料来源：http://zhengce.beijing.gov.cn/library/192/33/50/438650/1279271/index.html。

5. 客户偏好

客户偏好是指消费者在不同商品或不同商品组合之间的选择排序。客户偏好受个人生理、心理及社会因素的影响，也受个人的年龄、性别、民族、宗教、文化观念、生活习俗、地理环境等方面的影响。

企业注重收集每一个客户以往的交易信息、人口统计信息、心理活动信息、媒体习惯信息及分销偏好信息等，由此确认不同的客户的偏好，分别为每一个客户提供不同的产品或服务，传播不同的信息，通过提高客户忠诚度，增加每位客户的购买量，从而确保企业的利润增长。

小贴士

消费观念

消费观念是人们对待其可支配收入的指导思想和态度及对商品价值追求的取向，是消费者主体在进行或准备进行消费活动时对消费对象、消费行为方式、消费过程、消费趋势的总体认识评价与价值判断。消费观念的形成和变革是与一定社会生产力的发展水平及社会、文化的发展水平相适应的。通常，消费升级的过程大致经历必需消费、品牌消费、高端或奢侈品消费阶段。

小案例

被指配送一次性餐具破坏生态　"饿了么"等三平台被环保组织起诉

日前，北京市第四中级人民法院依法受理原告重庆市绿色志愿者联合会分别诉被告北京小度信息科技有限公司、上海拉扎斯信息科技有限公司、北京三快科技有限公司三起环境污染责任纠纷的公益诉讼案件。

该三起案件的被告小度科技、拉扎斯科技及三快科技分别是外卖订餐平台"百度外卖""饿了么""美团外卖"的主体公司。原告重庆市绿色志愿者联合会以在被告外卖订餐平台上存在经营模式缺陷，未向用户提供是否使用一次性餐具的选项，致使用户在直接点餐的情况下系统会默认为其配送一次性餐具，造成了巨大的资源浪费和极大的生态破坏为由向北京四中院提起诉讼。

资料来源：http://bjgy. chinacourt. org/article/detail/2017/09/id/2990037. shtml.

3.3　城市物流配送的需求主体

物流配送的需求主体是指要求享受物流配送服务和利益，并为此支付相应报酬的单位和个人，包括批发商、零售商、消费者等。在这里消费者是最终需求主体，生产和流通都是要为消费者的最终消费服务，商品只有进入到消费领域，才能实现其本身的价值。

3.3.1　需求主体的类型

物流市场需求主体可以有多种分类方式。

3.3.1.1　配送服务的需求主体

根据需求主体在供应链所处的位置划分，配送服务需求主体有供应商与供应链末端客户。

1. 供应商

供应商是一个独立的商业组织，他们按要求向客户支付产品、工程、物料和服务，来换回费用、利润和自己商业目标的实现。供应商是供应链中物流的始发点，是资金流的开始，同时又是反馈信息流的终点。[①]

供应商的行为目标是保证货物畅销，以实现较大的效益。因此，供应商需要从配送方式、库存及与其他单位的协作与交流等方面努力。

（1）根据自身企业的情况选择适合自己企业发展的配送模式，以减少企业本身的经营成本，是供应商必须首先确定的行为目标。

（2）尽量充分利用配送中心所提供的各项附加作业，如包装、存储保管、配组、分装、集散等功能，减少企业花在这些工序上的时间，使企业将更多的时间放在核心作业上。

（3）尽量通过一定的手段减少交易次数和流通环节，快速而低成本的将货物送至客户。

（4）尽量一次将一定时间内尽可能多的货物送至货物需求客户手中，从而实现规模效益，减少经营成本。

（5）尽量减少货物需求客户的库存，提高库存保证程度。

（6）尽可能地与多家厂商建立业务合作关系，有效而迅速地反馈信息，控制商品质量。

因此，物流企业要与供应商协调好关系。首先，要对供应商进行等级归类。根据不同供应商所供应货物在营销活动中的重要程度，将众多的供应商划分为不同的等级，集中力量协调与关键供应商之间的关系，兼顾一般的供应商，这样能使物流企业抓住重点，合理协调。其次，要避免依赖单一的供应商。物流企业如果只依靠单一的供应商，一旦情况有变，企业遭受的打击就会很大，为了降低这种风险，物流企业应该联系多个供应商，使供应来源多样化。物流企业与重要的燃料供应商、运输工具生产商形成良好的合作伙伴关系非常重要，它有助于实现各企业间物流信息的共享、降低物流成本、增强企业竞争优势、更好地为客户提供物流服务。[②]

小案例

快递公司机器人仓

为了保证在"双 11"单量高增速情况下的配送效率，2017 年 9 月 20 日，菜鸟网络宣布，将在全国启动超级机器人仓群，确保配送效率无忧。这些仓群将会分布在上海、天津、

---

①　陈思勇. 供应商选择与货物配送路径规划研究及其应用 [D]. 北京：北京交通大学，2009.

②　熊梅，李严锋. 物流营销 [M]. 重庆：重庆大学出版社，2009.

广东、浙江、湖北等重点城市和物流枢纽。

目前菜鸟已经完成了嘉兴机器人仓的全面升级。从收货开始，商品就从流水线被送入指定库区，智能设备再将商品送往指定货架存储，包裹自动拣货完成后，也会被自动贴上快递面单，然后被送上高速分拣机，分拣机通过扫码自动将包裹分配往目的地不同的配送站，连最后的封箱也是机器自动完成，整条设备1小时可以分拣超过2万件包裹。由于整个仓库不需要人工操作、预留叉车及人工通道，货架的高度也无限制，整个仓库存储密度极高，相当于传统仓库的四倍。这些机器人仓不仅有全自动化的流水线，还有各种缓存机器人、播种机器人、拣选机器人，以及机械臂、AGV机器人等。

2. 供应链末端客户[①]

"客户"在城市物流配送中的含义有如下解释。

① 客户不一定是产品或服务的最终接受者。处于城市物流配送体系下游的企业是上游企业的客户，他们可能是批发商、零售商、物流商，而最终的接受者是消费产品和服务的最终使用者（机构）。

② 客户不一定是用户。处于城市物流配送体系下游的批发商、零售商是生产商的客户，只有当他们消费这些产品和服务时，他们才是用户。

③ 客户不一定在公司之外，内部客户日益引起重视，它使企业的服务无缝连接起来。因为人们习惯于为企业之外的客户服务，而把企业内的上下流程工作人员和供应链中的上、下游企业看作是同事或者合作伙伴，而淡化了服务意识，造成服务的内外脱节和难以落实。

在供应链的环境中，个体的客户和组织的客户都称之为客户，因为无论是个体或者组织都是接受企业产品或服务的对象，而且从最终的结果来看，"客户"的下游还是客户。因此，客户是相对于产品或服务提供者而言，它们是所有接受产品或服务的组织和个人的统称。客户是物流企业最重要的营销环境因素，物流企业应该深入研究客户，明确客户范围，了解客户需求，以增强营销活动的有效性，赢得更多的客户。

按照产品生产、消费过程进行分类，可以将供应链末端客户分为以下四种。

1）资源型企业

资源型企业是指从事煤炭、石油、有色金属等不可再生的自然资源开发和初加工的企业。资源型企业物流社会化运营的模式可以是多样化的。

（1）国际知名物流企业合作，实现强强联手。对方的合作形式可以是资金或技术投资、参股，或是建立一种虚拟的战略联盟。

（2）转向副业的物流服务，如企业职工生活区便利店日常配货等（大型资源型企业职工生活区规模庞大，便利店配货业务量大而且比较稳定）。

（3）转型为区域综合物流中心，区域综合物流中心是集约化的、大规模的物流集中地和各种物流线路的交汇地，它能将各种不同运输方式集约在一起，是国家物流系统网络的节点和物流的中间转运站。如中国煤炭行业首家"国家5A级综合服务型物流企业"开滦国际物流公司，已建成古冶物流园区、京唐港煤化工物流园区和曹妃甸国家级煤炭储备基地，形成

---

① 郑力，历嘉玲. 供应链管理［M］. 北京：中央广播电视大学出版社，2006：222 - 224.

了煤炭加工物流、物资仓储加工配送物流、运输服务物流、汽车物流、国际物流五大板块。

2）制造型企业

制造型企业是社会物流需求主体的主力军，一方面，生产型企业要负责部分生产原材料、能源及其他相关资源的运输，形成供应物流；另一方面，生产型企业还直接向批发商、零售商进行供货，形成销售物流，而这两方面正是社会商品流通的重要流通渠道。

3）批发型企业

我国批发市场大部分单体规模较小，处于粗放性经营状态，总体现代化水平不高。面对消费需求结构升级、产业组织变迁和现代流通方式的冲击，必须进行功能再造、经营转型和制度创新，从而增强其生存、发展的能力和提升其综合竞争力。

传统批发市场要转型为现代采购中心和展贸中心，完善和扩展其他相应现代功能，如会展功能、研发设计功能、物流配送功能、信息服务功能、结算功能、文化功能等。

将连锁经营、代理、配送等新型流通形式引入批发市场。引入现代的交易方式后，批发市场内主要进行货品的展示、看货、订货，实现价值交易，而将仓储运输等物流配送服务分离到市场之外的物流配送中心等地，实现物流配送交易。

例如，生产资料市场如钢材、水泥等市场，比较适宜集中交易模式。这类商品规格型号统一，质量较易鉴定，批发周期较长，订货批发量大，商品还可以长时间保存，因此，这类市场发展方向是建立集中订货的商流中心、物流配送中心，交易双方通过经纪人签约，按时、按季节进行实物供货，市场提供履约保证。大宗商品如粮食、食糖、油料等，适宜搞无形交易模式。凭借网络及电子商务技术，市场可以从事远程通信交易、计算机联网交易、异地结算交易，不但加速了资金周转和交易过程，降低了市场成本，也为实现大宗原材料产品"只见票据不见物"的商、物流分开的交易方式提供了条件。此外，工业品批发市场可与代理、配送、超市、大卖场、精品店等流通方式相结合，原材料产品市场采用配送交易模式——市场按用户需求，对产品进行初步加工，把千家万户的不同需要集中起来，形成规模化、批量化需求，商品直接配送到企业的生产工位、大型超市、零售店。

4）零售型企业

零售型企业物流活动起始于制造商或批发商，终止于企业、个人等最终消费者，它处于社会物流活动环节的最末端，单批物流量小且分布零散，因此，其物流网络更加错综复杂。其关键在于现代物流配送中心的模式选择及布局。

3.3.1.2　不同行业对物流服务的需求

由于各行业所处的发展阶段不同，其本身产品生产制造及消费的特性，使得不同行业中的企业对物流服务的需求在程度和具体要求上都存在很大差异。

1. 食品行业

民以食为天，食品物流的完善与健全关系着人们最基本的生活质量。食品具有易腐性、鲜活性、保质性等特点，这就要求物流配送分拣快速、配货及时、设施达标。食品物流比较烦琐，涉及多个组成单位，从种植到采购、生产、流通加工再到配送的供应链中，由于加工周期十分短，食品保质期也很短，所以其中的每一环节稍有差错就会影响食品质量与安全。下面重点介绍食品中的农产品、食盐、乳品业的城市物流配送的需求情况。

1) 农产品

（1）农产品物流规模最大，强调生产上的合理布局。广义上的农业包括种植业、林业、畜牧业、副业、渔业等。如今，不管是粮食、经济作物还是畜牧产品，都大量转化成商品，商品率很高，它们不仅直接满足人民生活需要，还向食品工业、轻纺工业、化工工业提供原材料。因此，农产品物流的需求量大、物流量大、范围广。

小资料

全国性农产品布局

根据2015年《全国农产品产地市场发展纲要》按照对优势农产品区域乃至全国同类产品流通具有较强影响力的要求，在黄土高原苹果优势区、华北白梨优势区、赣南—湘南—桂北柑橘优势区、粤桂热带水果优势区、西北葡萄优势区、陕西关中猕猴桃优势区等水果优势区建设全国性水果产地市场。在华南冬春蔬菜优势区、长江上中游冬春蔬菜优势区、黄土高原夏秋蔬菜优势区、云贵高原夏秋蔬菜优势区、黄淮海与环渤海设施蔬菜优势区和西北鲜食用、加工用和种用马铃薯及蔬菜优势区等建设全国性专业产地市场。在黄渤海海产品优势区、东海海产品优势区、南海海产品优势区、长江流域淡水产品优势养殖区等水产品优势区建设全国性水产品产地市场。在中原禽蛋优势区、西南生猪优势区、西北清真牛羊肉优势区等畜禽产品优势区建设全国性畜禽产品产地市场。在东北黑木耳优势区、云南中部鲜切花卉优势区、河南绿茶优势区等特色农产品优势区建设全国性特色农产品产地市场。

（2）农产品物流点多面广，要求科学规划运输。农产品运输和装卸比多数工业品运输要复杂得多，常常需要两个以上的储存点和两次以上的装卸工作，单位产品运输的社会劳动消耗大。只有科学规划农产品物流方向，才能有效避免对流、倒流、迂回等不合理运输现象。由于农业生产的季节性，不管是农用生产资料的运输还是农产品的运输都具有时间性强和不均衡的特点。

（3）农产品物流的运作具有相对独立性。农产品自身的生化特征和特殊重要性决定了它在基础设施、仓储条件、运输工具、技术手段等方面具有相对独立的特性。食品的保温保鲜度要求很高，需要配备专业的物流设施，如冷藏车、冷藏库等，对储存、物流等环境要求也较高，且不宜与其他产品混合存放。农产品物流还要求有配套的硬件设施，包括专门设立的仓库、输送设备、专用码头、专用运输工具、装卸设备等。而且，农产品物流中的发、收及中转环节都需要进行严格的质量控制，以确保农产品品质达到规定要求。

（4）加工增值是农产品物流的重要内容。农产品加工增值和副产品的综合利用是减少农产品损失、延长其保存期限、提高农产品附加值、丰富人民生活、使农产品资源得以充分利用的重要途径，如粮食深加工和精加工、畜牧产品加工、水果加工和海洋水产品加工等。

小资料

农产品产地市场

农产品产地市场是我国现代农业产业体系和农产品市场体系的重要组成部分，是在农业市场化改革不断深入和农产品专业化、区域化、规模化生产不断发展的基础上兴起的，是指具有较高商品率的农产品主产区为了快速、大批量集散当地农产品，稳定农产品供应而兴建的市场，其市场交易量60%以上是本地农产品。为加快推进农产品产地市场体系建设，在抓好生产的同时抓好市场，大力推动农产品流通和营销，充分发挥农产品产地市场对农业产业的带动作用，着力解决农产品卖难、卖不出去、卖不上好价等问题，特制定本纲要。纲要中农产品产地市场指蔬菜、果品、畜禽、水产品和特色农产品市场。

依据《全国优势农产品区域布局规划（2008—2015年）》和《特色农产品区域布局规划（2013—2020年）》等相关文件，借鉴日本、韩国农产品市场体系建设的经验，到2020年，在优势产区和特色产区建成一批直接服务农户营销的产地市场，其中全国性产地示范市场30个，区域性产地示范市场300个，田头示范市场1 000个，通过示范带动和政策引导，形成布局合理、分工明确、优势互补的全国性、区域性和田头市场的三级产地市场体系。

资料来源：全国农产品产地市场发展纲要（2015年）.

小贴士

"农超对接"

"农超对接"，指的是农户和商家签订意向性协议书，由农户向超市、菜市场和便民店直供农产品的新型流通方式，主要是为优质农产品进入超市搭建平台。"农超对接"的本质是将现代流通方式引向广阔农村，将千家万户的小生产与千变万化的大市场对接起来，构建市场经济条件下的产销一体化链条，实现商家、农民、消费者共赢。

2）食盐

作为盐产品，密度相对稳定。统一包装重量，统一包装规格，统一装箱尺寸，统一托盘规格，统一堆码高度，统一集装箱尺寸是很易实现的。

在盐业体制改革之前，食盐销售方式是经过各省盐业公司和地市盐业公司两级调拨。市县两级批发到零售商手中，要经过"生产企业—省级盐业公司—地市级盐业公司—县级盐业公司—转批企业—零售网点—最终用户"七个环节才能完成，供应链环节多，供应速度缓慢，运输仓储成本高。

根据国务院发布的《盐业体制改革方案》，改革食盐生产批发区域限制。取消食盐定点生产企业只能销售给指定批发企业的规定，允许生产企业进入流通和销售领域，自主确定生产销售数量并建立销售渠道，以自有品牌开展跨区域经营，实现产销一体，或者委托有食盐批发资质的企业代理销售。取消食盐批发企业只能在指定范围销售的规定，允许向食盐定点生产企业购盐并开展跨区域经营，省级食盐批发企业可开展跨省经营，省级以下食盐批发企业可在本省（区、市）范围内开展经营。鼓励盐业企业依托现有营销网络，大力发展电子商务、连锁经营、物流配送等现代流通方式，开展综合性商品流通业务。从2017年1月1日开始，放开所有盐产品价格，取消食盐准运证，允许现有食盐定点生产企业进入流通销售领域，食盐批发企业可开展跨区域经营。

小案例

中国盐业总公司

中国盐业总公司（原名中国盐业公司，以下简称中盐公司）创立于1950年，现为国务院国资委监管的国有大型企业。主要承担两大任务：一是履行中央企业职责，实现国有资产保值增值；二是作为全国食盐的生产经营主体，确保国家合格碘盐供应。中盐公司是中国盐行业龙头企业、唯一中央企业和唯一全国性企业，亚洲最大、世界第二的盐业企业和国内重要化工企业，拥有全资、控股子公司46家，职工3.1万余人，年产各类盐1800万吨，占全国总产量的17%，其中食盐产销量225万吨，约占全国21.5%，供应和配送居民食用盐覆盖人口4.2亿人，国土面积38%，形成了以东北、华北、华东、华中、西北为主的全国性生产流通布局。除盐的核心业务外，还向盐化工下游产业链延伸，初步形成了无机化工、农业化工、精细化工、日用化工等系列产业布局，部分产品进入全国和世界前列。

3）冷链物流

冷链物流泛指冷藏冷冻类食品在生产、储藏运输、销售，到消费前的各个环节中始终处于规定的低温环境下，以保证食品质量，减少食品损耗的一项系统工程。它是随着科学技术的进步、制冷技术的发展而建立起来的，是以冷冻工艺学为基础、以制冷技术为手段的低温物流过程。

冷链物流的适用范围包括：① 初级农产品：蔬菜、水果；肉、禽、蛋；水产品、花卉产品。② 加工食品：速冻食品、禽、肉、水产等包装熟食、冰淇淋和奶制品；快餐原料。③ 特殊商品：药品。

由于食品冷链是以保证易腐食品品质为目的，以保持低温环境为核心要求的供应链系统。由于易腐食品的时效性要求冷链各环节具有更高的组织协调性，所以，食品冷链的运作始终是和能耗成本相关联的，有效控制运作成本与食品冷链的发展密切相关。

小贴士

气调保鲜是利用控制气体比例的方式来达到储藏保鲜的目的。气调保鲜技术是通过调整环境气体来延长食品储藏寿命和货架寿命的技术，其基本原理为：在一定的封闭体系内，通过各种调节方式得到不同于正常大气组分的调节气体，抑制导致食品变败的生理生化过程及微生物的活动。

冰袋是由冷容量大、无毒、无味的高聚化合物作为原料的基本组成，其内容晶莹透明无腐蚀无反放射并富有弹性。其解冻融化时没有水质污染，可反复使用，冷热使用，其有效使用冷容量为同体积冰的6倍，可代替干冰，冰块等。其种类分为重复使用冰袋和一次性冰袋。

小案例

盒马鲜生

盒马鲜生是阿里巴巴对线下超市完全重构的新零售业态。盒马是超市，是餐饮店，也是菜市场。消费者可到店购买，也可以在盒马App下单。而盒马最大的特点之一就是快速配送：门店附近3千米范围内，30分钟送货上门。

2. 消费品

一般而言，消费品是用来满足人们物质和文化生活需要的那部分社会产品，也可以称作

"消费资料"或者"生活资料"。从产品的使用寿命的角度可以区分为快速消费品和耐用消费品。

1）快速消费品

快速消费品是消费频率高、使用时限短、需要不断重复购买、拥有广泛消费群体的日用产品。快速消费品在流通领域并没有形成统一共识，一般指大众消费品，主要包括个人护理品、家庭护理品、品牌包装食品饮料、烟酒等四大类产品。

快速消费品需要快速运输、快速周转。较具规模的企业一般在全国有多个生产基地，可以就近区域内供货，或者在一个或几个临近区域设立产品仓库。如糖果、饮料等企业在全国几大战略区域均建设自己的生产基地，来缩短供货时间、减少物流成本。许多快速消费品企业设立自己的配送中心，充分利用自身及社会物流力量，完成货物的配送。有的企业还将经销商发展成为分销商，主要提供物流配送和对下级客户提供服务。相比而言，耐用消费品企业对产品周转速度要求不高，一般在较大区域设立产品仓库。较少有企业从供货时间上考虑设立生产基地。也有部分企业会由于总销售量庞大，从减少物流成本上考虑，设立重点区域生产基地。

以软饮料行业为例，该行业目前已经发展得相当成熟，产品品种多、流通快、单位价值低、利润薄，市场竞争已经到了白热化程度。生产商们置身于激烈的价格大战中，一方面为降低单位成本而进行集中生产以实现规模经济；另一方面为了争取到或保持其市场份额而进行全国范围销售，把对市场的争夺由城市扩展到了农村，导致产销地之间距离遥远。而与此相对，客户对产品的新鲜度和在时间及地域上的可得性的要求却到达了近乎苛刻的地步，如一般在大型超市，如果货龄超过一周就拒收发来的货品。此外，由于消费者对软饮料需求的季节波动性很大，导致生产商普遍面临着淡季生产、仓储和运输能力过剩，而旺季不足的窘境。

快速消费品因其自身的特点，支持小批量、多品种、高频度的配送模式。基于快速消费品的不同行业特征，其物流服务运作也应具备与之相适应如表3-8所示的特点。

表3-8　快速消费品物流服务运作特点

行业特征	物流特征	对物流服务的要求
单品价值较低，市场竞争激烈	物流运作成本具有敏感性	通过外包降低物流成本
需求量大，需求弹性小	物流业务量大且相对稳定	物流服务应具有较强的业务运作能力，采取批量效益
消耗周期短，消耗后需要及时补充，销售具有季节性	生产及库存周期较短，运输在途时间短，容易产生断货，对配送能力要求较高	高水平的物流服务运作，快速响应策略，利用信息技术支持制作企业的供应链管理
便利品，消费者需要就近购买	销售渠道需要物流网络的支持，配送成本较高	物流服务的广度和深度

2）耐用消费品

耐用消费品是指那些使用寿命较长，一般可多次使用的消费品，如家用电器、家具、汽车等。耐用消费品由于购买次数少、价格比较昂贵，因而消费者的购买行为表现出理性，对产品的性价比、品质、功效、售后服务甚至企业的信誉等都会有较高的要求。

消费者在购买这些产品时并不依据就近原则，而是对多个商家进行比较后做出决策，因此，与快速消费品相比，这类产品的支线配送渠道和销售网点都要少。在同一个市场区域内，供应商可能仅需要几家网点便可为客户提供产品或服务，每个网点产品的库存水平也可以不必很高。

小案例

TCL 物流配送

（1）大家电产品——速必达物流配送为主。包括冰箱、洗衣机、空调、彩电等。

（2）小件产品、小家电产品——第三方快递公司配送。包括生活家电、水家电、手机、数码等类目产品。

主要依托顺丰快递和 EMS 等第三方快递公司进行配送，并提供送货上门服务（特别偏远的地区除外，当地如果没有配送点，快递公司一般会放在离该地最近的一个配送点，然后联系用户取件）。

深圳速必达商务服务有限公司，简称速必达物流，成立于 2004 年 7 月，为 TCL 集团下属全资子公司。速必达物流可提供从工厂全国配送中心（central distribution centers，CDC）总仓管理、长途干线运输到区域配送中心（regional distribution centers，RDC）仓储、配送一体化的成品分销物流服务，运输服务包括汽运整车、零担、快递、海运、空运、铁运、多式联运等，并可根据客户产品特性及需求设计最合理的物流运作模式。通过整合上下游资源，以完善的流程标准体系、风险防范能力和运作过程监控体系保证物流服务的高品质，给用户以极致的物流服务体验。

小案例

尚品宅配

尚品宅配以家居"试衣间"作为核心理念，并引入"网络＋实体"的运营模式解决客户的本地化服务体验问题，在全国已经建立起 800 多个实体店，来满足当地客户对家具纹理、色彩、风格、质感等的体验要求。在我们搭建的专业服务体系下，客户只需要安排时间一次到店查看家具三维方案并体验家具实物效果，就可以一站式购齐自己家的全屋家具。

3. 医药流通行业

根据国务院印发的《"十三五"深化医药卫生体制改革规划》（国发〔2016〕78 号），建立规范有序的药品供应保障制度。实施药品生产、流通、使用全流程改革，调整利益驱动机制，破除以药补医，推动各级各类医疗机构全面配备、优先使用基本药物，建设符合国情的国家药物政策体系，理顺药品价格，促进医药产业结构调整和转型升级，保障药品安全有效、价格合理、供应充分。

（1）深化药品供应领域改革。通过市场倒逼和产业政策引导，推动企业提高创新和研发能力，促进做优做强，提高产业集中度，推动中药生产现代化和标准化，实现药品医疗器械质量达到或接近国际先进水平，打造中国标准和中国品牌。

解决好低价药、"救命药""孤儿药"及儿童用药的供应问题。扶持低价药品生产，保障市场供应，保持药价基本稳定。建立健全短缺药品监测预警和分级应对机制，加快推进紧缺药品生产，支持建设小品种药物集中生产基地，继续开展用量小、临床必需、市场供应短缺药品的定点生产试点。完善儿童用药、卫生应急药品保障机制。对原料药市场供应不足的药品加强市场监测，鼓励提高生产能力。

（2）深化药品流通体制改革。加大药品、耗材流通行业结构调整力度，引导供应能力均衡配置，加快构建药品流通全国统一开放、竞争有序的市场格局，破除地方保护，形成现代流通新体系。推动药品流通企业兼并重组，整合药品经营企业仓储资源和运输资源，加快发展药品现代物流，鼓励区域药品配送城乡一体化。推动流通企业向智慧型医药服务商转型，建设和完善供应链集成系统，支持流通企业向供应链上下游延伸开展服务。应用流通大数据，拓展增值服务深度和广度，引导产业发展。鼓励绿色医药物流发展，发展第三方物流和冷链物流。支持药品、耗材零售企业开展多元化、差异化经营。推广应用现代物流管理与技术，规范医药电商发展，健全中药材现代流通网络与追溯体系，促进行业结构调整，提升行业透明度和效率。力争到 2020 年，基本建立药品出厂价格信息可追溯机制，形成 1 家年销售额超过 5 000 亿元的超大型药品流通企业，药品批发百强企业年销售额占批发市场总额的90％以上。

（3）完善药品和高值医用耗材集中采购制度。完善以省（区、市）为单位的网上药品集中采购机制，落实公立医院药品分类采购，坚持集中带量采购原则，公立医院改革试点城市可采取以市为单位在省级药品集中采购平台上自行采购，鼓励跨区域联合采购和专科医院联合采购。做好基层和公立医院药品采购衔接。推进公共资源交易平台整合。每种药品采购的剂型原则上不超过 3 种，每种剂型对应的规格原则上不超过 2 种。实施药品采购"两票制"改革（生产企业到流通企业开一次发票，流通企业到医疗机构开一次发票），鼓励医院与药品生产企业直接结算药品货款、药品生产企业与配送企业结算配送费用，严格按合同回款。进一步提高医院在药品采购中的参与度，落实医疗机构药品、耗材采购主体地位，促进医疗机构主动控制药品、耗材价格。完善药品价格谈判机制，建立统分结合、协调联动的国家、省两级药品价格谈判制度。对部分专利药品、独家生产药品进行公开透明、多方参与的价格谈判，逐步增加国家谈判药品品种数量，并做好医保等政策衔接。将加快药品注册审批流程、专利申请、药物经济学评价等作为药品价格谈判的重要内容。对实行备案采购的重点药品，明确采购数量、开具处方的医生，由医疗机构负责人审批后向药品采购部门备案。加强国家药品供应保障综合管理信息平台和省级药品集中采购平台规范化建设，提高药品集中采购平台服务和监管能力，健全采购信息采集共享机制。

开展高值医用耗材、检验检测试剂、大型医疗设备集中采购。

（4）巩固完善基本药物制度。巩固政府办基层医疗卫生机构和村卫生室实施基本药物制度成果，推动基本药物在目录、标识、价格、配送、配备使用等方面实行统一政策。加强儿童、老年人、慢性病人、结核病人、严重精神障碍患者和重度残疾人等特殊人群基本用药保障。探索在基本药物遴选调整中纳入循证医学和药物经济学评价方法。在国家基本药物目录中坚持中西药并重。完善基本药物优先和合理使用制度，坚持基本药物主导地位。完善基本药物供应体系。

（5）完善国家药物政策体系。健全管理体制，建立国家药物政策协调机制。推动医药分开，采取综合措施切断医院和医务人员与药品、耗材间的利益链。医疗机构应按照药品通用名开具处方，并主动向患者提供，不得限制处方外流。探索医院门诊患者多渠道购药模式，患者可凭处方到零售药店购药。推动企业充分竞争和兼并重组，提高市场集中度，实现规模化、集约化和现代化经营。调整市场格局，使零售药店逐步成为向患者售药和提供药学服务的重要渠道。

进一步完善药品价格形成机制，强化价格、医保、采购等政策的衔接，坚持分类管理，实行不同的价格管理方式，逐步建立符合我国药品市场特点的药价管理体系。建立健全医保药品支付标准，结合仿制药质量和疗效一致性评价工作，逐步按通用名制定药品支付标准。完善国家医药储备体系，在应急保障的基础上，完善常态短缺药品储备。完善中药政策，加强中药材质量管理，鼓励中药饮片、民族药的临床应用。探索建立医院总药师制度，完善医疗机构和零售药店药师管理制度，结合医疗服务价格改革，体现药事服务价值。建立药物临床综合评价体系和儿童用药临床综合评价机制，提高合理用药水平。

小贴士

《国务院办公厅关于进一步改革完善药品生产流通使用
政策的若干意见》（国办发〔2017〕13号）节选

推动药品流通企业转型升级。打破医药产品市场分割、地方保护，推动药品流通企业跨地区、跨所有制兼并重组，培育大型现代药品流通骨干企业。整合药品仓储和运输资源，实现多仓协同，支持药品流通企业跨区域配送，加快形成以大型骨干企业为主体、中小型企业为补充的城乡药品流通网络。鼓励中小型药品流通企业专业化经营，推动部分企业向分销配送模式转型。鼓励药品流通企业批发零售一体化经营。推进零售药店分级分类管理，提高零售连锁率。鼓励药品流通企业参与国际药品采购和营销网络建设。

推进"互联网＋药品流通"，以满足群众安全便捷用药需求为中心，积极发挥"互联网＋药品流通"在减少交易成本、提高流通效率、促进信息公开、打破垄断等方面的优势和作用。引导"互联网＋药品流通"规范发展，支持药品流通企业与互联网企业加强合作，推进线上线下融合发展，培育新兴业态。规范零售药店互联网零售服务，推广"网订店取""网订店送"等新型配送方式。鼓励有条件的地区依托现有信息系统，开展药师网上处方审核、合理用药指导等药事服务。食品药品监管、商务等部门要建立完善互联网药品交易管理制度，加强日常监管。

4. 消费电子类

消费电子产品行业在中国属于成熟行业，行业竞争越来越激烈，当前这种竞争直接表现为价格大战和对渠道的争夺。价格大战使生产商们在审查价值链的各个环节致力于降低生产总成本的同时，开始积极在二线城市和三线城市拓展市场。此外，电子产品的原材料种类繁多且大多从国外进口，厂商们在建立企业的核心竞争力的同时不得不投入大量的人力承担烦琐的进出口业务。面对越来越短的产品生命周期和产品的单位价值往往又很高的行业特点，生产商越来越多地采用以销定产的方式，以期尽量少备库存或不备库存，从而要求对市场拥有快速响应能力。

电子产品对保管环境的温湿度等物理条件及各种防腐、防静电等化学条件的要求相当苛刻。如为了提高物流配送效率越来越多的快递公司朝着航空快递业发展，但是为了保证飞行，维护乘客的安全，航空公司对威胁航空飞行安全的物品（指在航空运输中，可能明显地危害人身健康、安全或对财产造成损害的物品或物质）提出了"禁运令"。这势必对航空快递业的发展造成了一定的限制，如锂电池作为"毒性和传染性物品"成为航空禁运物品。但在日常的物流配送业务中，含有锂电池的物品（笔记本电脑、手机等）均需通过陆路方式进行物流配送，这对物流运输效率又产生了较大的影响，进而影响消费者对航空快运的选择。

小贴士

目前我国执行的是《锂电池航空运输规范》（MH/T 1020—2013）。

根据中国南方航空股份有限公司锂电池安全运输提示，乘机携带手机、手提电脑、摄像机等自用的含锂电池设备、锂电池移动电源（如充电宝）等，以及携带出行所需的合理数量的备用电池时，应注意以下几方面。

一、乘机前请确认锂电池上标注的规格，锂电池规格以额定能量（Wh）计算。

没有标明额定能量的锂电池请按下面公式换算。

$$额定能量（Wh）＝电池容量（Ah）×标称电压（V）$$

电池容量单位换算：1 Ah＝1 000 mAh

二、请注意：备用电池禁止放入托运行李。请将其放入手提行李携带登机。

三、不超过 100 Wh 的锂电池和备用电池设备不需要申报。电子设备可以放入托运行李或随手提行李携带，合理数量的备用电池只能放入手提行李携带登机。

四、设备中的锂电池或备用锂电池的规格大于 100 Wh，但不超过 160 Wh，应向航空公司申报，在登机前获得航空公司批准。该规格的备用电池仅限携带两块。

五、如需运送超过 160 Wh 的大规格或超过自用合理数量的锂电池应向航空公司申报咨询进行货运。

3.3.2　需求主体的需求特点

1. 对配送准确性的要求

配送的准确性包括配送时间和配送地点两方面。

1）配送地点的准确性

货物配送地点的正确与否，直接关系到城市物流配送活动的成功与否。若城市物流配送人员将货物配送到错误的地点，无论先前的城市物流流程多么顺畅，流通过程使用多么先进的物流设备与信息技术，配送时间多么精确，都无法弥补配送地点错误所造成企业的损失。这种错误不仅会造成物流资源的严重浪费、加重配送成本，还可能造成客户对城市物流配送企业的服务失去信心，导致客户的流失。

2）配送时间的准确性

作为客户，无论是单位还是个人，对已经订购的货物准时到达的要求都是极其迫切的。以往的配送模式大多是客户等货，即以配送公司为主，配送公司对客户的要求颇多，货物到达的时间多是配送公司制定。现在是客户利益至上的时代，配送商只能选择提高服务水平来满足客户的需求，其中最重要的就是要准时供货，即尽量按照客户要求或配送公司处理订单时承诺的时刻将货送到客户手中。

2. 个性化订货方式

当今社会科技进步日新月异，人们的思想观念行为意识也在发生着变化，表现出追求自由和个性，强调自我参与，有些客户不愿受配送公司固定电话订货时间的约束，想足不出户就能享受到要消费的商品，希望能通过各种方式进行订货，并且在交易中享受消费带来的快乐。这种需求变化对企业带来的变化是彻底的：企业可大量生产的产品越来越少，客户化的定制产品越来越多；以往靠一个企业、一个产品就能为客户提供满意的服务，现在却需要众多企业的协调一致才能做到。

3. 对配送服务要求全面

客户认为他们所要达到的期望即是配送公司所应达到的标准。据统计当配送服务不到位时，80％的客户不会考虑配送企业的难处，而且如果此企业在实施配送服务时出现了偏差，有90％的客户不会再选择其服务。因此，物流配送要尽量使自己配送的服务达到速度快、质量高、货物受损小，最终使客户满意的服务要求。

小案例

车妥妥，一家寄车的快递公司

车妥妥隶属于北京信义安达物流有限公司，成立于2012年，总部位于北京。作为中国领先的汽车运输服务提供商，总公司致力于商品车整车运输。2013年始，公司积极借鉴国际上成功的汽车运输模式，结合中国客户的旅游、商务出行习惯，整合优化轿运车航班路线，开始提供专业化的二手车运输服务，为客户自驾旅游、异地办公、同城转车等业务提供完善的配套服务。

作为中国领先的汽车运输服务提供商，每年可为国内轿车托运提供10万辆运送的仓储。目前公司已建立起全国主要运输干线物流服务网，形成了以华东、华南、华中、东北为基地，辐射全国的运输资源网络。

信义安达物流有限公司旗下品牌车妥妥，依托母公司线下能力的优势，将线下资源整合优化为线上轿运产品，实现多通道（网页/手机/微信）下单，简化合同签订，拍照验车等流程，线上提供提车委托单等文书资料，修补传统作业模式的流程漏洞，优化整体操作流程。努力将车妥妥培育为"中国私家车托运第一品牌"，打造出了最贴合客户期待的轿车托运物流服务，让个人汽车托运更便捷。

3.4　城市物流配送需求的预测方法

物流需求的分析、预测是否准确直接关系到物流规划的科学性与合理性。本节在介绍预测基础知识的基础上，着重介绍几种常见的定性、定量预测分析方法。

3.4.1　物流需求预测概述

物流需求分析是借助于定性和定量的分析手段，了解社会经济活动对于物流能力供给的需求强度，以便进行有效的需求管理，引导社会投资有目的地进入物流服务领域，这将有利于合理规划、建设物流基础设施，改进物流供给系统。

1. 物流需求预测的定义

物流需求预测，是指根据物流市场过去和现在的需求状况，以及影响物流市场需求变化的因素之间的关系，利用一定的经验判断、技术方法和预测模型，应用适合的科学方法对有关反映市场需求指标的变化及发展的趋势进行预测。

2. 物流需求预测的目的

（1）物流需求预测是物流管理的重要手段。在物流活动中，及时、准确地掌握市场物流需求情况的变化规律，结合本企业的实际状况，采取一定的分析方法提出可行的需求目标，在此基础上制订需求计划，指导诸如原材料或货物的购进、库存控制、必要设施的配备等企业物流工作的开展。

（2）物流需求预测是制定物流发展战略目标的依据。通过物流需求预测，可以揭示和描述市场需求的变动趋势，勾画出未来物流需求发展的轮廓，并对物流需求发展可能出现的种种情况进行全面系统的分析和预测，从而为制定物流发展战略目标和方向提供依据，避免决策的片面性和局限性。

物流需求预测是物流管理的重要环节，但并不是最终目的。物流需求预测的真正作用和价值在于指导和调节人们的物流管理活动，在一定时期内，当物流能力供给不能满足这种需求时，将对需求产生抑制作用；当物流能力供给超过了这种需求时，不可避免造成供给的浪费。

3. 物流需求预测的原理

预测的应用领域广泛，且研究对象特性各异，方法手段种类繁多，但综观需求预测的思维方式，可以归纳出以下基本原理。

1）惯性原理

客观事物的发展变化过程常常表现出它的延续性，通常称这种表现为"惯性现象"。客观事物运动惯性的大小，取决于本身的动力和外界因素的制约程度。

根据惯性原理，由研究对象的过去和现在状态，向未来延续，从而预测其未来状态。惯性原理是趋势外推预测方法的理论依据。在预测学中，惯性原理也称为连贯的原则。

2）类推原理

类推预测的应用前提是寻找类似事物，通过分析类似事物相互联系的规律，根据已知某事物的变化特征，推断具有类似特性的预测对象的未来状态，这就是所谓的类推预测。

类推预测可分为定性类推和定量类推。定性类推是指在缺少数据资料的情况下，对类似事物的相互联系只能做定性处理。定量类推需要一定的数据资料，已知事物是先导事物，根据先导事物的数据变动情况，建立先导事件与迟发事件的数量联系，并进行预测。

3）相关原理

任何事物的变化都不是孤立的，而是在与其他事物的相互影响下发展的。事物之间的相互关系常常表现为因果关系。例如，耐用消费品的销售量与人均收入水平密切相关，与社会人口结构也相关。深入分析研究对象与相关事物的依存关系和影响程度，是揭示它变化特征和规律的有效途径，并可用以预测其未来状态。

相关原理有助于指导预测者深入研究预测对象和相关事物的关系，有助于预测者对预测对象所处的环境进行全面分析。相关原理是因果型预测方法的理论基础。

4. 物流需求预测的影响因素[①]

影响物流需求变化的主要因素有产业结构的变化，消费者需求多样化、个性化的变化，以及流通结构的变化。从企业角度看，影响物流需求预测的主要因素如下。

1）商业周期

商业周期从复苏到高涨再到衰退，周而复始，处于不同阶段，需求也不同。例如，在企业发展初期，企业会设法降低价格，以吸引潜在消费者。当消费者预期价格将上升时会迅速购买，增加当前的需求；当预期价格将下降时会延迟购买，减少当前的需求；在企业预期原料价格将上升时会增加当前的购买，预期原料价格将下降时会延迟购买减少需求。此外，对某种特定商品特别是耐用消费品而言，消费者对该商品的市场前景的评价对该商品的需求具有显著的影响。例如，如果消费者断定某耐用消费品已经处于衰退期，将被新产品替代时，势必延期购买，以等待购买新产品。

2）基本需求

基本需求以整个时期内的平均值表示。除了生产成本、需求及竞争环境影响因素外，还有一些如气候、时间、地域、宗教信仰、习俗等环境文化因素间接影响基本需求。

3）季节因素

产品的需求量随着季节转换而发生周期性变化。如空调在夏天为销售旺季，化肥在春天为销售旺季，玩具在秋天销售量较高。

4）相关产品价格

当一种商品本身的价格不变，而与之相关的其他商品的价格发生变化时，这种商品的需求数量也会发生变化。如果其他商品和被考察的商品是替代品，如牛肉和猪肉、苹果和梨等，由于它们在消费中可以相互替代以满足消费者的某种欲望，故一种商品的需求与它的替代品价格成同方向变化，即替代品价格的提高将引起该商品需求的增加，替代品价格的降低将引起该商品需求的减少。如果其他商品和被考察的商品是互补品，如汽车与汽油、影碟与影碟机等，由于它们必须相互结合才能满足消费者的某种欲望，故一种商品的需求与它的互补品的价格成反方向变化，即互补品价格的提高将引起该商品需求的降低，互补品价格的下降将引起该商品需求的增加。

5）趋势因素

在一个时期内，产品的需求量随着时间的推移而朝着某一个方向有规律的运动，成为销售的长期总趋势。这种趋势值可能是正的、负的或正负不定的，也可以是直线或曲线。随着人们收入水平的不断提高，消费需求结构会发生变化，即随着收入的提高，对有些商品的需求会增加，而对有些商品的需求会减少。经济学把需求数量的变动与消费者收入同方向变化的物品称为正常品，把需求数量的变动与消费者收入反方向变化的物品称为劣等品。

① 吴健，唐志英. 现代物流学 ［M］. 北京：北京大学出版社，2010.

5. 物流需求预测的类型

1) 按预测期限的长短分类

(1) 长期预测。预测的期限一般在五年或五年之上，主要是根据企业的长远发展战略和市场需求的发展趋势进行预测分析。由于长期预测时间长，不确定因素较多，所以它只能对预测对象做一个大概的描述。

(2) 中期预测。预测的期限一般在一年到三年左右，主要是围绕企业的经营战略、新产品的研究与开发等方面进行预测。由于中期预测时间不长，不确定因素较少，相关的数据资料也较完整，因而预测的结果比较准确。

(3) 短期预测。预测的期限一般在三个月至一年左右，所需关注的时间间隔最短，它对物流规划的过程是最重要的。短期预测需要预测出一定时期内实际物品的运送数量。

2) 按预测活动的空间范围分类

(1) 宏观预测。宏观市场预测是全国性市场预测。它同宏观经济预测，即对整个国民经济总量和整个社会经济活动发展前景与趋势的预测相联系。宏观市场预测的直接目标是商品的全国性市场容量及其趋势变化，商品的国际市场份额及其变化，相关的效益指标及各项经济因素对它的影响。

(2) 中观预测。中观市场预测是涉及国民经济各行业的市场预测，从空间范围来看，是以省、直辖市、自治区或经济区为主体的市场预测。它主要是用以满足地区或行业组织生产与市场营销决策的需要。

(3) 微观预测。微观市场预测以一个企业产品的市场需求量、销售量、市场占有率、价格变化趋势、成本与诸效益指标为其主要预测目标。它可以具体的预测市场商品需求的数量、品种、规格、质量等，为企业根据市场变化合理安排生产和营销活动提供准确、具体的市场信息。

3) 按预测方法的性质分类

(1) 定性预测。这类预测方法是依据预测者对市场有关情况的了解和分析，结合对市场未来发展变化的估计，由预测者根据实践经验和主观判断做出的市场预测。它既可以对市场未来的供给量和需求量进行预测，也可对市场未来发展变化的特点、趋势等做出判断。定性预测法是建立在自身知识和经验基础上的，因而具有较强的主观性，适用于较为大型的、复杂的预测。

(2) 定量预测。这类预测方法是根据历史数据和资料，应用数理统计方法来预测事物的未来，或者利用事物发展的因果关系来预测事物的未来。其优点是科学理论性较强，逻辑推理缜密，预测结果较有说服力。但花费的成本较高且需要有较高的理论基础，因而在应用中受到一定限制。例如，在货流预测中，大多数变量之间都具有未知的相关关系，因而可以采用定量分析法预测。但这种相关关系往往是不确定的，不能利用数学函数精确地进行求解，一般可以采用回归分析法进行相关分析，找出事物发展变化的决定性影响因素，从而找出变量之间的数理统计规律。回归预测法能具体分析预测对象的主要影响因素，能对模型的合理性和预测的可信度进行统计检验，是一种较为科学的方法。

总之，需求预测方法是多种多样的，在预测研究实际问题时，要根据被研究对象的主要特点，根据需求预测的目的，选择适当的需求预测方法，以满足决策者研究问题的需要。前面所做的对预测方法的不同分类，每一种都不是孤立存在的，它们是相互联系的。如宏观预测，可以按中期或短期预测，还可用定性或定量方法进行预测等。实际上，必须要对市场预测的各种分类综合考虑，才能进行一次具体、全面的需求预测。

6. 物流需求预测步骤

为了保证物流需求预测工作的顺利进行，预测者必须对预测的过程加强组织，按照预测工作的客观规律，有计划按顺序认真地完成预测各环节的具体任务。物流需求预测的步骤大致如下。

（1）根据预测的任务确定预测的目标。根据需要确定具体而明确的预测对象，以便确定预测的内容，从而制订出具体的预测工作计划。

（2）根据企业不同的产品及其性质分类，决定影响各类产品需求的因素及其重要性。

（3）搜集、分析和整理有关数据资料。市场预测必须以充足的历史和现实资料为依据。一般而言，资料数据的收集越详细，越有利于预测工作的进行。但是在实际操作过程中，要考虑时间、成本、人力资源等约束。

（4）对资料进行周密分析，根据市场现象及各种影响因素的具体特点，选择适当的预测方法或模型。例如，需求量稳定的产品，可以用简单移动平均法预测；需求量属于趋势型产品，可以用加权平均法、指数平滑法和回归分析法预测；对于随机性的情况，应当采用定性分析与定量分析相结合的方法预测。

（5）检验预测成果，修正预测值。由于市场现象和各种影响因素都会随时间、地点、条件的变动而变动，预测者必须根据市场现实情况的变化，适当地对预测值加以修正，使之更加符合市场发展变化的实际。

（6）提交预测报告。预测报告应概括预测研究的主要活动过程，应列出预测目标、预测对象、有关因素的分析、主要资料和数据、预测方法的选择、预测模型的建立及预测结论的评价和修正等内容。

3.4.2　物流需求预测方法

物流需求预测的定性分析就是对影响物流配送的因素进行"质"方面的分析。具体地说是运用归纳和演绎、分析与综合及抽象与概括等方法，对影响城市物流配送需求的因素进行思维加工，达到认识城市物流配送需求变化的本质的目的。物流需求预测的定量分析就是对某些影响城市物流配送需求因素的数量特征、数量关系与数量变化进行分析，其功能在于揭示和描述城市物流配送需求的发展趋势。

3.4.2.1　物流配送需求的定性分析

物流配送需求的定性分析方法多种多样，应用比较广的主要有头脑风暴法、德尔菲法、基层意见法、用户调查法等。

具体方法介绍可登录加阅平台进行学习。

3.4.2.2　物流配送需求的定量分析

物流配送需求定量分析的方法，主要有移动平均预测法、指数平滑预测法、回归分析模型法等。

具体方法介绍可登录加阅平台进行学习。

各种预测方法的优缺点及适用范围可归纳为表 3-9。在实际研究活动中，常常将多种方法组合起来使用。

表 3-9　各种需求预测方法的优缺点及适用范围

预测方法	优点	缺点	适用范围	所需工作
头脑风暴法	集中专家意见；简单易行，花费少，节省时间	人数有限，意见缺乏广泛性；易受个人操纵	缺乏历史数据，只需了解预测对象的未来发展趋势	召集专家
德尔菲专家法	简单易行；集中专家意见，科学性强；适用范围广	时间较长，花费较大；主观性较强	缺乏历史数据；中长期预测	拟定专家名单；确定预测课题
移动平均法	计算简单，所需数据少	预测精度低	近期预测	N 期历史数据
指数平滑法	计算简单，所需数据少，储存数据少	预测精度较低	短中期预测	历史数据资料
灰色模型	所需信息少，不需要了解数据间的相互关系；建模简单；预测精度较高	无法解释各因素之间的关系；需借助一定的求解软件	相关因素的历史数据难以收集；数据间缺乏明确的关系；短期预测	少量历史数据
回归预测法	所需数据量少，能对预测对象的结构进行描述和分析；预测精度较高	对历史数据质量要求高；系统结构要求稳定；建模较难	需要了解各因素的关系时；短中期预测	完整的历史数据

3.4.2.3　需求预测的其他方法

还有其他一些方法对物流需求的预测十分重要，如物流细分法、ABC 分析法等。

1. 物流细分法

物流细分就是分析和识别每个客户的需求特性，按照一定的标准划分客户群，确定各个客户群的物流需求及各种物流需求的优先性，从而根据物流企业自身的实力、竞争状况等因素确定目标市场，选择不同的目标市场战略。

物流细分的方法是因素分析法，以客户的物流需求和产品的物流特征为基础，这些因素主要包括购买关系性质、订货和账单交付方式、运送和服务支持、订单内容、运送内容等。

2. ABC 分析法[①]

ABC 分析的基本程序如下。

---

① 张锦. 物流规划原理与方法 [M]. 成都：西南交通大学出版社，2009.

（1）收集相应的特征数据。

（2）对收集的数据进行加工，并按要求计算，包括统计因素数目及其占总因素数目的百分比，累计百分比；计算特征数值及特征数值占总计算特征数值的百分比，累计百分比。

（3）列出 ABC 分析表。ABC 分析表栏目构成依次如下：物品名称、品目数累计、品目数累计百分数或物品单价、主要特征值、主要特征值百分比、主要特征值累计百分比、分类结果。

将第（2）步计算出的主要特征值，以大排队方式由高到低填入分析表中"主要特征值"一栏。以此栏为准，将相应物品名称填入第一栏。习惯上常把主要特征值的累计百分数在 60％～80％的若干物品称为 A 类，在 15％～20％的若干物品称为 B 类，在 5％～15％的若干物品称为 C 类。

（4）绘制 ABC 分析图。以累计因素百分数为横坐标，累计主要特征值百分数为纵坐标，按 ABC 分析表所列的对应关系，在坐标图上取点，并联络各点成曲线。除利用直角坐标系绘制曲线图外，也可绘制成直方图，如图 3-3 与图 3-4 所示。

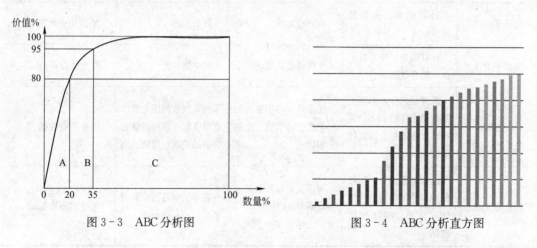

图 3-3　ABC 分析图　　　　　　　　　图 3-4　ABC 分析直方图

（5）确定重点管理的要求。A 类物品通常是控制工作的重点，应该严格控制其计划与采购、库存储备量、订货量和订货时间。在保证生产的前提下，应尽可能地减少库存，节约流动资金；B 类物品可以适当控制，在力所能及的范围内，适度减少库存；C 类物品（除了 A 类与 B 类）可以放宽控制，采用经济批量。

具体算例，可登录加阅平台进行学习。

3.4.2.4　预测误差

误差通常指预测值与实际结果的偏差。统计学中的误差也称残差。只要预测值位于置信区间内，它就不算是真正的误差。但我们通常将偏差当作误差。

有关误差来源和误差测量，可登录加阅平台进行学习。

在预测中，一般可以从定性和定量两个方面来考虑评估标准，预测总是在假定未来的发展是和现在已知或过去发生的事物有关的基础上进行的，但又不是简单的数学方程式推断。预测无法回避社会经济发展中同时带有规律性和偶然性的矛盾，与实际情况可能会有些差距，所以有些需要对预测结果进行调整，分析众多约束条件，选择重要约束因素，对应用各种方法所得到的预测结果加以限定调整，并将这一结果与其他同类城市、发展水平进行分析比较。或者邀请预测规划方面的专家对预测结果进行分析，必要时进行调整。

物流需求预测应着重遵守以下原则。

① 物流企业应自觉加强市场调查研究工作，重视市场需求预测。

② 重视发挥物流咨询研究机构的作用，注重科学预测技术并结合专家分析。

③ 提高信息管理和利用能力，加强物流信息管理，完善物流信息系统建设，重视物流需求信息的综合分析、评估。

④ 重视对国内外成功物流企业的经验的学习和借鉴，减少物流需求分析中的盲目和武断行为。

⑤ 加强对国际国内经济形势的分析，掌握和了解全社会物流需求特点，明确物流企业服务对象的需求在质和量方面的特点，提高物流需求分析的准确度，找准物流企业的市场切入点。

小贴士

信息技术的发展为需求管理提供的新解决路径

(1) 大数据为客户画像提供可能。如百度云推出的客群观察，基于百度庞大的用户群体及强大的大数据和机器学习能力，而推出的广覆盖、精准、多维的用户群体特征分析服务。广泛用于流量分析、竞品分析、客群识别、商场选址等场景。而阿里云的画像分析可以将分布在多个存储资源的数据整合起来，在标签模型上构建大数据画像类的交互式分析应用，从而可以自由灵活的分析这些对象各种属性与行为之间的关联性。可以广泛应用于用户行为、设备管理、企业档案、地理分布等多种画像分析等多个场景当中。

(2) 企业在大规模生产的基础上，将每一位顾客都视为一个单独的细分市场，满足消费者多样化、个性化需求，根据顾客的特殊要求来进行产品生产成为现实。例如，海尔定制平台（diy.haier.com）是行业首个用户社群交互定制体验平台，开创了模块定制、众创定制、专属定制 3 种定制模式，满足用户多种个性化需求。

本 章 小 结

本章基于对物流需求、配送需求概念的剖析，总结概括出城市物流配送需求的概念及其特性。在此基础上提出影响城市物流配送需求的定性和定量因素。在明确城市物流配送概念、特性及影响需求的因素后，对城市物流配送的需求主体从类型和需求特点两方面进行了分析。最后，本章介绍了城市物流配送需求预测的有关概念及相关预测方法。

练习题

(1) 简述城市物流配送需求的概念及特性。

（2）阐述影响城市物流配送需求的影响因素。

（3）分析某一行业城市物流配送的需求主体的特点。

（4）简述城市物流配送需求预测的影响因素。

（5）列举城市物流配送需求量预测的常用方法。

 【应用案例】

调查自己家乡所在城市的物流配送需求现状及发展趋势。

第4章 城市物流配送供给

【引言】

城市物流配送供给作为城市物流配送系统的基础部分，为整个城市物流配送系统的正常运作提供支撑。由不同类型配送节点和不同等级模式的配送通道共同构成的城市物流配送物资基础设施框架，承担着城市配送货物的集疏运功能、增值业务服务及信息处理等功能。随着城市居民配送需求的个性化、柔性化增强，城市物流配送市场不断细分，参与城市物流配送的供给方类型日益增多。城市物流配送的供给能力包括关注公共利益的宏观社会供给能力及关注商业利益的微观企业供给能力两个层次。

【知识要求】

➤ 了解城市物流配送节点的概念及种类；
➤ 理解城市物流配送节点的功能和影响；
➤ 了解城市物流配送通道的概念；
➤ 了解城市物流供给方的类型；
➤ 熟悉城市物流配送供给能力的分析。

【技能要求】

➤ 能够辨别城市配送节点及配送通道的类型；
➤ 运用所学知识分析某一城市物流配送供给能力。

导入案例 ● ● ●

山东省德州市国省干线公路"十三五"发展规划

德州市位于山东省西北部、黄河下游冲积平原，是山东省的北大门。北依北京市、天津市，南接济南市，西邻河北省，东连滨州市、东营市。处于环渤海经济圈、京津冀经济圈、山东半岛蓝色经济区以及黄河三角洲高效生态经济区交汇区域。京杭大运河有140多千米流经境内，历史上曾是重要的漕运通道。德州自古就有"九达天衢""神京门户"之称，是全国重要的交通枢纽。

《山东省新型城镇化规划》提出构建一群（山东半岛城市群）、一带（鲁南城镇发展带）、双核（济南、青岛两大中心城市）、六区（六个城镇密集区）的省域城镇化总体空间格局。

山东省于 2014 年 11 月，颁布实施《山东省综合交通网中长期规划（2014—2030年）》，并出台了《山东省关于促进综合交通运输体系发展的指导意见》，明确了未来 15 年全省铁路、公路、港口、机场、内河航道、交通枢纽等各种交通运输方式的发展目标和建设重点。

根据《山东省综合交通运输体系中长期发展规划》，全省将构建三横四纵综合运输通道，德州市位于德龙烟威通道和京沪通道交互处。

4.1　城市物流配送供给概述

经济学中的供给，是指在一定价格下，企业愿意提供产品的数量。从微观经济主体看，城市物流配送供给主要是指在一定价格水平下，城市物流配送企业愿意在城市范围内提供的各种城市物流配送服务的数量。城市物流配送供给的实质就是提供城市物流配送服务。

4.1.1　城市物流配送供给特性

传统物流供给服务提供了一种标准化的服务，而城市物流配送供给则是在标准化的基础上提供个性化服务，即城市物流配送可以通过更加灵活的配送方式实现配送过程，根据不同的需求主体提供更加合适的服务，如作为与城市客户直接接触的一方，可以为某些企业做一定区域范围内的需求预测等服务。

小案例

1 号 店

1 号店于 2008 年 7 月正式上线，致力于成为网上超市，为顾客提供优质的丰富的商品选择及无与伦比的购物体验，让顾客的生活更便捷。

目前，1 号店在线销售涵盖 15 个品类，超过 1 000 万种商品，包括食品饮料、酒水、进口食品、生鲜，保健用品，个人美护，母婴用品，家居商品，家用电器，服饰鞋靴、厨卫清洁、手机数码及礼品卡等。

1 号店大事记，可登录加阅平台进行学习。

通过现代管理和各种先进科学技术手段，城市物流配送实现货物在拥堵交通环境及时效性要求非常高的城市范围内的合理移动，寻求把正确的物品以正确、经济、高效的方式配送到正确地点的客户手中，从而实现对空间和时间的有效利用与节约。

小贴士

《"互联网＋"高效物流实施意见》

为贯彻落实《国务院关于积极推进"互联网＋"行动的指导意见》（国发〔2015〕40号），发展改革委会同有关部门研究制定了《"互联网＋"高效物流实施意见》（发改经贸

〔2016〕1647号）。意见要求顺应物流领域科技与产业发展的新趋势，加快完善物流业相关政策法规和标准规范，推动大数据、云计算、物联网等先进信息技术与物流活动深度融合，推进"互联网＋"高效物流与大众创业、万众创新紧密结合，创新物流资源配置方式，大力发展商业新模式、经营新业态，提升物流业信息化、标准化、组织化、智能化水平，实现物流业转型升级，为国民经济提质增效提供有力支撑。

4.1.2 城市物流配送供给的影响因素

城市物流配送供给所受到的影响因素是多方面且繁杂的，它们之间相互关联、相互影响。其中，城市物流配送所应用的信息技术、物流技术及物流装备的先进程度与合理程度，均会对城市物流配送的供给能力产生巨大的影响。这部分内容将在第5章、第6章介绍。此外，物流系统的合理发展离不开现代物流人才。培养各类物流人才，有助于优化物流资源的有效配置和运用，从而有效提高整体城市物流配送效率。

小贴士

智慧物流

IBM于2009年提出了建立一个面向未来的具有先进、互联和智能三大特征的供应链，通过感应器、RFID标签、制动器、GPS和其他设备及系统生成实时信息的"智慧供应链"概念，紧接着"智慧物流"的概念由此延伸而出。

中国物联网校企联盟认为，智慧物流是利用集成智能化技术，使物流系统能模仿人的智能，具有思维、感知、学习、推理判断和自行解决物流中某些问题的能力，即在流通过程中获取信息从而分析信息做出决策；使商品从源头开始被实施跟踪与管理，实现信息流快于实物流，即可通过RFID、传感器、移动通讯技术等让配送货物自动化、信息化和网络化。

智慧物流以物流互联网和物流大数据为依托，通过协同共享创新模式和人工智能先进技术，重塑产业分工，再造产业结构，转变产业发展方式，形成新生态系统。

实施智慧物流有助于整合社会资源、集中分散市场、替代紧缺人工、满足个性需求、创造绿色生态。

1. 城市物流配送服务的价格

在一定价格范围内，价格高，城市物流配送服务供给总量就会增加；价格低，城市物流配送服务供给总量就会下降。因此，合理的城市物流配送服务价格是一个城市物流配送市场健康发展的前提条件。

以快递行业为例，以往只负责"点对点"的配送运输业务，但随着客户需求越加个性化，出现了及时送、同城配送等特殊服务业务。这些业务只需快递公司在原有信息系统和信息技术的基础上，加强该系统在城市范围内的信息处理能力，同时，快递公司再通过提高货物的搬运、分拣、装载等作业效率，就能较好地实现。这些方面的改变虽然在短期内会增加企业的运营成本，但是从长久来看，这种投入是可行的，同时也会促使从事城市物流配送业务的快递公司数量的增长，进而提高城市物流配送服务质量和服务范围。

小资料

京东配送运费收取标准

京东提供的特色配送服务包括211限时达、大家电211限时达、次日达、夜间配、大家电夜间配、定时达、极速达、隔日达、京准达等。

京东配送运费收取标准根据京东自营商品、第三方卖家商品、山姆会员店商品、沃尔玛官方旗舰店商品不同。对京东自营商品，细分为上门自提订单、京东配送订单、京准达订单、急速达订单、厂家或供应商配送订单、港澳订单等，运费规则根据企业用户还是非企业用户、收货地址所在城市区域、生鲜商品和非生鲜商品的金额、重量，制定有详细的订单金额要求、基础运费和续重运费收取标准。

2. 社会经济发展水平

城市物流配送是社会经济发展到一定阶段的产物，城市物流配送供给情况受社会经济发展水平的制约。例如，原始社会经济发展水平很低，社会生产力低下，就不存在完整意义物流服务供给。随着经济社会发展，贸易范围的扩大，分工的进一步深化，特别是工业革命的发生，现代物流供给才有了大规模地发生和发展的可能。随着城市化进程加快，城市物流配送供给发展也不断加速。

小案例

天猫超市配送时效

天猫超市（chaoshi.tmall.com）是阿里巴巴集团全力打造的网上超市。目前已经实现次日送达，并将陆续实现每日三配，指定时间送达，指定日期送达等更多、更好的配送服务。

天猫超市日常商品配送范围及送货时间、生鲜商品支持的配送范围、配送时效请登录加阅平台学习。

另外，社会经济发展的水平会通过经济水平的影响间接地对城市物流配送的需求情况产生影响，而城市物流配送需求规模的大小和变化方向又决定了城市物流配送供给的可能发展空间和发展方向。若一个城市的城市物流配送需求低下，则会使城市物流配送供给的发展缺乏动力。若需求旺盛，城市物流配送供给相对就会充足。

小案例

盒马鲜生的发展模式

盒马鲜生创始人侯毅把盒马看成一个数据和技术驱动的新零售平台。2017年9月，上海、北京、杭州、贵阳加上深圳，一共有10家盒马店同天开业，截至目前，盒马已开出20家门店，其中上海13家，北京3家，深圳1家，宁波1家，杭州1家，贵阳1家。

盒马商品进口果蔬、水产品基本上都是直采，店内大部分商品已经和天猫实现了统一采购。平价大路菜方面，盒马则有与本土供应商合作的"日日鲜"。除了特色商品以外，快速配送能力是其另一卖点，门店附近3千米范围内，30分钟可以送上门。基于超市做3千米物流配送，可以用常温配送替代冷链物流，成本可控。

3. 城市物流配送相关制度和政策

城市相关管理部门制定的物流交通等方面的政策、规章会对城市物流供给产生深刻影响。如市场准入的条件决定了物流企业进入市场的难易程度，严格的市场准入条件将会提高企业从事物流服务的门槛，从而影响城市物流配送供给的总量。

小资料

《中华人民共和国邮政法》（2015 年修正）第九章附则中的第八十四条内容

邮政企业，是指中国邮政集团公司及其提供邮政服务的全资企业、控股企业。

寄递，是指将信件、包裹、印刷品等物品按照封装上的名址递送给特定个人或者单位的活动，包括收寄、分拣、运输、投递等环节。

快递，是指在承诺的时限内快速完成的寄递活动。

邮件，是指邮政企业寄递的信件、包裹、汇款通知、报刊和其他印刷品等。

快件，是指快递企业递送的信件、包裹、印刷品等。

信件，是指信函、明信片。信函是指以套封形式按名址递送给特定个人或者单位的缄封的信息载体，不包括书籍、报纸、期刊等。

包裹，是指按照封装上的名址递送给特定个人或者单位的独立封装的物品，其重量不超过五十千克，任何一边的尺寸不超过一百五十厘米，长、宽、高合计不超过三百厘米。

平常邮件，是指邮政企业在收寄时不出具收据，投递时不要求收件人签收的邮件。

给据邮件，是指邮政企业在收寄时向寄件人出具收据，投递时由收件人签收的邮件。

邮政设施，是指用于提供邮政服务的邮政营业场所、邮件处理场所、邮筒（箱）、邮政报刊亭、信报箱等。

邮件处理场所，是指邮政企业专门用于邮件分拣、封发、储存、交换、转运、投递等活动的场所。

国际邮递物品，是指中华人民共和国境内的用户与其他国家或者地区的用户相互寄递的包裹和印刷品等。

邮政专用品，是指邮政日戳、邮资机、邮政业务单据、邮政夹钳、邮袋和其他邮件专用容器。

资料来源：中华人民共和国国家邮政局，http://www.chinapost.gov.cn。

2015 年 10 月 23 日，国务院印发了《关于促进快递业发展的若干意见》（以下简称《意见》）。《意见》确立了促进快递业发展的基本路径：坚持市场主导、安全为基、创新驱动、协同发展的基本原则，以解决制约快递业发展的突出问题为导向，以"互联网＋"快递为发展方向，培育壮大市场主体，融入并衔接综合交通体系，扩展服务网络惠及范围，保障寄递渠道安全，促进行业转型升级和提质增效。《意见》绘就了快递业到 2020 年的发展蓝图：快递年业务量、业务收入分别达到 500 亿件、8 000 亿元，快递市场规模稳居世界首位，基本实现乡乡有网点、村村通快递；快递企业自主航空运输能力大幅提升，建设一批辐射国内外的航空快递货运枢纽，积极引导培育形成具有国际竞争力的大型骨干快递企业；寄递服务产品体系更加丰富，国内重点城市间实现 48 小时寄递，国际快递服务通达更广、速度更快，服务满意度稳步提高；年均新增就业岗位约 20 万个，全年支撑网络零售交易额突破 10 万亿元，日均服务用户 2.7 亿人次以上，有效降低商品流通交易成本。

城市对货运车辆等方面的限制与限行，也会对城市物流配送供给产生较大的影响。

4.2　城市物流配送供给基础设施

一次完整的城市物流配送过程是由许多运动过程（运输）和相对停顿过程（搬运、分拣等）组成的。城市物流配送过程便是由这种多次的"运动—停顿—运动—停顿"所组成。与这种运动形式相呼应，城市物流配送供给基础设施也是由承担运动使命的线路和承担停顿使命的节点这两种基本元素组成，主要包括物流配送通道和物流配送节点，其相关关系及结构如图 4 - 1 所示。

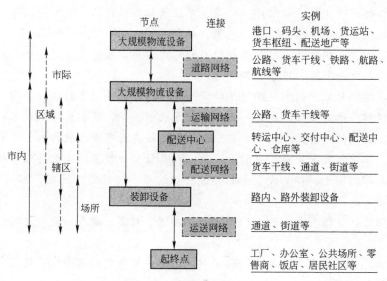

图 4 - 1　物流基础设施网络

基础设施不仅包括硬件设施，如运输线路网和物流设施，还包括软件方面，如交通管理和控制，本章侧重介绍前者。运输线路网涉及线路、交通运输、配送运输网络连接类型。物流设施包括大规模物流设施、各类物流配送节点、配送中心、装卸设备等。

4.2.1　城市物流配送节点

城市物流配送节点是组织各种城市物流配送活动和提供城市物流配送服务的重要场所。从发展来看，它不仅承担一般的城市物流配送职能，而且越来越多地承担指挥调度、信息传递等神经中枢的职能。在城市物流配送发展中，城市物流配送节点已经形成了若干种类型，它们在整个城市物流配送网络系统中往往发挥着不同的功能作用。

4.2.1.1　城市物流配送节点的类型

物流节点是指物流网络中连接物流线路的结节之处。广义的物流节点是指所有进行物资中转、集散和储运的节点，包括港口、空港、火车货运站、公路枢纽、大型公共仓库及现代物流（配送）中心、物流园区等。狭义的物流节点仅指现代物流意义的物流园区、物流（配送）中心和配送网点。在这里，我们主要指位于城市周边及内部的货运站场、物流园区、配送中心、托运中心、车辆装配点等。

1. 城市货运站场

城市货运站场，在货物运输过程中进行货物集结、暂存、装卸搬运、信息处理、车辆检修等活动的场所，其主要包括对外货运枢纽、综合中转货运站场、市区货运装卸点等。其中对外货运枢纽是综合多种运输方式的转运枢纽，通过对外货运枢纽的转运可以大大提高运输效率，降低运输成本，减少进入市区的车辆。

城市货运站场主要有六大功能：

① 运输组织功能；

② 中转换装功能；

③ 装卸储存功能；

④ 多式联运和运输代理功能；

⑤ 通信信息功能；

⑥ 综合服务功能。

城市货运站场按照运输方式划分，可分为公路货运站、铁路货运站、空运货运站。按货运站的功能划分，可分为以下 3 类。

(1) 集装箱货运站，是拼箱货物拆箱、装箱，办理交接的场所。

(2) 配载中心，是为空车和轻载车寻找合适货物的场所。

(3) 零担货运站，是经营零担货物运输的服务单位和零担货物的集散场所。

这些货运站场虽然形式规模上差别很大，但其核心业务都是运输和组织。图 4-2 为某城市货运站场。

图 4-2 某城市货运站场

小贴士

远 程 货 站

远程货站又称"异地城市货运站"，类似于异地城市候机楼对旅客提供的远程值机服务。远程货站是物流服务设施向机场周边地区的延伸。它通过陆空联运实现了异地货邮和区域枢纽空港机场之间的无缝对接，不仅方便了货主，而且还提高了速度，为机场带来更多收益。社会货运代理、厂家、货主将货物交给"异地城市货运站"就是提前交给了所属机场，因此远程货站（异地城市货运站）也有"无跑道机场"的称号。

2. 城市转运中心

城市转运中心专门承担货物在卡车与卡车、卡车与火车、火车与轮船、卡车与飞机、轮船与火车等不同运输方式间的转运任务的物流中心，多分布在综合运输网络的节点处、枢纽站等地域。它为通过火车、轮船、飞机等运输方式运往城市的货物提供换装的场所，是实现不同运输方式或同种运输方式联合（接力）运输的物流设施。其设立的目的是加快城市之间货物运输的速度，为城市物流配送速度的提高提供坚实基础。

城市转运中心的主要功能有：

① 货物中转，不同运输设备间货物装卸中转；

② 货物集散与配载，集零为整、化整为零，针对不同目地进行配载作业；

③ 货物仓储及其他服务等。

小案例

天津港"汽运煤炭"历史终结

2017 年 4 月 30 日 24 时起，天津港码头全面停止接收公路散运煤炭、焦炭。与之配套的，作为过去煤炭散货驿站，有着 12 平方千米面积的天津港散货物流中心也正式"下岗"了。

2017 年 2 月 17 日，环境保护部、国家发展改革委、财政部、国家能源局和北京、天津、河北、山西、山东、河南等省市人民政府联合印发《京津冀及周边地区 2017 年大气污染防治工作方案》（环大气〔2017〕29 号）明确，要大幅提升区域内铁路货运比例，加快推进港铁联运煤炭。充分利用张唐等铁路运力，大幅降低柴油车辆长途运输煤炭造成的大气污染。7 月底前，天津港不再接收柴油货车运输的集港煤炭。9 月底前，天津、河北及环渤海所有集疏港煤炭主要由铁路运输，禁止环渤海港口接收柴油货车运输的集疏港煤炭。4 月 13 日，天津市政府印发《天津市人民政府关于印发天津市 2017 年大气污染防治工作方案的通知》（津政发〔2017〕14 号），提出"4 月底前，天津港不再接收柴油货车运输的集港煤炭"的明确要求。

3. 城市物流园区

关于物流园区，目前主要有两种理解。

（1）物流园区是一个大型配送中心或多个配送中心的集聚地，它一般以仓储、运输、流通加工等场所为主，同时还包括一定的与之配套的信息、咨询、维修、综合服务等设施。

（2）物流园区是指由分布相对集中的多个物流组织设施和不同的专业化物流企业构成的城市物流功能区；同时也是依托相关物流服务设施进行经济活动的具有产业发展性质的经济功能区。

图 4-3 为某城市依托港口建立的物流园区。

现代物流园区主要具有两大功能，即物流组织管理功能和依托物流服务的经济开发功能。

城市物流园区按照不同的分类标准，具

图 4-3　某城市依托港口建立的物流园区

体类型见表 4-1，其属性和定位各有不同。

表 4-1 城市物流园区的类型

	规模	流通货物能力		结构功能	地理位置
城市配送中心	规模最小	专业性很强，为针对性的特定用户服务	辐射范围小，配送货物多品种、小批量、高频率、多批次，供应商多	功能较为单一，以配送功能为主，存储功能为辅	城市中心或近郊
城市物流中心	规模次之	某个领域综合性、专业性较强，面向社会提供公共物流服务	辐射范围大，配送货物少品种、大批量	功能健全，具有一定的存储能力和调节功能	近郊或远郊
城市物流基地	巨型物流设施、规模最大	综合性较强、专业性较弱，各类物流企业集结地	辐射范围大，配送货物多品种、多批量	功能全面，存储能力大，调节功能强	远郊

城市物流节点规模的确定，要结合当地的经济发展与物流配送需求情况，以达到城市物流节点能够促进城市经济发展的目的。

小资料

有序疏解

根据《北京市国民经济和社会发展第十三个五年规划纲要》有序退出区域性物流基地、区域性专业市场等部分第三产业。引导和推动区域性农副产品、基础原材料等大宗商品的仓储物流功能外迁。积极推进服装、小商品、建材等区域性批发市场加快向周边有较好集聚基础的地区集中疏解。2020 年全市区域性批发市场调整疏解和业态升级取得明显成效，逐步实现关系城市运行和保障民生的蔬菜、粮油等农副产品批发市场经营方式转变和业态升级。

4. 城市物流中心

《物流术语》（GB/T 18354—2006）将物流中心定义为，从事物流活动且具有完善信息网络的场所或组织。应基本符合以下要求：

① 主要面向社会提供公共物流服务；

② 物流功能健全；

③ 集聚辐射范围大；

④ 存储、吞吐能力强；

⑤ 对下游配送中心客户提供物流服务。

按照物流服务地域范围的大小，物流中心可以分为城市物流中心、区域物流中心和国际物流中心三类。现代物流中心是能将航空、公路、铁路和水运码头等多种运输方式集约在一起的综合物流中心。

城市物流中心的作用有：

① 物流生产力的高度集约；

② 将铁路和公路，甚至航空运输等不同运输方式有效地衔接起来，实现不同节点、不

图 4-4　某城市物流中心

同用户的有效衔接；

③ 对联合运输起着支撑和扩展作用；

④ 提高物流水平，实现综合经济效益和社会效益；

⑤ 以大规模、集约化的作业方式，减少尾气、噪声和货物对环境的污染；

⑥ 降低物流成本，减少企业的物流负担，提高社会劳动生产率和企业资金利用率，促进城市发展。

图 4-4 为某城市物流中心。

5. 城市配送中心

《物流术语》（GB/T 18354—2006）中对配送中心的定义是，从事配送业务且具有完善信息网络的场所或组织。应基本符合下列要求：

① 主要为特定客户或末端客户服务；

② 配送功能健全；

③ 辐射范围小；

④ 提供高效率、小批量、多批次配送服务。

理解配送中心的含义时应注意以下几点。

（1）配送中心按照生产企业的要求，组织货物定时、定点、定量地送抵用户。由于送货方式较多，有的由配送中心自行承担，有的利用社会运输力量完成，有的由用户自提，因此就送货而言，配送中心是组织者而不是承担者。

（2）配送中心是配送活动和销售供应等经营活动的结合，配送成为经营的一种手段，因此，配送中心的运作并非单纯的物流活动。

（3）配送中心是"现代流通设施"，与以前的流通设施如商场、贸易中心、仓库等不同，这种流通设施以现代装备和工艺为基础，不但处理商流，而且处理物流、信息流，集商流、物流、信息流于一身。

总之，配送中心是指接受并处理末端用户的订货信息，对上游运来的多品种货物进行分拣，根据用户订货要求进行拣选、加工、组配等作业，并进行送货的设施和机构。其主要功能有采购、存储保管、配组、分拣、分装、集散、流通加工、送货、物流信息汇总及传递、衔接、服务等。

它不仅可以实现城市物流整合，还可以为企业间自愿合作、开展共同配送提供基础。图 4-5 为某城市配送中心。

配送中心按照不同标准划分有不同类型。

图 4-5　某城市配送中心

1) 按服务范围划分

(1) 专业配送中心。专业配送中心大体上有两个含义：一是配送对象、配送技术，属于某一专业范畴，在某一专业范畴有一定的综合性，综合这一专业的多种物资进行配送，例如，多数制造业的销售配送中心；二是以配送为专业化职能，基本不从事经营的服务型配送中心。

(2) 柔性配送中心。这种配送中心不向固定化、专业化方向发展，而向能随时变化，对用户要求有很强适应性，不固定供需关系，不断向发展配送用户和改变配送用户的方向发展，如德国邮政所属的配送中心。

2) 按职能划分

(1) 供应配送中心。专门为某个或某些用户（如联营商店、联合公司）组织供应的配送中心。例如，为大型连锁超级市场组织供应的配送中心；代替零件加工厂送货的零件配送中心，使零件加工厂对装配厂的供应合理化。

(2) 销售配送中心。以销售经营为目的，以配送为手段的配送中心。销售配送中心大体有三种类型：一是生产企业为本身产品直接销售给消费者的配送中心；二是流通企业作为本身经营的一种方式，建立配送中心以扩大销售；三是流通企业和生产企业联合的协作性配送中心。

3) 按物流功能划分

(1) 储存型配送中心。一般来讲，在买方市场下，企业成品销售需要有较大库存支持，其配送中心可能有较强储存功能；在卖方市场下，企业原材料，零部件供应需要有较大库存支持，这种供应配送中心也有较强的储存功能。大范围配送的配送中心，需要有较大库存，也可能是储存型配送中心。

(2) 流通型配送中心。基本上没有长期储存功能，仅以暂存或随进随出方式进行配货、送货的配送中心。其典型方式是，大量货物整进并按一定批量零出，采用大型分货机，进货时直接进入分货机传送带，分送到各用户货位或直接分送到配送汽车上，货物在配送中心里仅短暂停滞。

(3) 加工配送中心。许多产品都需要配送中心的加工职能，如煤炭、钢材、玻璃、农产品等。

小资料

《北京市"十三五"时期物流业发展规划》功能布局

立足京津冀协同发展的大视角，围绕服务首都城市战略定位，在有序疏解非首都功能、加快推动京津冀物流一体化、打通承接津冀企业多式联运物流通道的同时，引导物流设施优化布局调整，着力打造"物流基地＋物流配送中心＋末端配送网点"的城市物流节点网络，形成功能完备、分工明确、布局合理的多层次物流网络体系。

（一）物流基地

继续发挥物流基地对城市物流系统的重大基础性作用，强化物流基地对城市运行的服务保障功能。完善和提升四大物流基地配套设施建设，依托空港、内陆港、铁路枢纽、公路枢纽以及保税政策功能区等不同区位的交通优势和定位，差别化提升完善物流基地功能。重点发展基于铁路和公路的生活必需品物资供应物流、基于航空的快递物流、基于内陆口岸及空港口岸的跨境物流等服务功能，对接和保障首都城市运行发展需要。

（二）物流配送中心

发挥物流配送中心在物流系统集约高效运转中的关键环节作用，合理优化物流配送中心布局。现有的物流配送中心，属于生活必需品配送保障的，升级完善服务功能，提高规范化和集约化水平；位于城市中心城区的，有序引导向外转移；逐步调整退出城市副中心低端物流业；对于不符合首都城市定位的区域性批发市场、区域性物流配送中心，逐步向津冀地区疏解。鼓励公路、铁路货运场站提升物流配送服务功能，并在航空、铁路、公路等环京交通干线枢纽建设功能完善的新型综合化城市物流配送中心。

（三）末端配送网点

发展支撑商业活动和市民生活的末端物流，优化末端网点布局，增强城市配送服务能力。加快推动现有物流服务设施的整合利用，鼓励建设集零售、配送和便民服务等多功能于一体的末端配送网点。在城市社区和村镇布局建设共同配送网点，鼓励商贸企业在末端配送领域开展横向合作。

6. 城市中央分拣中心

城市中央分拣中心往往是某些企业为在某座城市开拓自己的业务及自身运作而建立的。它的主要功能是在此处将企业运往该城市范围内的货物进行集中调度分配，并在此处将该城市内部运往其他城市的货物进行分类，如中国邮政及其他有实力的快递企业（如顺丰、申通等），会在每个省选择一个城市作为该省的中央分拣中心，而在每个城市又会设立一处城市中央分拣中心，在此实现发往不同目的地货物的分拣。图4-6为某城市中央分拣中心。

7. 城市物流配送装配点

城市物流配送装配点的概念，是基于城市货运车辆在拥挤城市交通环境内进行装卸的背景下提出来的。在市区内根据不同区域的货运停车需求，应规划不同的设施，供货运车辆停放和货物集配时的装卸作业。例如，规划路边停车、路外停车、专业货车停车设施，在市中心主要的货物集散点规划货物装卸点等。图4-7为日本货运车辆停靠情况。

图4-6　某城市中央分拣中心　　　　　　图4-7　日本货车停靠情况

小资料

在蒂尔堡市中心配送所需的时间

大部分配送运输的路程相当短。在蒂尔堡（Tilburg），超过一半路途（56%）在市中心的停留时间少于 15 分钟，21% 的停留时间超过 60 分钟（见表 4-2）。

表 4-2　在蒂尔堡市中心使用卡车配送停留时间分布列表

停留时间区间/分钟	卡车/辆	所占比例/%	停留时间区间/分钟	卡车/辆	所占比例/%
1～5	143	33	31～45	25	6
6～10	58	13	46～60	20	5
11～15	45	10	61～90	23	5
16～20	22	5	91～120	18	4
21～25	17	4	121～600	51	12
26～30	14	3	总计	436	100

资料来源：http://www.bestufs.net/download/BESTUFS_II/key_issuesII/BESTUF_Quantification_of_effects.

小资料

停车装卸区的形式

为了实现在路边停车进行装卸作业且尽可能少地占用道路资源，意大利的博洛尼亚市对单一商用货车装卸区（single commercial vehicle loading and unloading zones, SCVLUZ）的最小规格进行研究，要求能够容纳一辆小卡车停放、允许正常操作、平稳停车及装卸作业。此外，为了装卸作业能够在一辆车的三面都能顺利进行，还考虑了货物的额外空间、装卸设备和装卸操作员的操作。最终确定了长 7.0 m、宽 2.5 m 的停车区域。图 4-8 展示的是 SCVLUZ 的三种类型（水平、30°或垂直）。

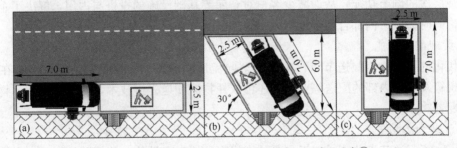

图 4-8　停车装卸区的三种形式：水平、30°、垂直①

4.2.1.2　城市物流配送节点的功能

在城市物流配送需求不变的背景下，城市物流配送节点不仅能提高城市物流配送的效率，还可以带来良好的经济和环境效益，如表 4-3 所示。

---

① DEZI G GIULIO DONDI G, SANGIORGIC. Urban freight transport in Bologna：planning commercial vehicle loading/unloading zones [A]. Procedia Social and Behavioral Sciences 2 [C]. 2010：5990-6001.

表 4 - 3　城市物流配送节点带来的经济和环境影响

经济的角度	环境和生活质量的角度
（1）提高进入市区货车的装载率，减少最终配送阶段的单位运输成本 （2）由于高效、集中配送的应用，提高了城市物流配送的效率，在城市需求量不变的前提下，相对减少一个地区的配送者数量 （3）减少区域配送司机到达配送点和取货点的驾驶时间 （4）合理布局的城市物流配送节点将会节省节点服务范围内的配送时间、配送成本 （5）基于先进技术的节点，可以减少补充库存的时间，降低仓储成本 （6）将原来在零售店内完成的拆包装、贴标、废物处理、退货等业务转移到节点完成	（1）由于合理的调度，减少不适用的货运车辆乃至城市中运营车辆的总数 （2）基于先进技术的节点，提高货运车辆的装载系数、减少城市配送车辆的空载率，从而减少车辆行驶和运输距离 （3）减少配送过程中的燃油消耗和废弃物、噪声的排放 （4）为城市最后一站配送提供运用环境友好型车辆的机会 （5）城市配送节点对城市配送车辆合理的调度，使得该地区交通对行人更加方便

值得注意的是，城市物流配送节点潜在的好处必须同其各方面成本相比较，其中包括：
① 城市物流配送节点持有的资本及其运营成本；
② 供应链中附加的处理阶段；
③ 与其他共同处理货物时伴随的安全、责任和客户服务问题。
城市物流配送节点通过以下功能在城市物流系统中发挥作用。

1. 节点服务功能

城市物流配送节点的服务功能几乎涵盖了除了运输以外的所有物流配送作业流程及相关职能。

1）仓储功能

作为城市物流配送系统的节点，其最传统最基本的功能就是仓储功能。该功能主要体现在城市物流配送节点与企业建立配送联盟合作关系，或为企业提供集中存储、集中调度等相应的宏观层次的调节功能，从而减少客户对仓库等基础设施的投资与占用，解决了企业的仓储投入，同时为城市内部合理用地提供了支持。

2）装卸配送功能

现代化的城市物流配送节点已由保管型向流通、加工型转变，它不仅仅停留在仓储保管、拆拼箱及城市内部的配送等业务，还可依托物流配送先进技术，实现城市内部物流资源的有效配置。

3）流通加工功能

城市物流配送节点的流通加工主要是指将产品加工末端的一些简单的加工工序从生产领域转移到物流配送过程，如运输销售包装的加工、商品贴标、商品的组装等，在配送节点完成上述工序不仅有助于提高产品附加值，还有助于降低商品的物流配送成本。

4）运力调节功能

基于先进信息技术的城市物流配送节点，可以更加高效地协调城市物流配送的车辆、选择更优的城市物流配送通道及更加合适的城市物流配送装载方案等，为整个城市物流配送成本的降低提供支撑。

5）延伸服务功能

（1）货物调剂服务。利用城市配送节点的资源优势，有效处理城市库存物资。

（2）物流、配送软件开发。吸引物流高科技企业，利用大型物流配送节点、物流配送企业人才资源密集的优势，进行物流、配送方面的软件开发与咨询业务。

（3）城市配送业务咨询培训服务。吸引物流、配送咨询企业，利用高校、企业、政府等多方优势，积极开展城市物流配送人才培训业务。

（4）节点公共服务系统。大型城市物流配送节点是一种多企业的汇聚交流点，在城市物流配送作业上，各企业既有独立的作业流程，也有活动关系的交叉，同时大型的城市物流配送节点还是一个集末端生产、生活、商务、娱乐、金融服务等多种功能的"物流社区"。因此，节点需要有必要的公共服务设施，如加油站、银行、酒店等。

（5）其他增值服务。包括通关、保税、法律、结算、需求预测等服务。

2. 系统服务功能

1）衔接功能

城市物流配送节点是城市与城市之间、城市内部的各物流通道交汇的枢纽。物流结点的衔接作用可以通过多种方法实现，主要有：第一，通过转换运输方式衔接不同运输手段；第二，通过加工，衔接干线物流及支线配送物流；第三，通过储存衔接不同时间的供应物流和需求物流；第四，通过集装箱、托盘等集装处理衔接整个"门到门"运输，使之成为一体。

城市物流配送节点可以通过利用各种先进的物流技术、管理方法，有效地将完全不同类型的运输方式衔接起来，实现货物的转运，将中断转化为通畅，为货物在城市中的配送提供支撑。例如，大批量货物通过海运运往目的城市，轮船的大量输送线和短途汽车的小量输送线，两者输送形态、输送装备都不相同，再加上运量的巨大差异，所以需要大型物流节点的转换，使两者贯通。图 4-9 为大型运输车。

图 4-9 大型运输车

城市物流配送节点在城市内部的衔接功能，主要体现在城市货物的集中配送等方面。城市物流节点的分拣、组配等作业的合理性及时效性，将会直接影响城市物流配送的效率。

2）信息功能

城市物流配送节点是城市物流配送系统或与节点相接物流系统的信息传递、收集、处理、发送的集中地。在非常注重物流与信息流相结合的城市物流配送系统中，每一个城市物流配送节点都是物流配送信息的节点，而这些信息节点的相互连接便构成了城市物流配送系统的信息网络。因此，城市物流配送节点的信息功能是复杂物流诸单元能联结成有机整体的重要保证，也是城市物流配送系统可以高效并时效的运作的基础。

3. 辐射带动功能

物流节点设施不仅有助于优化整个物流系统，还对区域经济社会发展具有重要的推动和调节作用。

1）产业集聚功能

大型的城市物流配送节点能够将众多企业聚集在一起，发挥配送节点的规模优势，同时，有助于实现企业之间优势互补，提高配送节点的服务及社会竞争能力。另外，在大型的节点内部，某些基础设施及配套服务是多企业共享的，这样的运作模式有助于降低企业的运营成本，获得规模效益。

总之，城市物流配送节点集约互补式的运作模式，在带动城市相关产业发展和促进城市经济发展、提高市民生活水平等方面发挥了重要作用。

2）经济开发功能

（1）合理的城市物流配送节点的建设将改善城市物流配送环境和带动城市物流配送相关产业的发展，而城市物流配送相关产业的发展又刺激了城市物流配送系统的发展，从而共同促进城市经济的发展。

（2）在建设公共型城市物流配送节点时，需要大量基础设施的投入，而大型基础设施的建立往往需要大额资金的投入，这也可从侧面对城市经济产生一定的带动作用。

4.2.2　城市物流配送通道

若城市物流配送节点在整个城市物流配送系统中起到"中枢神经"的作用，那么城市物流配送通道则是将外界刺激传递给"中枢神经"的通道，即城市物流配送企业通过城市物流配送通道将消费者的实际需求"传递"到消费者手中，以实现货畅其流的目的。因此，在整个城市物流配送系统中，配送通道的作用不容忽视。

4.2.2.1　城市物流配送通道的概念

城市物流配送通道是指满足城市货物流动，以城市物流配送活动为依托，发挥短距离交通运输体系功能，连接城市物流配送节点之间的货物通道，其作用是保证城市物流配送各节点之间的各项物流配送业务顺利实施，达到货畅其流的目的。

城市物流配送通道往往包括三个层面：一是物理通道，包括由航空、铁路、公路、水运和管道线路组成的系统；二是服务通道，包括有航班、车次、班列、班轮组成的系统，它是完成物流服务的实物载体；三是信息通道，通过数据库、互联网及卫星通信等技术，掌握与通道中各物流活动的相关信息，为物流活动的管理与决策提供支持。

城市物流配送通道的建设相应地包括两个方面。一是总配送中心与经济辐射区域及其他城市配送节点之间的中长途配送通道。中长途配送通道应主要立足于中心城市与区域内其他城市之间的综合运输网络干线，因此，应当注意区域内综合运输网络规划和建设的协调统一。二是总配送中心与各城区配送中心及各城区配送中心向终端客户配送的短途配送通道。短途配送通道主要依托城市干道，其实质是配送车辆的通行权和停车权的分配和保障问题。

4.2.2.2　城市物流配送通道的功能

城市物流配送通道是城市物流网络的主骨架，城市物流通道系统为各类用户提供各种服务。城市物流配送通道的功能如表4-4所示。

表 4-4 城市物流配送通道功能表

运输功能	物流配送运输功能
	日常出行
	救援作业、紧急疏散、避难道路
服务功能	带动通道沿线土地、资源等开发
	带动城市功能结构发展
	拉动需求、活跃市场
信息功能	为城市物流配送活动提供信息传递
	为物流活动、管理与决策提供支持
公共空间功能	提供综合交通体系的空间
	提供公共设施管道走廊

1）运输功能

首先物流配送通道以提供物流配送运输功能为主，为各城市物流配送节点之间提供通畅的货物运输联系；其次作为城市道路，为市民的日常出行及城市应急救援管理提供服务通道。因此，它的规划、布局不仅对城市物流基础设施的形式和功能发挥起着决定性的作用，也对城市的发展、城市应急工作的顺利进行等方面起到重要影响。

2）服务功能

（1）带动通道沿线土地、资源等开发功能是指物流运输主体向通道两侧各处用地寻求车辆暂时使用的功能，如在路上临时停车、装卸货物等。

（2）带动城市功能结构发展是指发展城市结构的骨架，协助城市功能定位。城市物流配送通道系统的规划取决于城市规模、结构及城市功能、土地利用的布置等，并且反过来影响着城市结构的调整。

（3）拉动需求、活跃市场是指城市物流配送通道的利用会带动通道沿线的配送需求，进而拉动城市物流配送的需求，最终拉动与城市物流配送相关市场的发展。

3）信息功能

城市物流配送通道作为城市物流配送系统信息传递的通道，不仅可以提供信息传递的功能，还能为物流活动、管理与决策提供支持。

4.2.2.3 城市物流配送通道的类型[①]

城市配送通道往往由一条或一条以上的城市道路组成，因而城市物流配送通道的功能往往由城市道路的功能所决定。从运输功能的角度对城市道路进行分类，结果如表 4-5 所示。

表 4-5 城市物流配送通道功能分类

通道名称	城市物流通道系统中的功能	设计速度/(km/h)	物流通道级别
快速货物通道	连接物流园区之间，物流中心之间，物流园区与物流中心之间及城市货运站场与大型物流节点之间等	≥60	I

---

① 陈菊. 城市物流通道系统布局优化理论与方法研究 [D]. 成都：西南交通大学，2007.

续表

通道名称	城市物流通道系统中的功能	设计速度/ （km/h）	物流通道级别
快速配送通道	连接物流园区、物流中心等大型节点与城市小型物流配送节点	≥60	Ⅱ
一般配送通道	连接快速配送通道与小型节点，小型节点与用户，用户与用户等	≥30	Ⅲ
特殊配送通道	专为在城市内部运输特殊货物而设立的运输通道	≥60	Ⅰ
疏散物流通道	专为城市过境车辆而设立的	≥40	Ⅰ

注：物流通道级别，第Ⅰ类，指连接城市重要的大型物流配送节点之间的物流配送通道；第Ⅱ类，指连接城市重要大型物流节点与城市中小型物流配送节点之间的物流配送通道；第Ⅲ类，指连接城市中小型物流配送节点之间，以及城市中小型物流节点与最终用户之间的物流配送通道。

将上述通道按照货物配送过程流经的节点顺序，可分为不同的结构方式。

1）串联结构

串联结构（见图 4-10）是指货物从出发地到目的地要经过多种功能类型通道，其在城市物流通道系统内属于相互依存、相互合作的关系。因此，这种结构的建立运行需要不同层次城市物流配送之间良好的交流以实现较好的合作关系。

图 4-10　城市物流配送通道串联结构

2）并联结构

并联结构（见图 4-11）中各种类型道路在物流通道内属于相互竞争的关系，任何一种类型物流通道均可单独完成运输任务。因此，并联式结构较串联式的配送结构更易推动城市物流配送系统的发展。

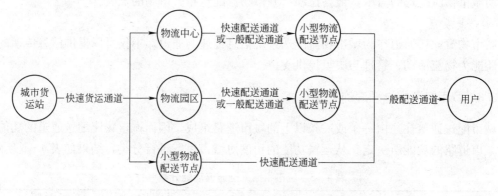

图 4-11　城市物流配送通道并联结构

3）串并联结构

串并联结构（见图 4-12），此类物流通道实际中并不是单纯的串联或并联结构，而是两者的混合，即各种通道之间既相互竞争，又相互合作。这种方式在目前城市物流配送业务中应用最普遍，不同层次间的配送节点可以良好地交流，同时竞争又能刺激城市物流配送系统发展。

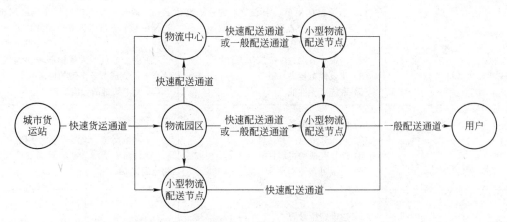

图4-12　城市物流配送通道串并联结构

综上所述，各种结构类型的优缺点如表4-6所示。

表4-6　城市物流配送通道各种结构类型的优缺点

结构	优　　点	缺　　点
串联	由于货物沿通道逐级被分配到相应的城市物流配送节点直至配送到最终用户，因此，货物会沿着相对有效的通道流动，降低城市配送路径选择的难度，提高有效配载率	配送灵活性低，货物只能遵循规定的通道逐级被送到最终用户手中，耗费大量时间，成本较高，且配送速度较慢。同一层次的配送节点之间缺乏交流
并联	灵活性较高，货物以城市货运站为起点，可以选择多条通道到达最终用户手中，提高了城市配送通道的利用率和配送效率，降低了配送成本	同一层次的配送节点之间缺乏交流，增大配送通道的选择难度
串并联	结合了串联与并联的优点，具有更好的灵活性、更高的配送通道利用率和配送效率及消耗更少的配送成本，且同一层次及不同层次之间的配送节点有较好的交流	城市物流配送企业需要在起点为整个配送流程做好流经通道的选择，因此，配送路径的决策难度较大

4.2.2.4　城市物流配送通道的空间形态结构[①]

1. 城市物流配送通道基本布局模式

城市物流配送通道的布局模式是为了物流节点之间的有效连通，实现城市物流配送节点在城市内部的合理布局。由于城市物流配送的通道系统需依托于城市内部交通网络布局的结构模式进行，因此，借鉴国内城市交通网络布局的发展模式，城市物流配送通道系统的基本布局模式概括为如表4-7所示的拓扑类型结构。

---

① 陈菊. 城市物流通道系统布局优化理论与方法研究［D］. 成都：西南交通大学，2007.

表4-7　城市物流配送通道的基本布局模式

拓扑类型示意图	经济及交通特性	应用范围
星形	(1) 通道结构简单，中心节点的聚集性好，便于在中心节点进行集中管理 (2) 中心节点服务功能完善 (3) 以中心节点为中心层次特性好 (4) 建设成本较高 (5) 系统可靠性低	(1) 适合于具有辐射型布局的城市，连接中心节点与周边节点间的物流通道系统 (2) 多个节点的大规模服务要素集中一点才能完成服务供需的地区 (3) 海港腹地的物流通道
环形	(1) 配送通道路径选择简单 (2) 两相邻节点间直达性好 (3) 连续交通的可靠性好 (4) 系统可靠性不高	(1) 境域环线 (2) 环城高速、道路等物流通道 (3) 沙漠、沼泽、湖泊等周围节点的物流通道
树形	(1) 建设费用最省 (2) 易于与新建节点相连接 (3) 较环形通道，连接各节点的总里程少 (4) 系统可靠性较低	(1) 适用于中小型城市，运输量较小，全部节点贯通一体 (2) 物流需求量稀少及物流节点很小的物流通道系统
棘轮形	(1) 配送通道路径选择相对简单 (2) 直达性、可靠性、兼容性好 (3) 环周围的节点对环有极好的泄压作用，能使聚集力均化	(1) 适合城市布局依地形而建的城市 (2) 湖泊、海湾周围物流节点的物流通道系统 (3) 沙漠深处绿洲
方格形	(1) 建设费用和运输费用介于网状形和环形之间 (2) 直达性和可靠性介于网状形和树形之间	(1) 适合于城市布局为方格形的城市 (2) 多湖区物流通道系统 (3) 岛屿物流通道 (4) 沙漠物流通道系统
网状形	(1) 系统可靠性最高 (2) 各节点的运距最短 (3) 建设成本最高，几乎每个节点之间都需要建有通道 (4) 运输费用最高 (5) 连续运输的可靠性最好	(1) 适合于大型城市，物流需求密度高、各节点间物流量大的物流通道系统 (2) 大规模物流节点间的物流通道系统

2. 城市物流通道布局的应用

城市物流通道的布局需要考虑城市的交通网络结构、城市宏观形态等问题，不同的城市形态相应有自己的物流通道布局形式。

1）星形结构

星形结构的城市物流配送通道布局模式，适用于具有辐射型布局结构的城市，连接中心节点与周边节点间的物流通道系统。例如，辐射型中的星座状城市，这种城市布局形式因受自然条件、资源情况、建设条件和城镇现状等因素影响，在一定地区范围内，若干个城镇围绕一个中心城市呈星座状分布。在星座分布中，中心城市往往具有较好的经济基础、优越的交通条件及丰富的自然资源等条件，其发展将带动该区域范围的周边小城镇工农业、交通运输及其他事业的发展。它们既是一个整体，又有分工协作，有利于人口和生产力的均衡分布。特大型城市如上海正是这种城市布局形式。

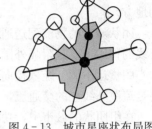

星座状布局（图4-13）的城市，其城市物流配送通道也主要分为两类：第一类是中心城市内部、卫星城市内部的城市物流通道，一般由少数快速配送通道及多数一般配送通道构成；第二类是中心城市与卫星城市直接的城市物流配送通道，往往由快速货物通道与快速配送通道构成。

另外，在人口相对稀少、地形特殊，但存在一定规模的商品、蔬菜等生产基地、大型物流节点及具有大量丰富资源的地区

图4-13　城市星座状布局图

（如新疆等西部地区城市及部分海港腹地），在保证通道建设有益城市发展且保证有效运输的情况下，也可以采用星形结构。

总之，该种布局模式的特点是中心节点服务功能完善、聚集性好，便于在中心节点进行集中管理，常见于核心配送节点与其他次要配送节点之间、城市物流中心与相配套的物流站点之间的连接情形中。

小案例

《上海市现代物流业发展"十三五"规划》构筑协调互联空间格局

依托海空港枢纽、陆路交通门户，结合上海制造业和服务业布局，加强与全市交通组织和城市空间的协调衔接，打造由五大重点物流园区（外高桥、深水港、浦东空港、西北、西南）、四类专业物流基地（制造业、农产品、快递、公路货运）为核心架构的"5+4"空间布局，进一步完善三级城市配送网络和重点区域物流配套服务，形成东西联动、辐射内外、层级合理、有机衔接的物流业协调互联空间新格局。

小案例

《新疆维吾尔自治区物流业"十三五"发展规划》空间布局

（1）节点布局。确定以乌鲁木齐市为核心节点；喀什市、伊宁市—霍尔果斯市、库尔勒市、哈密市为一级节点；克拉玛依市、奎屯市—独山子区—乌苏市、博乐市—阿拉山口市—精河县、石河子市、阿勒泰市—北屯市、塔城市、阿克苏市、和田市、准东经济技术开发区和若羌县为二级节点；重点县（市）为三级节点，构建物流网络体系。

（2）通道布局。主要是通过东西向三条出疆国际通道构成内联各主要节点城市、外通国内与国际的三大物流通廊，并以南北向省内联系通道串联起南北疆的物流节点城市，与三条东西向通道交织形成全疆物流通道网络体系。

资料来源：新疆维吾尔自治区物流业"十三五"发展规划.

2）环形结构

环形结构的城市物流配送通道布局模式，适用于结构布局为环形结构的城市，如团状及组团状城市。由于地理、地形等优势，其往往具有优越的交通条件，而城市的发展又会沿着城市交通轴线向外辐射发展，轴线上的交通发展带动沿线地区的发展，使得轴线之间的空白区域不断出现建筑设施、工商业基地等，所以团状城市结构的城市往往形成于自然条件优越的地方。

团状城市的物流配送通道多采用环线和经线两种。环线通道主要分为内环线和外环线。环线的作用主要是阻隔外围交通与中心区交通，将市中心的交通引导出去，即减少穿越城市中心的货运车辆、疏散径向配送通道上的交通流及提供过境服务等。经线物流通道的作用主要是疏散环线上的交通流，以满足城市物流配送的门到门服务的需求。

在组团状的城市中，功能和性质相近的部门相对集中，分块布置，每块都布置有居民区和生活服务设施，如商业服务区。

组团状城市（图4-14）的物流通道可分为两部分：第一部分是指每一组团内部的物流配送通道；第二部分是组团之间的物流配送通道。组团内部的物流通道往往由少数快速配送通道及多数一般配送通道构成，而组团之间的物流通道往往由快速货物通道与快速配送通道构成。另外，这两部分通道应该可以相互连通、衔接有序，同时，组团内部的物流配送通道也应该与城市外部的通道相连通，实现城市内部与城市外部快速顺畅的连通。

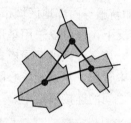

图4-14　城市组团状布局图

此种布局模式也适用于城市所处地理位置较平坦、人口分布较均匀、城市化比较发达及城市物流配送节点密度较大的城市。

该种布局模式的特点是配送通道路径的选择简单，且同一环结构中的两相邻配送节点之间直达性好，连续交通的可靠性好，但是该模式存在绕行距离较长、系统可靠性不高的缺点。

小案例

《武汉市现代物流业发展"十三五"规划》拓展延伸通道网络

拓展联系国际的物流通道。建设中欧班列（武汉）中部集并中心和境外物流基地，建设白俄罗斯布列斯特集散分拨中心，优化中欧班列境外物流服务，推进班列通达欧洲、中亚等地区更多城市，提升班列国际运输和贸易功能。依托长江黄金水道，巩固江海直达品牌航线，重点培育"武汉—洋山""泸汉台"精品航线；拓展东南亚、日韩、南亚等近海近洋直达航线和国际航线，打造中西部"出海口"。进一步增强天河机场货运功能，引进培育基地航空公司，发展国际航空货运，加密港澳台地区航线，推动开通武汉至中东、欧洲的全货运航班。启动武汉第二机场选址研究。围绕补齐国际物流通道南向短板，支持与云南、广西等地企业合作，开通武汉至越南、老挝、缅甸、印度等集卡直通班车。

延伸联通全国的运输网络。重点打通以武汉为中心通往长三角、珠三角、京津冀、关中、成渝、海峡西岸等各经济区的六大综合运输通道，初步形成连通国际国内的"轴辐式"分拨体系，发挥物流枢纽功能，促进区域物流协调发展。增开武汉至天津、上海、成都、广州、西安等国内主要城市的铁路"五定"货运班列和公路货运班线；增开武汉至国内枢纽机场的航空主干航线和至周边二、三线城市的支线航线；推进实施长江及汉江沿线港口与武汉港的水水中转和江海联运。

强化衔接省内的干支网络。以武汉城市圈为核心，依托周边省市及武汉城市圈物流园区、货运站场、高等级公路网及城际铁路、快速铁路及长江、汉江资源，强化点线能力配套，提升干、支线之间运输协作效率，充分发挥武汉枢纽城市的中转功能。增开武汉至省内各市州的公路货运班线和铁路快运班列，探索实施省内班线资源的整合，推广干线运输货运公交化运行模式。

小案例

《合肥市"十三五"现代物流业发展规划（征求意见稿）》"一环五射"综合物流通道

"一环"：结合城市主干路网构成和主要铁路、公路通道走线，打造服务城市内外中转连接的主物流通道，围绕绕城高速，形成合肥市环状物流带。

"五射"：主要包括连接环状物流带及主城区，集成公路、铁路、内河水运、航空等多种交通方式，面向淮南及蚌埠（徐州）、六安、铜陵（安庆）、芜湖和滁州（南京）五个方向的放射状综合物流通道。

通过建设"一环五射"综合物流通道，实现与"一带一路"、长江三角洲城市群、长江中游城市群、京津冀协同发展区、中原城市群、中西部地区等国家战略发展区域深度对接。

3）树形结构

树形结构的城市物流配送通道布局模式，适用于地形等特殊原因，使城市的布局及发展保持带状，或者城市物流需求量较少和城市内部节点密度较小的城市。树形结构的布局模式

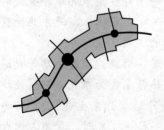

图4-15 城市带状布局图

有益于沟通城市内部物流配送节点之间的联系，较适用于带状城市及串联状城市布局模式。

带状城市布局（图4-15）是受自然条件或交通干线的影响而形成的，其呈长带形式发展。带状城市的交通较集中，随地域特点，交通主流方向明显，通常采用快速路作为城市物流配送线路的主通道，其往往承担城市内部大量的物流运输及过境运输。这类城市有兰州、丹东、青岛等。这些城市物流配送通道往往沿城市的纵深方向布置，且通道等级及通道的数量由城市的物流配送需求、流经城市内部的物流需求量及城市带状的规模所决定。

带状城市由于其自身的特点，导致城市物流配送纵向的出行距离较长，且城市物流配送在纵向方向配送效率高，同时，由于带状城市宽度较小，因而同等级的道路相交叉的情况较少，配送车辆受到交叉口干扰少也提高了配送运输效率。但是，由于带状城市横向配送通道等级较低，城市物流配送在此方向上的效率则会相对较低。

串联状布局模式（图4-16）是带状布局模式和星座状布局模式的结合。串联状布局城市往往是若干个城镇，以一个中心城市为核心，断续相隔一定的地域，沿交通线或河岸线、

海岸线分布。这种布局灵活性较大，城镇之间保持间隔，可使城镇有较好的环境，同郊区保持密切的联系。

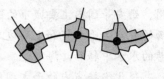

该布局的模式的特点是城市里的每两个配送节点之间只有一条路径作为配送通道，因此建设成本较低且与新建的配送节点相连接。其不足在于，由于每条通道之间的道路往往是唯一的，其承担的物流量也就较大，易造成道路的拥挤等交通问题，使得该布局结构的可靠性较低。

图 4-16　城市串联状布局图

因此，该种配送通道的布局模式多常见于地理、地形条件较为恶劣，经济基础相对较差、物流需求相对少的地区，不仅可以较好地完成城市物流配送业务，亦可以带动城市发展而不会增加城市基础设施投入的负担。

小案例

丹 东 概 况

丹东位于东北亚的中心地带，是东北亚经济圈与环渤海、黄海经济圈的重要交汇点，是一座以工业、商贸、港口、物流、旅游为主的城市。

丹东是一座"三沿"城市。"沿海"，处于中国海岸线的北端起点，海岸线长 126 千米；"沿边"，与朝鲜新义州市隔江相望，边境线长 314 千米；"沿江"，位于中朝界河——鸭绿江畔。

丹东是一座开放城市。1988 年，被国务院批准为沿海开放城市。目前，全市共有 1 个国家级经济区（丹东边境经济合作区）、4 个省级经济区（高新技术产业园区、大孤山经济区、东港开发区、前阳开发区）；共有口岸 11 个，其中，正式对外开放口岸 9 个（一类口岸 5 个，二类口岸 4 个），临时对外开放口岸 2 个（丹东机场、马市临时过货点）。丹东是我国对朝贸易最大的口岸，对朝进出口贸易总额占全国 60%。

丹东是一座港口城市。丹东港是中国北方天然不冻港，有 6 条内外贸集装箱班轮航线和 1 条丹东至韩国仁川的国际客运航线。与 100 个国家或地区的港口有业务往来，是东北地区第 3 大港口。位于丹东和大连交界处的海洋红港正按照亿吨大港的规模建设。

丹东是一座交通便捷城市。拥有边境口岸、机场、高铁、河港、海港、高速公路等交通基础设施。开通丹东至朝鲜平壤国际列车；东北东部铁路开通，使丹东成为东北东部最便捷的出海大通道。域内丹沈（丹东至沈阳）、丹大（丹东至大连）、丹通（丹东至通化）、丹海（丹东至海城）4 条高速公路对外连接。丹东机场已开通至北京、上海、深圳、青岛、烟台等城市航班。形成了海陆空立体交通网络。

4）棘轮形结构

棘轮形结构是在环形结构布局模式上的扩展。棘轮形结构将环周边的小型的城市物流配送节点与环上的节点相连通。在一定程度上，"环"是对"棘"连接的节点物流配送需求的集中，"棘"是对"环"上物流配送的有效疏散，因此，在棘轮形结构中，"环"被视为整个棘轮形布局的骨架，而"棘"作为集中和疏散城市物流配送运输的辅助通道，两个相互协调、相互配合，为整个城市物流配送系统的运作提供支撑。

5）方格形结构

方格形结构的城市物流配送通道模式，适用于城市布局为方格型的城市，如块状布局形式。这种城市布局形式便于集中设置市政设施，土地利用合理，交通便捷，容易满足居民的生产、生活和游憩等需要，如石家庄、呼和浩特等城市。

块状布局形式（图 4-17）的城市物流配送通道主要为经线和纬线两种。两种物流配送通道相互交织，共同组成城市的物流配送通道。

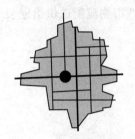

图 4-17　城市块状布局图

在城市纵向和横向分别有一条或几条快速货运通道、快速配送通道，以提高城市配送的效率，而其他的配送通道作为快速通道的辅助通道，不仅可以疏散主要通道上的交通量，还可以进一步满足城市物流配送的门到门服务的需求。这种布局模式也适用于城市所处地理位置较平坦、人口分布较均匀、城市化比较发达及城市物流配送节点密度较大的城市，或在城市内部具有部分面积不大的特殊地形地区。方格形结构的通道可以有效避开此类不适宜的地形，将城市物流配送的节点连接起来。

该布局模式的特点是相邻的两个城市物流配送的节点直达性、连通性好，但是不相邻的节点之间直达性就相对较差。

小资料

《呼和浩特市人民政府关于促进物流业发展的实施意见》空间发展布局

完善物流布局体系。按照城市发展总体规划，在绕城高速公路外侧规划布局区域性、综合性物流园区和专业性物流中心及物流产业带，形成以"空港""陆港"为基础、仓储配送园区为依托的"两港、三区、两园、一带"城市物流布局体系。

建设城市共同配送体系。根据我市物流配送方向、流量及城市道路规划和交通管理现状，建设由重点物流园区分拨中心—公共及专业配送中心—城市末端配送网点组成的三级城市共同配送网络，满足商业网点、商务楼宇、企业及社区居民"最后一公里"配送需求。

6）网状结构

网状结构的城市物流配送通道模式，适用于特大城市与大城市，地形、地貌条件良好，经济条件良好，物流需求旺盛的地区。该种模式在经济合理、地形地貌合适等情况下，尽可能地将城市内部的城市物流配送节点相互连通，若实现全部连通不符合实际情况，也要尽可能实现"半网状形"的结构，最大限度地提高城市物流配送的效率，用最短的路径将城市内部的节点连接起来。

该布局模式的特点是城市物流配送系统中相对重要的节点之间都能有物流配送通道相连接，因此，该种模式的直达性、连接性最好，运输配送成本也最低。但是该布局模式的建立需要大量基础设施的投入，特别是配送通道的建立。网状形结构布局常见于地势平坦、交通区位优势突出地区。

总之，一座城市无论采用何种城市物流配送通道布局模式，都需要结合城市的实际情况（如地理位置、地形地貌等），本着保证城市物流配送效率高的原则，实现城市物流配送节点的有效连通。在城市合理规划、发展的基础上，进行城市物流配送通道模式的选择及布局优化。在实际的城市物流配送通道的建设中，往往不会单一地选择某种模式，而是视实际情况灵活选择并综合应用通道布局模式。

4.3　城市物流配送的供给方

城市物流配送供给方是城市物流配送服务的提供者，是货物在城市物流配送供给框架顺畅流动的保证者。

4.3.1　城市物流配送供给方的类型

4.3.1.1　按公司资本性质分类

小案例

民营快递企业市场份额进一步提升

全年国有快递企业业务量完成 28.4 亿件，实现业务收入 397.8 亿元；民营快递企业业务量完成 282.4 亿件，实现业务收入 3 328.8 亿元；外资快递企业业务量完成 2 亿件，实现业务收入 247.8 亿元。国有、民营、外资快递企业业务量市场份额分别为 9.1%、90.3% 和 0.6%，业务收入市场份额分别为 10%、83.8% 和 6.2%。

资料来源：2016 年邮政行业发展统计公报，http://www.spb.gov.cn/xw/dtxx_15079/201705/t20170503_1150869.html，2017 - 05 - 04.

1. 外资快递企业

根据《2016 年邮政行业发展统计公报》，外资快递企业业务量和业务收入所占市场份额分别仅为 0.6% 和 6.2%，但平均每件业务的收入 123.9 元，这远远高于民营快递企业 11.79 元/件的收入。外资快递企业的三大巨头分别是 UPS，FedEx 和 DHL。2016 年 5 月 25 日 FedEx 成功完成对 TNT Express 的收购，这意味着全球最大的航空快递网络与无人能及的欧洲陆地运输网络合二为一，扩展了现有的联邦快递产品组合。

小资料

UPS

UPS 提供的服务，按照类型分，包括运输、包裹追踪、结算、国际贸易、合同物流和集成 UPS 技术；按照规模分，包括个人发件人、小型企业和大中型企业；按照行业分，包括医药物流、零售和消费品、高科技、工业制造和配送、汽车业等。

小资料

FedEx

FedEx Express 是全球最大的快递运输公司之一，为美国各地和全球超过 220 个国家及地区提供快捷、可靠的递送服务。借助环球航空及陆运网络，FedEx Express 通常在一至两个工作日内就能迅速递送有严格时间要求的货件，而且确保准时送达。

FedEx 中国是集运输服务、电子商务和贸易服务于一体的综合性服务提供商。1984 年开始服务中国市场，1996 年机队服务中国，目前中国区员工约 9 000 人，服务北京首都国际机场、上海浦东国际机场、深圳宝安国际机场、广州白云国际机场和杭州萧山国际机场。每周 220 个航班，运输车辆约 2 700 辆，中国区地面操作站近 90 个。

资料来源：http://www.fedex.com/cn/about/facts.html.

联邦快递亚太地区发展史，可登录加阅平台进行学习。

小资料

DHL

DHL 提供国际快递；空运、海运、公路和铁路方式全球货运转发；从包装到维修到存放的仓储解决方案；全球邮件送达；以及其他定制物流服务。

- DHL 中国提供的国际快递服务覆盖 401 个城市，国内服务覆盖 128 个城市，提供服务的营业地点近 200 个。
- DHL 中国是中国航空货运市场的领导者。
- DHL 中国为供应链客户运营着超过 500 000 平方米的仓库。

资料来源：http://www.cn.dhl.com/zh/country_profile.html.

2. 民营快递企业

1980 年中国邮政开办全球邮政特快专递业务（EMS），随后国际快递巨头也纷纷通过合资、委托代理等方式进入中国市场。1986 年颁布的《中华人民共和国邮政法》规定："信件和其他具有信件性质的物品的寄递业务由邮政企业专营，但是国务院另有规定的除外"。但随着市场经济进一步发展，邮政企业已经无法满足外贸行业对报关材料、样品等快速传递的需求，民营快递企业因此迅速崛起。1993 年，顺丰速运和申通快递分别在珠三角、长三角成立，1994 年年初，宅急送在北京成立。2005 年 12 月，中国按照 WTO 协议全面对外资开放物流及快递业。2007 年 9 月，《快递服务》邮政行业标准发布为快递业提供了规范服务行业标准。2008 年 7 月，《快递市场管理办法》正式实施。2009 年 10 月 1 日，《快递业务经营许可管理办法》和新修改的《中华人民共和国邮政法》同步实施，首次在法律上明确了快递企业的地位，并提出了快递业的准入门槛。

受益于电子商务的快速发展，快递物流市场迅速壮大，近年来民营快递企业纷纷进军资本市场，并成功上市。2015 年 12 月申通快递实现借壳艾迪西上市。2016 年 10 月 20 日，公司证券简称"大杨创世"更名为"圆通速递"，圆通速递股份有限公司正式登陆 A 股。美国当地时间 2016 年 10 月 27 日，中通快递正式在美国纽约证券交易所挂牌交易。2017 年 1 月 17 日，新海股份发布公告称启用新的证券简称"韵达股份"，公司证券代码不变。2017 年 1 月 18 日，韵达控股股份有限公司在深圳证券交易所挂牌上市。2017 年 2 月 24 日，顺丰控股在深交所举行重组更名暨上市仪式，正式登陆 A 股。2017 年 9 月 20 日，百世集团在美国纽约证券交易所正式挂牌上市。

小资料

顺丰速运

顺丰速运是一家主要经营国际、国内快递业务的港资快递企业，于 1993 年在广东顺德成立。顺丰速运是目前中国速递行业中投递速度最快的快递公司之一。2017 年 6 月 1 日凌晨，顺丰宣布关闭对菜鸟的数据接口。2017 年从 6 月 3 日中午 12 时起，全面恢复业务合作和数据传输。

小资料

申通快递发展历程

申通快递 1993 年起步。世纪交替的 1999—2000 年，是快递业最艰难的岁月。作为当时还没有合法身份的快递企业来说，既要面对其他快递企业的竞争压力，又要面临政策法规下的生存压力。2006 年中国"邮政改革"步入关键时期，《中华人民共和国邮政法》第七稿出炉后，关于邮政专营的范围，以及邮政监管和处罚的规定，引起民营快递业的广泛质疑和不满。2009 年新《中华人民共和国邮政法》的正式实施，为邮政行业的良性发展提供了有力的法律保障，也为行业内的快递企业自身规范提供了依据。2015 年 6 月，申通快递与顺丰、中通、韵达、普洛斯联合发布公告，丰巢快递柜在全国各地遍地开花。

资料来源：http://www.sto.cn/About/Develop.

小资料

百世快递

2003 年 5 月，汇通快运在上海正式成立。2010 年 11 月，杭州百世网络技术有限公司正式收购汇通快运，更名为百世汇通。2016 年，"百世汇通"更名为"百世快递"。

百世快递服务网络覆盖全国，业务辐射至西藏、新疆等偏远地区，乡镇覆盖率位居行业前列。截至 2016 年 12 月，百世快递拥有各级分拨中心 200 余个，服务网点 15 000 余个，开通全网省际、省内班车 3 000 余条。同时，为了提升末端配送服务质量，从 2015 年起，百世快递携手小微商户在全国各地同步推出社区增值服务项目"百世邻里"，专注快递配送"最后 100 米"。

中国目前的物流形态有三种，一种是第三方物流，如"四通一达"（即申通快递、圆通速递、中通快递、百世汇通（已更名"百世快递"）、韵达快递五家快递企业的合称）；一种是智慧物流，如阿里的菜鸟物流；另一种就是京东物流，即供应链物流。

小资料

京 东 物 流

　　京东物流隶属于京东集团，以打造客户体验最优的物流履约平台为使命，通过开放、智能的战略举措促进消费方式转变和社会供应链效率的提升，将物流、商流、资金流和信息流有机结合，实现与客户的互信共赢。京东物流通过布局全国的自建仓配物流网络，为商家提供一体化的物流解决方案，实现库存共享及订单集成处理，可提供仓配一体、快递、冷链、大件、物流云等多种服务。

　　京东物流经过十年的发展，大致历经了三个阶段：2007—2009 年是初创阶段，京东独立摸索自建物流的业务模式，逐步建立了自己的仓储和配送设施和全自营的队伍，支撑了京东百亿业务规模；从 2010 年到 2015 年，京东物流开始追求专业化和规模化的经济效应，通过亚洲一号的建设，将京东物流的客户时效和服务标准打造成为了全球标杆，支撑千亿电商体量的同时，引领和重塑了行业的标准和规则。从 2016 年开始，京东物流将全面转向开放化和智能化的时代，通过技术创新和价值输出，推动整个中国商业社会的进步。

3. 国有物流快递企业

　　根据《2016 年邮政行业发展统计公报》，国有快递企业业务量和业务收入所占市场份额分别仅为 9.1% 和 10%，平均每件业务的收入 14 元，略高于民营快递企业 11.79 元/件的收入。

　　由于拥有特殊资源的垄断条件，国有物流快递企业在国内市场上拥有相对完善的网络、相对成熟的运营体制和强大的品牌及资本优势。这些企业大都是从原有的国有运输企业或者是仓储企业转型成为综合服务型物流企业，在一些细分市场中拥有很强的竞争力。

小资料

中国邮政集团公司

　　中国邮政集团公司是依照《中华人民共和国全民所有制工业企业法》组建的大型国有独资企业，依法经营各项邮政业务，承担邮政普遍服务义务，受政府委托提供邮政特殊服务，对竞争性邮政业务实行商业化运营。

　　中国邮政集团公司为国务院授权投资机构，承担国有资产保值增值义务。财政部为中国邮政集团公司的国有资产管理部门。经国务院批准，自 2015 年 5 月 1 日起，中国邮政集团公司由现行的母子公司两级法人体制改为总分公司一级法人体制，在全国各省、自治区、直辖市、各地市、县设置邮政分公司。

　　中国邮政集团公司经营的主要业务：国内和国际信函寄递业务；国内和国际包裹快递业务；报刊、图书等出版物发行业务；邮票发行业务；邮政汇兑业务；机要通信业务；邮政金融业务；邮政物流业务；电子商务业务；各类邮政代理业务；国家规定开办的其他业务。

小资料

中国铁路客户服务中心网站

中国铁路客户服务中心网站是铁路服务客户的重要窗口，将集成全路客货运输信息，为社会和铁路客户提供客货运输业务和公共信息查询服务。客户通过本网站，可以查询旅客列车时刻表、票价、列车正晚点、车票余票、售票代售点、货物运价、车辆技术参数及有关客货运规章。铁路货运客户可以通过本网站办理业务。

小资料

中国远洋海运集团有限公司

中国远洋海运集团有限公司（以下简称中国远洋海运集团或集团）由中国远洋运输（集团）总公司与中国海运（集团）总公司重组而成，总部设在上海，是中央直接管理的特大型国有企业。

截至 2016 年 12 月 31 日，中国远洋海运集团经营船队综合运力 8 168 万载重吨/1 082 艘，排名世界第一。其中，集装箱船队规模 169 万 TEU/321 艘，居世界第四；干散货自有船队运力 3 821 万载重吨/450 艘，油气船队运力 1 873 万载重吨/137 艘，杂货特种船队 460 万载重吨/174 艘，均居世界第一。

中国远洋海运集团完善的全球化服务筑就了网络服务优势与品牌优势。码头、物流、航运金融、修造船等上下游产业链形成了较为完整的产业结构体系。集团在全球集装箱码头将超过 48 个，泊位数超过 209 个，集装箱年处理能力超 9 000 万 TEU。全球船舶燃料销量超过 2 500 万吨，居世界第一。集装箱租赁规模超过 270 万 TEU，居世界第三。海洋工程装备制造接单规模及船舶代理业务也稳居世界前列。

小资料

东航物流

东方航空物流有限公司（以下简称东航物流）是中国东方航空集团旗下的现代综合物流服务企业，总部位于上海。

2017 年 6 月，作为国家民航领域混合所有制改革试点首家落地企业，东航物流率先实现股权多元化，东航集团、联想控股、普洛斯、德邦物流、绿地集团及核心员工分别持有公司 45%、25%、10%、5%、5%、10% 股份，东航物流以全新姿态重新启航。

东航物流旗下拥有中国货运航空、东航快递、东航运输等子公司及境内外近 200 个站点及分支机构，员工 6 000 余人，是目前世界上独一无二的被航空公司拥有，同时又拥有航空公司的物流企业。

东航物流拥有功能齐全、结构均衡的战略资本。东航 600 余架客机的腹舱和 9 架全货机的航空运力及遍布全国、辐射全球的航线网络构成了东航物流得天独厚的资源优势。在上海虹桥和浦东机场均设有运营基地，拥有六个近机坪货站（含海关监管仓库、跨境电商示范园区），总面积达 125 万平方米。在昆明、西安、北京等东航主要枢纽机场还设有多个异地货站。

集供应链管理、航空运输、陆路运输、水路运输、仓储、装卸、快递、报关、进出口贸易等业务功能于一体，东航物流在运营实践中培育和形成了综合物流服务所必备的方案设计、优化、组织、实施、管理等全程物流服务能力，可根据客户的需求提供"一站式"物流解决方案，实现全方位的项目过程管理、时间和成本控制。

在经济全球化和电子商务的双重推动下，东航物流审时度势、转型升级，以"一个平台，两个服务提供商"（快速供应链平台、高端物流解决方案服务提供商、航空物流地面综合服务提供商）为战略引领，以全方位信息系统为支撑，深度挖掘创新能力，领跑航空物流业界同行。

资料来源：http://www.eal-ceair.com/infos/company_profile.html.

4.3.1.2　按公司业务类型分类

1. 快运/快递公司

快运与快递，是指承运方将托运方指定在特定时间内运达目的地的物品，以最快的运输方式，运送和配送到指定的目的地或目标客户手中。快运与快递的市场基础是对于时间比较敏感的运输需求。通常快递业务比快运业务运输的货物重量轻、体积小，但实际两者之间的概念区别日益模糊。按照运输方式分类，快运可分为航空快运、公路快运、铁路快运和水运快运。

小案例

中铁快运股份有限公司

中铁快运股份有限公司（简称中铁快运）是中国铁路总公司直属控股企业，全国铁路高铁快运、行包快运业务统一对外经营及跨境电商物流业务的经营主体，全国铁路物流总包业务"龙头"企业，全国铁路零散、批量零散货物接取送达的主要力量。

中铁快运在中国大陆地区设有 18 个区域分公司、13 个省市分公司（中心营业部）、7 个控股子公司，在全国 1 564 个县级以上城市设有 3 200 多个营业机构，"门到门"服务网络覆盖所有市、县。

中铁快运依托遍布全国的高铁列车（动车组）、旅客列车行李车、铁路特快班列、快速班列、公路干支线，综合运用铁路、公路、航空各类运力资源及经营网络、仓储与配送网络、电子商务平台，为广大客户提供高铁快运、普通快运、货物快运、物流总包、冷链运输、国际物流和行李包裹业务等。根据客户个性化需求，提供接取送达、货物包装、保价保险、签单返回、运费到付、信息追踪等增值服务。为客户提供物流解决方案设计、供应链管理等全方位"一站式"集成物流服务。

2. 运输公司

运输公司是承担客户或自身的运输、仓储、包装和搬运等活动的公司。

小案例

中国外运长航集团有限公司

中国外运长航集团有限公司（简称中国外运长航）由中国对外贸易运输（集团）总公司与中国长江航运（集团）总公司于2009年3月重组成立，总部设在北京。中国外运长航是国务院国资委直属管理的大型国际化现代企业集团，是以物流为核心主业、航运为重要支柱业务、船舶重工为相关配套业务的中国最大的综合物流服务供应商。

中国外运长航的物流业务包括：海、陆、空货运代理、船务代理、供应链物流、快递、仓码、汽车运输等；在物流领域，中国外运长航是中国最大的国际货运代理公司、最大的航空货运和国际快件代理公司、第二大船务代理公司。中国外运长航的航运业务包括：干散货运输、石油运输、集装箱运输、滚装船运输、燃油贸易等；在航运领域，是中国三大船公司之一、中国内河最大的骨干航运企业集团、中国唯一能实现远洋、沿海、长江、运河全程物流服务的航运企业。船舶工业形成以船舶建造和修理、港口机械、电机产品为核心的工业体系，在国内外享有知名声誉，年造船能力超过400万载重吨。

3. 搬家公司

搬家公司是指专门为需求者提供搬家服务的企业。搬家公司按照需求者的要求将指定搬运的物品搬运到指定目的地，以实现搬运物品的物理空间的转移，该过程往往由搬家公司的专业搬家队实现。

小案例

北京兄弟搬家服务有限公司

北京兄弟搬家服务有限公司成立于1993年，注册资金800余万元，拥有绿色环保运营车辆100余辆，是集普通搬家、运输、起重、仓储、包装为一体的大型专业搬家运输企业，运营网络覆盖整个北京地区。提供居民搬家、办公室迁移、VIP搬家、起重服务、微搬家、计时服务、包装服务、仓储服务。

4.3.2　城市物流配送供给方的目标

城市物流配送供给方的目标可以从企业内部的生产控制和企业对外的客户服务质量两方面考虑。

4.3.2.1　生产控制

对于配送企业来说，以最少的投入获得尽可能大的产出是其追求的目标。只有提高配送的效率，才能提高物流配送企业的经济效益。这里的投入就是在保证人员、车辆，以及管理所消耗的费用最少的基础上，最大程度地保证配送的货物高品质地送至用户的手中。

1）快速响应能力

城市物流配送具有高频率、小批量、客户地理分布不均衡等特点，同时，城市快节奏的生活使得客户对服务需求处理速度的要求也越来越高。而客户需求服务得到处理的响应速度决定了城市物流配送企业的未来运作与发展。

2）库存调节能力

库存调节能力是城市物流配送企业服务的延伸。企业需要正确确定库存方式、库存数量、库存结构、库存分布。

最优库存的目标同资产占用和相关的周转速度有关。最低库存越少，资产占用就越少；周转速度越快，资产占用也越少；因此，城市物流配送系统中存货的财务价值占用企业资产也就越低。在一定的时间内，存货周转率与存货使用率相关。存货周转率高、可得性高，意味着投放到存货上的资产得到了有效利用。城市物流配送企业库存调节的目标就是以最低的存货满足客户需求，从而实现物流总成本最低。

3）合理集中运输能力

合理的集中运输与共同配送可以减少城市物流配送的运输成本。运输成本与运输产品的种类、运输规模和运输距离直接相关，而城市物流配送的特点——高频率、小批量、客户地理位置分布广泛等特点提高了运输成本增高的可能性。因此，只有通过合理的集中运输与共同配送，来减少重复作业量、降低配送路径重复率、降低空载率、提高城市物流配送运输工具的装载率等，进而降低城市物流配送的运输成本。不过，合理的集中运输与共同配送往往降低了城市物流配送的响应时间。因此，企业物流配送作业必须在合理集中运输与响应时间方面综合权衡。

4）应急情况处理能力

在城市物流配送领域中，应急情况是指破坏城市物流配送系统正常作业表现的任何未预期到的事件或者是面对客户要求的时间、货物样式方面紧急配送任务抑或特殊日期配送货物数量急剧增加的处理能力，它可以发生于城市物流配送作业的任何阶段中。如在城市物流配送作用运输的过程中，运输车辆因故障无法正常运行等。提高应急情况的处理能力，就是企业需建立备用运行系统，当遇见任何不可预期的情况时，企业可以在最短的时间内做出应急情况处理决策。上述操作会增加城市物流配送的成本。

5）配送成本最小化

配送成本是配送过程中各环节所消耗成本的总和。为了缩小整体成本，就必须协调好配送过程中的各个环节，加强合作，优化各个环节，节约各种资源。同时，提高车辆的应用率，减少成本。缩小配送成本可体现在从以下三方面指标考察。

（1）配送效益最高或配送成本最低。效益是任何物流配送企业所追求的主要目标，通常可以简化为企业利润，或以企业利润最大化作为目标值；另外，成本与企业效益也有密切联系，因此，亦可选择成本最小化作为目标值。当有关项目数据容易得到和容易计算时，就可以用利润最大化或成本最小化作为目标值。

（2）配送里程最短。如果配送成本与配送里程相关性较强，而其他因素相关性较弱时，配送里程最短的实质就是配送成本最小，则可考虑用配送里程最短作为目标值，这样可以大大简化线路选择和车辆调度方法。当配送成本不能通过里程来反映时，如道路收费、道路运行条件严重地影响成本，单以最短里程作为目标就不适宜。

（3）配送劳动的消耗最少。即以物化劳动和活劳动消耗最少为目标，在许多情况下。如劳动力紧张、燃料紧张、车辆及设备较为紧张的情况下，限制了配送作业的选择范围，就可以考虑以配送所需的劳力、车辆或其他有关资源作为目标值。

小资料

中 通 快 递

中通快递是一家集快递、物流、电商、投资等业务于一体的大型集团公司。中通在快递行业里第一个开通跨省际网络班车，第一个推行有偿派送机制，第一个建立二级中转费结算体系，第一个实施中转操作的差额结算，第一个建立员工持股的股份制车队，第一个推行中通大家园和"亲情1+1"员工福利政策，第一个实施全国网络股份制改革。

4.3.2.2 配送服务质量

配送服务质量指配送人员将货物保质、保量、及时地将货物送至用户的手中，同时为客户提供所需要的各种信息，使用户对配送企业的满意度提高。配送服务质量的好坏直接影响到客户对城市物流配送企业的评价和企业信赖程度。

具体来说，配送服务质量分为配送时间与配送品质两方面。

1) 准确的送货时间

时间是衡量配送效率重要指标之一。在配送货物过程中的所用时间耗费情况可以反映配送中心在配送过程中时间分配是否合理。能否高效地完成城市配送业务，减少配送时间和客户的等待时间，均会影响客户对城市配送业务的满意程度。配送时间可从侧面反映城市物流配送过程中，货物的装卸、搬运、分拣、集散等业务处理能力，也可反映出城市物流配送企业的配送供给能力。因此，在满足客户需求的前提下，寻求配送成本与配送时间的均衡点，尽可能地缩短配送时间来提高配送效率，是城市物流配送供给方所追求的一大目标。

2) 配送品质

配送品质指城市物流配送过程中配送货物的完好程度。在正常配送时间范围内，配送货物完好无损的配送到消费者手中，表明此次的配送品质较高；若配送的货物受损，即使配送时间短，则称此次城市配送的配送品质较低。一般情况下，客户可以在一定时间范围内容忍配送时间的延迟，但客户对货物的损坏却难以接受。货物的配送品质，不仅关系到客户对该次城市配送的满意程度，更将会影响到城市物流配送企业的声誉及未来发展。因此，城市物流配送企业在尽可能减少配送延迟、保证配送时间的前提下，应最大限度地保证配送商品的质量以满足客户的需求。

3) 个性化需求处理能力

个性化的配送服务需求，带动着城市物流配送企业服务的发展。目前城市物流配送企业的服务内容不仅包含运输、仓储、信息处理等基本功能，还包含了多种多样的城市配送增值服务。城市配送增值服务是指在完成城市物流配送基本功能的基础上，根据客户需求提供的各种延伸业务活动，增值服务是物流配送行业发展到一定阶段的产物，也是物流配送行业成熟的标志，开展城市物流配送增值服务可以大大提高企业竞争力，提升企业的配送供给能力。

4) 退货业务复杂程度

退货业务涉及城市逆向物流，退货业务处理的复杂程度将直接影响客户对企业供给能力的主观评价。若在城市配送业务过程中，出现了客户要求退货的情况，企业对退货业务的处理能力，将直接影响企业在客户心中的形象，因此，城市物流配送企业能否以高效、简单的方式处理客户退货需求，将反映出企业的供给能力。

小资料

圆 通 速 递

圆通速递创建于 2000 年 5 月 28 日。圆通速递立足国内、面向国际，主营 50 千克以内的小包裹快递业务，围绕客户需求，形成 8 小时当天件、12 小时次晨达、24 小时次日达、36 小时隔日上午达、48 小时隔日达等时效件和到付件业务、代收货款、签单返还、代取件业务、仓配一体等多种增值服务，香港件专递、国际件，以及为客户提供供应链个性化解决方案。圆通速递目前在全国范围拥有自营枢纽转运中心 60 个，终端网点超过 24 000 个。

4.4 城市物流配送供给能力

城市物流配送系统供给要素的合理投入与建设将能够高效地带动城市物流配送系统与城市经济的发展。

小贴士

城乡物流配送工程

加快完善城乡配送网络体系，统筹规划、合理布局物流园区、配送中心、末端配送网点等三级配送节点，搭建城市配送公共服务平台，积极推进县、乡、村消费品和农资配送网络体系建设。进一步发挥邮政及供销合作社的网络和服务优势，加强农村邮政网点、村邮站、"三农"服务站等邮政终端设施建设，促进农村地区商品的双向流通。推进城市绿色货运配送体系建设，完善城市配送车辆标准和通行管控措施，鼓励节能环保车辆在城市配送中的推广应用。加快现代物流示范城市的配送体系发展，建设服务连锁经营企业和网络销售企业的跨区域配送中心。发展智能物流基础设施，支持农村、社区、学校的物流快递公共取送点建设。鼓励交通、邮政、商贸、供销、出版物销售等开展联盟合作，整合利用现有物流资源，进一步完善存储、转运、停靠、卸货等基础设施，加强服务网络建设，提高共同配送能力。

资料来源：物流业发展中长期规划（2014—2020 年）.

4.4.1 社会物流配送供给能力

城市地理地貌等自然因素在很大程度上决定了城市路网及节点的基础布局形态，如本章的 4.2.2.4 小节所述。在此基础上，城市物流配送节点及通道的物质基础设施的合理布局、信息、政策等非物质基础设施的合理运用将在很大程度上决定城市物流配送的社会供给能力。

4.4.1.1　城市配送节点供给

城市物流配送节点是整个城市物流配送网络中重要的通道交汇处，它提供了城市内部、城市与周边城市之间的货物集散与转运。不仅如此，它还是整个城市物流配送网络的信息交汇点，城市的物流配送信息都在此处实现交换与处理，换句话说，城市物流配送节点是城市物流配送活动的信息中心，其保证了城市物流配送信息的实时传递与处理。因此，城市物流配送节点为整个城市物流配送网络协调高效运作提供了支撑。

一个城市所拥有的物流配送的节点类型及数量在一定程度上反映了该城市在城市物流配送方面的社会供给能力。如物资集散类型城市物流配送节点，它主要在城市物流配送系统中起调节和缓冲作用，解决城市供需节奏或批量不平衡的矛盾；又如专为商业连锁系统服务的配送节点，主要是为了降低物流系统的成本，提高服务水平，提高货物最后一站配送的效率等；再如转运型城市边缘的节点——港口码头、空港、铁路货车编组站等，其作用是实现运输方式的转换，以便更加快速方便地将货物配送给城市内部的客户。

1. 节点数量

城市内部节点的数量会影响一个城市内部的平均节点密度，即一定城市面积内所包含的城市配送节点的数量。相对而言，城市的平均节点密度越高，则城市物流配送的效率越高、客户得到的服务质量也越高、城市物流配送的供给能力也越强。但是节点的建设数量要综合考虑多方因素，要在城市物流配送需求与节点建设投资、环境保护、土地开发等多方面影响因素之间寻求平衡点，以达到节点数量最优。

2. 节点规模

城市物流配送节点的规模会影响城市物流配送的服务能力和对城市配送需求的响应能力等。不同等级的节点对货物的集散能力存在较大的差异。规模较大的综合型物流园区不仅可以提供货物运输方式的转运服务，还可以提供流通加工及一些附加值较高的增值服务，而处于城市中心地区规模较小的综合型配送中心，往往不能实现货物在不同运输方式之间转运，其业务大多是承担城市内部小范围的最后一站配送及某些简单易操作的增值服务。

另外，城市物流配送节点可供使用的停车、装卸、仓储、流通加工等活动场所的面积，将对城市物流配送节点的吸引力产生较大影响。城市物流配送节点可供使用的面积是其保障城市物流配送运作的基础，是节点供给能力情况最直观的表现。面积过小，易给客户造成企业供给能力较弱的表象，对客户的吸引力将会降低；反之，面积过大，易造成诸如城市土地资源、物流基础设施等资源的浪费，增大企业的物流成本。因此，合理的节点面积，不仅可以节省城市物流配送企业的运营成本，还可以为客户（供应商、代理商、终端客户等）提供足够的货物暂存、货车暂停等物流作业场所。

根据中华人民共和国交通行业标准《汽车货运站（场）级别划分和建设要求》（JT/T 402—1999），普通货运站分为四级，依据货运站实际完成的年换算货物吞吐量确定（如表4-8所示）。零担货运站是专门办理零担货物运输业务，进行零担货物作业、中转换装、仓储保管的营业场所。依据零担货运站实际完成的年货物吞吐量确定三级（如表4-9所示）。

<table>
</table>

表4-8　货运站等级标准表	
等级	年换算货物吞吐量/t
一级站	600×10^3 以上
二级站	$300\times10^3\sim600\times10^3$
三级站	$150\times10^3\sim300\times10^3$
四级站	150×10^3 以下

表4-9　零担站站场等级标准表	
等级	年货物吞吐量/t
一级站	6×10^4 以上
二级站	$2\times10^4\sim6\times10^4$
三级站	2×10^4 以下

集装箱货运站主要承担集装箱的中转运输任务，又称集装箱中转站。根据《集装箱公路中转站站级划分、设备配备及建设要求》（GB/T 12419—2005）其分级的主要依据是中转站设计年度的年箱运组织量或年箱堆存量。如表4-10所示。

表4-10　集装箱中转站等级标准表

等级	位于地区	年箱运组织量	年堆存量
一级站	沿海	30×10^3 TEU 以上	9×10^3 TEU 以上
	内陆	20×10^4 TEU 以上	6×10^3 TEU 以上
二级站	沿海	$16\times10^3\sim30\times10^3$ TEU	$6.5\times10^3\sim9\times10^3$ TEU
	内陆	$10\times10^3\sim20\times10^3$ TEU	$4\times10^3\sim6\times10^3$ TEU
三级站	沿海	$6\times10^3\sim16\times10^3$ TEU	$3\times10^3\sim6.5\times10^3$ TEU
	内陆	$4\times10^3\sim10\times10^3$ TEU	$2.5\times10^3\sim4\times10^3$ TEU

注：TEU（twenty equivalent unit），是以长度为20英尺的集装箱为国际计量单位，也称国际标准箱单位。

3. 节点配比

城市配送节点是实现城市物流配送各功能要素及提供物流服务的场所。按规模及功能将城市物流配送节点分为三大类，分别为大型城市物流配送节点（包括城市物流园区、城市货运站场、城市转运中心等），中型城市物流配送节点（城市物流中心、城市中央分拣中心、城市配送中心等），小型城市物流配送节点（城市物流配送装卸点、停车设施等）。每级别的节点规模依次减弱，数量依次增加。大型的城市物流配送节点是城市物流配送节点的最高级别，每个大型的节点需要多个中、小型城市物流配送节点为其服务，才能将货物运到消费者手中，实现城市物流配送的最终目的。

因此，需要合理规划城市内部各类配送节点的数量比例，满足上级节点对下级节点的服务输送需求，下级节点对上级节点的资源提供需求，充分发挥各类节点功能优势，实现社会物流资源的合理充分利用，增强各级节点的整体协作力，进而促进城市物流配送的发展。

小贴士

关于提升快递末端投递服务水平的指导意见

为全面提升快递末端投递服务水平，进一步贯彻《国务院关于促进信息消费扩大内需的若干意见》（国发〔2013〕32号）"完善智能物流基础设施，支持农村、社区、学校的物流快递配送点建设"的精神，落实交通运输部等七部门《关于加强和改进城市配送管理工作的意见》（交运发〔2013〕138号）"鼓励快递企业建设适应电子商务发展的快件配送体系，探索'仓储一体化'等新型配送模式，提升电子商务配送水平"的要求，2013年国家邮政局发布《关于提升快递末端投递服务水平的指导意见》（简称《意见》）。《意见》提出，以多种形式推进快递末端投递服务水平不断提升。鼓励和引导快递企业因地制宜，与第三方开展多种形式的投递服务合作；引导快递企业加快自有品牌末端网点建设，提高快递网络覆盖率和稳定性；鼓励企业探索使用智能快件箱等自取服务设备，提高投递效率。

4.4.1.2　城市配送通道供给

城市物流配送通道是城市物流配送系统的"血管"，它不仅是货物在城市各节点之间顺畅流动的保证，也是货物到达客户手中经历的最后一个城市配送环节。地处城市边缘的配送节点，正是通过不同等级的城市配送通道才能高效、准时地将货物运送到城市中心的配送节点或客户。

影响城市配送通道供给能力的因素主要有以下方面。

1. 城市道路路网密度

城市道路网密度对城市车道的通行能力、行程车速等方面有很大程度的影响，从而也会对城市物流配送过程产生较大的影响。

在确定的城市区域内，在相同的道路面积和交通需求分布下，提高路网密度可以增加区域内的交叉口数量而减少每个交叉口的交通需求量，使交通更加便捷；由于同样的左转量被分散到更多的交叉口，每个交叉口的左转比例也会减少，其结果是提高了交叉口进口道平均每车道的通行能力（进而增加路网的容量），并减少车辆在单个交叉口的控制延误。但如果路网密度过大，则会造成城市用地不经济，增加城市道路建设成本。同时，信号灯交叉口密度的增加也会提高车辆遇到红灯产生控制延误的概率，影响干道通行能力，从而加大行程、车速降低的可能。如果道路网密度过小，会造成车辆绕行，增加出行时间，还会造成道路交通拥挤。

小贴士

优化街区路网结构

加强街区的规划和建设，分梯级明确新建街区面积，推动发展开放便捷、尺度适宜、配套完善、邻里和谐的生活街区。新建住宅要推广街区制，原则上不再建设封闭住宅小区。已建成的住宅小区和单位大院要逐步打开，实现内部道路公共化，解决交通路网布局问题，促进土地节约利用。树立"窄马路、密路网"的城市道路布局理念，建设快速路、主次干路和支路级配合理的道路网系统。打通各类"断头路"，形成完整路网，提高道路通达性。科学、规范设置道路交通安全设施和交通管理设施，提高道路安全性。到 2020 年，城市建成区平均路网密度提高到 8 千米/平方千米，道路面积率达到 15%。积极采用单行道路方式组织交通。加强自行车道和步行道系统建设，倡导绿色出行。合理配置停车设施，鼓励社会参与，放宽市场准入，逐步缓解停车难问题。

资料来源：中共中央国务院关于进一步加强城市规划建设管理工作的若干意见（2016 年 2 月 6 日）.

2. 城市道路网中交叉口类型及数量

城市内的车辆在不同等级和不同方向的道路所组成的网络系统中运行。交叉口是车流、人流最为集中的地方，是城市道路相互衔接的重要环节，是城市交通能否快速通畅的关键部位。城市道路交叉口分为平面交叉和立体交叉两类，每一类又包括多种形式，可以适应不同的通行能力和不同的地形构造与相交道路的等级与走向。交叉口设计质量的好坏直接关系到城市道路网的运输效率。设计合理、科学的交叉口能够有效地疏导城市内部的车流、人流；反之，则不能满足交叉口的交通需求，就会产生交通拥堵，甚至导致不必要的事故发生。

此外，由于城市的交通流会在交叉口处完成合流与分流过程，一条配送线路上存在的交叉口数量会在很大程度上影响配送车辆的运行速度。

3. 城市道路网级配比例

城市道路是指在城市范围内具有一定技术条件和设施的道路。根据道路在城市道路系统中的地位、作用、交通功能及对沿线建筑物的服务功能，我国目前将城市道路分为四类：快速路、主干路、次干路及支路（见表 4 - 11、表 4 - 12）。

表 4 - 11 各等级道路的位置及其作用

道路等级	在城市配送通道中的角色	所处位置	作用
快速路	快速货物通道	在特大城市或大城市中设置，是用中央分隔带将上、下行车辆分开，供汽车专用的快速干路	联系市区各主要地区、市区和主要的近郊区、卫星城镇，联系主要的对外出路，负担城市主要客、货运交通，有较高车速和大的通行能力
主干路	快速货物通道或快速配送通道	城市道路网的骨架，主干路沿线两侧不宜修建过多的行人和车辆入口	联系城市的主要工业区、住宅区、港口、机场和车站等客货运中心，承担城市主要交通任务
次干路	一般配送通道	市区内部普通的交通干路，配合主干路组成城市干道网	联系各部分和集散作用，分担主干路的交通负荷，且具有服务功能，即允许两侧布置吸引人流的公共建筑，并应设停车场
支路	一般配送通道	次干路与街坊路的连接线	解决局部地区的交通，以服务功能为主。部分主要支路可设公共交通线路或自行车专用道，支路上不宜有过境交通

表 4 - 12 各等级道路的交通特性

类别	交通特性				
快速路 主干路	交通性	货运为主	高速	隔离性强	交叉口间距大	无非机动车及行人交通流
次干路 支路	生活性	客运为主	中低速	隔离性弱或无隔离	交叉口间距小	含非机动车及行人交通流

在相同的交通需求下，城市道路中各等级道路的数量将直接影响城市物流配送的效率。如果城市内快速路、主干道过多，而连接该类道路与社区之间的次干道、支路较少，这样次干道对主干道货物交通流的疏散能力将会变弱，不利于城市物流配送业务的进行。再如若城市支路的两旁设置非机动车道及一些停车场，或是时常出现行人违规穿越道路的现象等这类因素的发生，将对城市内部物流配送产生较大的影响。

4.4.1.3 城市交通管理系统

城市货运会对城市交通运输产生较大影响。

第一，物流配送的货运车辆在体积较大、载重大的情况下的行驶速度相对较慢，如果在城市车流中混入了较大比例的物流配送车辆，会明显降低城市道路的通行能力。

第二，在城市物流配送过程中，会存在部分的超载现象。超载货车的存在不仅会造成城市道路磨损、破坏等现象，还会降低城市车流的平均行驶速度和城市道路的通行能力，增加发生交通事故的危险性。

第三，城市内部物流配送过程中，货车的空载现象也会导致城市货运的效率降低。

从区域和时段两方面，根据不同车型、路段运输货物种类，对货运车辆制定交通管制措施，对货运车辆在市区装卸、停放的路边空间、装卸时间进行限制。

（1）配送车辆管理。在城市使用专用配送车辆进行配送作业。配送专用车应规定为小型、低吨位且性能优良、密封性好的箱式车，且安装 GPS 等设备，实现全程监控货物运输，合理调配运力。

（2）配送道路的交通管制。根据不同货车的重量、尺寸、排放标准和载运货物种类对货车行驶路线及不同区域进出进行控制。在市域配送道路中，允许所有货车任何时候在快速配送通道运行。市区内原则上只允许配送车辆在取送点进行取送作业。在非取送点进行取送作业，须报物流、交管及城建等主管部门批准。市域边缘，允许专用配送车辆任何时段在重要配送通道运行，城市交通非高峰时段在一般配送道路运行。

小贴士

《快递专用电动三轮车技术要求》行业标准

2014 年 6 月 10 日，国家邮政局审议通过了《快递专用电动三轮车技术要求》行业标准。该标准规定了快递专用电动三轮车的产品分类及编码、基本要求、主要部件要求、安全要求、性能要求、配置要求、厢体要求、外观要求和装配要求等 9 章 50 条技术条款。标准坚持安全第一的原则，在整车性能、部件配置等多项内容上均有明确规定，以确保快递三轮车质量，提升安全性能。同时，标准坚持以人为本，从改善快递收派人员工作条件出发，在细节设计上突出快递三轮车省力、便捷、舒适、高效的特点。

4.4.2 企业物流配送供给能力

企业供给能力受到企业自身基础设施规模及决策者科学化水平等因素的影响。

4.4.2.1 企业基础设施建设

企业基础设施是城市物流配送企业运营所必需的物质基础条件。

1. 企业网络规模

城市物流配送行业是一种规模效益非常明显的产业，其规模经济来源主要取决于物流配送业的专用性与网络特征。城市物流配送业是一种资本密集型的产业，它需要投资构建专用性强的设备、设施，如果投入，就不能转化为其他用途，从而产生了高风险的巨额沉没成本。只有充分使用这些设施和设备，才可能获得预期的效益。城市物流配送业还具有相当强的网络经济性。这一方面是地域上的业务网络，另一方面是物流环节上的业务网络。所谓业务网络，就是城市物流配送企业的功能网络，指的是一个物流配送企业要具备满足客户需求的各种各样的业务服务功能。所谓地域网络，指的是企业配送网络所覆盖的范围、空间。随着企业覆盖网络的不断扩大，网络的配送通道开始呈现大幅增长。

因此，城市物流配送企业的规模效益主要以"统一管理、统一调度、统一配送（集中配送）"的形式来降低城市物流配送的经营成本，即企业通过配送中心汇总有配送需求的企业的货物，形成相当规模的配送需求。共同配送与物流配送企业联盟等形式正是企业规模效益的体现。

小资料

普 洛 斯

普洛斯是全球领先的现代物流设施和工业基础设施提供商。公司的业务遍及中国、日本、美国和巴西的 118 个主要城市，拥有并管理约 5 580 万平方米的物流基础设施，形成了一个服务于 4 000 余家客户的高效物流网络。通过标准设施开发、定制开发、收购与回租等灵活的解决方案，普洛斯致力于为全球最具活力的制造商、零售商和第三方物流公司不断提高供应链效率，达成战略拓展目标。内需是普洛斯需求的关键驱动力。

普洛斯中国成立于 2003 年，进入 38 个城市。截至 2017 年 6 月 30 日，园区 254 个，总建筑面积 2 921 万平米。

资料来源：http://www.glprop.com.cn/about-glp.html.

2. 企业网络覆盖范围

城市物流配送的服务范围是企业配送服务供给能力的直接体现。一般情况下，配送服务的范围越广，城市物流配送企业就可以为更多的客户提供配送服务，相应地潜在客户也会越来越多。若配送服务的范围相对狭小，会为企业业务的推广带来一定困难，乃至束缚企业的发展空间，进而降低企业的城市物流配送服务供给能力。然而，物流企业在实际运营中，若配送服务范围过大，会使得运营成本太高，加重企业负担；而若配送服务范围小，又不能很好地满足客户的城市物流配送需求，降低了企业信任度。

关于如何确定企业城市配送网络的覆盖范围，目前，通常使用的配送服务范围划分方法有定性分析法和定量分析法，可登录加阅平台进行学习。

3. 企业车队规模

运输车辆是实现货物位移变化的基本工具，是实现城市配送业务最基础的工具。但是，企业车队情况并不是衡量一个城市物流配送企业的硬性指标。如一些城市配送企业自身并没有设有车队，而是将自己城市配送最后一站业务承包给专业的运输车队，本身致力于其核心竞争力的提升，如城市配送管理信息平台的开发，以提高客户要求的响应时效、提高企业服务水平等。因为，拥有自营车队对城市配送企业资金方面要求较高，同时，由于城市内部对货运、环境等方面的限制政策日益增多和复杂，自营车队的管理难度在加大。但这种方式便于企业对货物配送过程的全程监控，以及突发情况的及时响应。

4. 企业装卸搬运设备

装卸搬运机械设备是指用来搬移、升降、装卸和短距离输送物料或货物的机械设备，它不仅可以完成车辆装卸作业，而还可用于配送节点中各种库场的堆码、拆垛、运输，以及库内货物在库内的输送和搬运，它是实现装卸搬运作业机械化的基础。作业人员面对的是大批量、高频率、多批次的配送业务，随之产生的装卸搬运作业也就相对较多，且装卸搬运作业的工作量、所花费的时间、耗费的人力及物力在整个城市物流配送系统作业过程中占有很大的比重。

装卸搬运设备对城市物流配送的影响主要体现在以下方面。

（1）合理广泛地应用装卸搬运设备不仅能提高装卸搬运效率，还能节省劳动力，减轻装卸工人的劳动强度，改善劳动条件。

（2）运用装卸搬运设备可以加速车辆周转，加快货物的送达和发出，满足城市物流配送对配送时间要求高的需求。

（3）提高装卸质量。城市物流配送中，多涉及小型货物的配送，但也难免有诸如家具、家电、一些长大笨重货物的装卸，单单依靠人力，不仅给装卸搬运带来困难，降低装卸搬运效率，还难以保证货物的装卸质量，容易发生货物损坏或偏载，危及行车安全，给相关人员带来较大的人身危害。而采用机械作业，则可避免这种情况发生，保证货物的完整和运输安全。

（4）在装卸搬运活动较多的城市物流配送中，装卸搬运机械设备的运用，在提高装卸搬运作业效率的同时，会使每吨货物平均分配到的作业费用相应减少，从而使作业成本降低。

（5）充分利用货位，加速货位周转，减少货物堆码的场地面积。采用机械作业，堆码高度大，装卸搬运速度快，可以及时腾空货位，减少场地占用面积。对于寸土寸金的城市来说，提高空间利用率，减少货物占地面积，将给城市物流配送业务的各参与方带来巨大益处。

小资料

平台型物流企业

卡行天下（全称：上海卡行天下供应链管理有限公司）是一家为中小物流企业提供服务的交易网络平台。在线上用信息系统连接物流需求主体，使成员在系统内交易、结算、监督、评价；线下建立城市物流节点，利用社会运力，建设全国运输网络，以线下网络支持线上交易，并融合手机 App、金融扶持、保险理赔、卡车服务，培训支持等产品，与物流各载体共同构建行业生态圈，推动中小微物流企业发展。

福佑卡车是一家专注于整车运输的互联网交易平台。独创经纪人竞价模式，将传统物流信息部升级为专业经纪人，为货主企业提供整车运输服务。业务覆盖 30 个省、直辖市自治区，93 个大中城市；聚集了 78 000 余名货主企业和 25 000 余名货运经纪人；截至 2016 年，福佑卡车平台成单量已突破 44 万单，单月交易额突破 4 亿元；已崛起成为中国最大的整车运输在线交易平台。

货车帮——中国最大的公路物流互联网信息平台，建立了中国第一张覆盖全国的货源信息网，并为平台货车提供综合服务，致力于做中国公路物流基础设施。

4.4.2.2　企业城市物流配送的决策

1. 配送车辆的类型选择

面对城市日益拥堵的交通状况，选择合适的车型进行货物的城市物流配送业务是最明智的做法之一。因此，许多城市物流配送企业根据现有拥堵的交通状况，在某些区域路段使用环境友好型车辆，实现城市内部小范围内的城市物流配送业务，不仅可以减少由于交通拥堵而带来配送业务的延时，而且还可以降低城市货运配送对城市环境的污染程度。

2. 配送车辆的配载率

配送车辆配载率的高低，将直接影响城市物流配送活动的效率。道路运输车辆的行驶过程，按其承载状况可分为载重行程和空驶行程，而空驶行程又可包括调空行程和空载行程。调空行程主要是指车辆由车场开往装载地点，或由最后一个卸载地点返回车场的行程；空载行程是指车辆在运输作业中由卸载地点空载到下一个装载地点的行程。车辆的载重行程与总行程之比称为车辆行驶利用率，在城市配送过程中其又可称为配载率，它是影响车辆利用效率的重要因素之一。显然，配送车辆配载率越高，其行程利用率越高，车辆的利用率也就越高。

因此，城市配送车辆的配载率可以用来综合衡量城市配送车辆的合理运用情况。通过配送车辆的运用频率，以及车辆每次配送的产能、空间、荷重情形来考虑如何合理调度现有车辆的配送过程和决定是否增减城市配送车辆。另外，要结合实际情况来规划每次车辆配送对城市物流配送中心的贡献。一次装车的容积和重量对于配送贡献具有一定的互补性，即若配送较重的货物时，由于往往货物体积小、重大，导致车辆装载率不高；反之，若每次配送欲充分利用车辆容积，则每次配送的货物的重量比不可太重，因而可以用空车率和平均每车次配送重量来掌握配送容积、重量与时间的关系。

3. 配送车辆的路径选择

合理的路径选择不仅可以减少拥堵的交通所带来配送时间的浪费，提高配送效率，减少配送里程，降低空载率，而且还可以大幅度减低企业的配送成本，也给客户带来较高的服务质量。

车辆优化调度问题最早是由 Danzig 和 Ramser 于 1959 年提出的。表 4-13 归纳了公路车辆优化调度问题。

表 4-13　车辆优化调度问题

分类标准	问题类型
任务特征	纯装货问题和纯卸货问题；装卸货混合问题
任务性质	对弧服务问题（如邮递员问题）；对点服务问题（如旅行商问题） 混合服务问题
车辆载货状况	满载问题（货运量不小于车辆容量，完成一项任务需要不只一辆车） 非满载问题（货运量小于车辆容量，多项任务合用一辆车）
车库数目	单车库问题；多车库问题

续表

分类标准	问题类型
车辆类型	单车辆类型问题（所有车辆容量相同，类型相同） 多车辆类型问题（执行任务车辆的容量和类型不完全相同）
车辆对车库 的所属关系	车辆开放问题（车辆可以不返回其出发车库） 车辆封闭问题（车辆必须返回其出发车库）
优化目标	有单目标问题和多目标问题
不同的数学模型	旅行商问题；车辆路由问题；装卸货问题

本 章 小 结

本章首先，提出了城市物流配送供给的概念、供给特性及影响供给的因素。在此基础上，论述了城市物流配送节点和配送通道两大配送供给基础设施及城市物流配送供给方的概念、类型和目标。最后，分别从社会物流配送供给能力和企业物流配送供给能力两方面结合实例对城市物流配送供给能力进行详细分析。

 练习题

(1) 简述城市物流配送节点与通道的概念及功能。

(2) 简述城市物流配送供给方的类型。

(3) 简述城市物流配送供给方的目标与特点。

(4) 论述城市物流配送供给能力的影响因素。

(5) 选择学校所在城市，分析该城市物流配送供给能力。

【应用案例】

调查自己家乡所在城市的物流配送供给现状及发展趋势。

第5章
城市物流配送信息技术及平台

【引言】

各种高科技手段的广泛应用，特别是自动识别技术、电子数据交换技术、全球卫星定位系统及地理信息系统等信息技术，为物流企业、城市物流管理部门组织多频率、小批量、及时送达的高水准城市物流运输服务提供了高效、科学化的技术支撑。物流公共信息平台整合物流行业内外、服务区域的信息资源，系统化地采集、加工、传送、存储、交换企业内外的物流信息，对供应链的计划、协同、执行、监控进行有效的同步管理。建设物流公共信息平台，不仅对完善现代物流功能具有重要的现实意义，而且对发展跨行业、跨地区的现代物流具有深远的意义。

【知识要求】

➢ 了解物流配送有关信息技术的原理；
➢ 认识物流配送信息平台的作用；
➢ 掌握城市物流配送信息平台的规划设计方法。

【技能要求】

➢ 能够运用信息技术优化城市物流配送的运作；
➢ 运用所学知识分析设计城市物流配送信息平台。

导入案例 ●●●●

运 满 满

运满满隶属于江苏满运软件科技有限公司，是国内首家基于移动互联网技术开发的全免费手机 App 应用产品，致力于为公路运输物流行业提供高效的管车配货工具，同时为车找货（配货）、货找车（托运）提供全面的信息及交易服务。运满满是国内节能减排、智能物流的样板项目。

目前运满满在江苏、浙江、上海、安徽、河南、山东、福建等省均设有分公司和办事处，并计划开放更多车源和货源信息，布局全国公路运输信息网络，以促进中国公路运输行业进入一个高效低空返的移动互联网时代。

运满满创立于 2013 年，经过几年的裂变式发展，已有注册重卡司机 390 余万名、货主

85 余万人，日成交运单 24 万单，已完成 7 轮融资。三年多以来，公司以大数据、云计算技术实现卡车与货物的快速、精准匹配，大大提升了公路物流的效率，"三分钟匹配"更是成为行业常态。

在第三届世界互联网大会上，运满满发布了全球首个基于人工智能的"全国干线物流调度系统"，与阿里云专家团队合作，运用大数据算法模型，实现了智能车货匹配、智能实时调度、智能标准报价、智能地图寻迹。运满满还将向全社会有调车需求的生态伙伴提供最标准的 API 接口，实现对外共享，进一步提升物流效率。

资料来源：http：//www.ymm56.com/.

5.1　物流配送信息技术

20 世纪末，计算机和网络技术的发展，信息和通信技术的成熟和普及，自动化、网络化、信息化已经成为整个城市物流的发展方向，而物流产业本身也由传统的单一个体向供应链集团式发展。在城市货物流通过程中，伴随着物流活动产生大量反映物流过程的数据（输入/输出物流的结构、流量与流向、库存量、物流费用、市场动态），并将这些数据不断地进行传输和反馈，形成新的信息流。而传统的城市物流网络也因为新的信息流的加入使整个城市物流网络更加丰富、节点之间的联系更加紧密、物流流程更加合理、不必要的延误不断减少，信息时代的来临使整个社会的物流成本大幅度降低。

5.1.1　自动识别技术

自动识别技术就是应用一定的识别装置，通过被识别物品和识别装置之间的接近活动，自动地获取被识别物品的相关信息，并提供给后台的计算机处理系统来完成相关后续处理的一种技术。它是一种高度自动化的信息或者数据采集技术。

自动识别技术在全球范围内迅猛发展，形成了包括条码技术、射频技术、磁条磁卡技术、IC 卡技术、光学字符识别、声音识别及视觉识别等集计算机、光、磁、物理、机电、通信技术为一体的高新技术学科。

小贴士

中国自动识别技术协会（AIM China）

中国自动识别技术协会是国家一级协会，英文名称：Automatic Identification Manufacture Association of China（缩写 AIM China）。中国自动识别技术协会是国际自动识别制造商协会（AIM Global）的国家级会员。

业务领域涉及：条码识别技术、射频识别技术、生物特征识别技术、智能卡识别技术、光字符识别技术、语音识别技术、视觉识别技术、图像识别技术和其他自动识别技术。

资料来源：http：//www.aimchina.org.cn/index.aspx.

5.1.1.1　条码技术

条码（bar code）技术是一种可印制的计算机语言。印刷在商品外包装上的条码，将世界各地的生产制造商、出口商、批发商、零售商和客户有机地联系在一起。它解决了计算机应用中数据采集的"瓶颈"，实现了信息的快速、准确获取与传输，是信息管理系统和管理自动化的基础。

1. 条码概述

条码是指由若干个黑色的"条"和白色的"空"所组合成的一个单元。条码单元中，黑色条对光线的反射率低而白色空对光线的反射率高，再加上条与空的宽度不同，就能使扫描光线产生不同的反射接收效果，在光电转换设备上转换成不同的电脉冲，这些电脉冲就是信息，电脉冲通过网络传输其含有的信息。

条码技术具有输入速度快、采集信息量大、灵活实用、可靠性高、可扩展、经济便宜、设备简单、易于制作、可印刷且印刷成本低及读取精度高等特点。因此，条码通常用来对物品进行标识。物品可以是用来进行交易的一个贸易项目，如一瓶啤酒或一箱可乐等，也可以是一个物流单元，如一个托盘等。所谓对物品的标识，就是首先给某一物品分配一个代码，然后以条码技术的形式将这个代码表示出来，并且标识在物品上，以便识读设备通过扫描识读条码技术符号而对该物品进行识别。条码技术是全世界通用的商品代码表示方法。

2. 条码的种类

条码种类很多，通常划分为一维条码和二维条码。

1）一维条码

一维条码只是在一个方向（一般是水平方向）表达信息，而在垂直方向则不表达任何信息，其一定的高度通常是为了便于阅读器的对准。

一维条码的主要特征是简单直观，条码表示的信息与其下方的数字一致。生成设备与识读设备品种多、价格低。其不足之处在于：数据容量较小，30 个字符左右；离开了数据库的支持，这类条码变得毫无意义；只能包含字母和数字；条码尺寸相对较大（空间利用率较低）；条码遭到损坏后便不能识读。

一维条码按照应用可分为商品条码和物流条码。商品条码包括 EAN 码和 UPC 码，物流条码包括 128 码、ITF 码、39 码、库德巴（Codabar）码等。

（1）EAN 码。EAN 码是国际物品编码协会制定的一种商品用条码，通用于全世界，已成为电子数据交换（EDI）的基础。EAN 码符号有标准版 EAN-13（图 5-1）和缩短版 EAN-8（图 5-2）两种，我国日常购买的商品包装上所印的条码一般就是 EAN 码。

图 5-1　EAN-13 码

图 5-2　EAN-8 码

小贴士

商品条码　零售商品编码与条码表示

2008年11月7日中华人民共和国国家质量监督检验检疫总局、中国国家标准化管理委员会发布《商品条码　零售商品编码与条码表示》（GB 12904—2008）（英文名称：Bar code for commodity—Retail commodity numbering and bar code marking）。

本标准与ISO/IEC15420：2000《信息技术 自动识别与数据采集技术 条码符号规范 EAN/UPC》的一致信程度为非等效，并结合了《GS1通用规范》（2008年版）和我国的实际情况，在《商品条码》（GB 12904—2003）的基础上，改名为《商品条码　零售商品编码与条码表示》，标准号保持不变，是商品条码系统标准体系中的一个重要标准。

13位代码结构由厂商识别代码、商品项目代码、校验码三部分组成，分为四种结构。

（2）UPC码。UPC码是美国统一代码委员会制定的一种商品用条码，主要用于美国和加拿大地区，我们在美国进口的商品上可以看到。如图5-3、图5-4所示。

图5-3　UPC-A码

图5-4　UPC-E码

小贴士

国际物品编码协会

国际物品编码协会（EAN International），简称EAN，前身是欧洲物品编码协会，成立于1977年，是基于比利时法律规定建立的一个非营利性质的国际组织，总部设在比利时首都布鲁塞尔。EAN自建立以来，始终致力于建立一套国际通行的全球跨行业的产品、运输单元、资产、位置和服务的标识标准体系和通信标准体系。

2002年11月26日美国统一代码委员会（Uniform Code Council，UCC）和加拿大电子商务委员会（ECCC）正式加入EAN，EAN和UCC合并为一个全球统一的标识系统——EAN·UCC系统（在我国称为ANCC全球统一标识系统，简称ANCC系统）。其目标是向物流参与方和系统用户提供增值服务，提高整个供应链的效率，加快实现包括全方位跟踪在内的电子商务进程。目前，EAN·UCC系统已拥有99个编码组织代表100多个国家或地区，遍及六大洲，已有120多万家用户通过国家（或地区）编码组织加入到EAN·UCC系统。EAN·UCC系统正广泛应用于工业生产、运输、仓储、图书、票汇等领域。

继UCC和ECCC加入EAN后，2005年2月，EAN正式变更为GS1。

（3）Code 39码。Code 39码（图5-5）是一种可表示数字、字母等信息的条码，主要用于工业、图书及票证的自动化管理，目前使用极为广泛。

（4）Code 93 码。Code 93 码（图 5-6）与 Code 39 码具有相同的字符集，但它的密度要比 Code 39 码高，所以在面积不足的情况下，可以用 Code 93 码代替 Code 39 码。

图 5-5 Code 39 码

图 5-6 Code 93 码

（5）库德巴码。库德巴码（图 5-7）也可表示数字和字母信息，主要用于医疗卫生、图书情报、物资等领域的自动识别。

（6）Code 128 码。Code 128 码（图 5-8）可表示 ASCII 0 到 ASCII 127 共计 128 个 ASCII 字符。

图 5-7 库德巴码

图 5-8 Code128 码

（7）ITF 25 条码。ITF 25 条码（图 5-9），又称"交插 25 码"，是一种条和空都表示信息的条码，交插 25 码有两种单元宽度，每一个条码字符由五个单元组成，其中二个宽单元，三个窄单元。在一个交插 25 码符号中，组成条码符号的字符个数为偶数，当字符是奇数个时，应在左侧补 0 变为偶数。条码字符从左到右，奇数位置字符用条表示，偶数位字符用空表示。交插 25 码的字符集包括数字 0 到 9。

（8）Industrial 25 条码。Industrial 25 码（图 5-10）只能表示数字，有两种单元宽度。每个条码字符由五个条组成，其中两个宽条，三个窄条。这种条码的空不表示信息，只用来分隔条，一般取与窄条相同的宽度。

图 5-9 ITF 25 条码

图 5-10 Industrial 25 条码

（9）Matrix 25 条码。Matrix 25 码（图 5-11）只能表示数字 0 到 9。当采用 Matrix25 码的编码规范，与 ITF25 码的起始符和终止符时，生成的条码就是中国邮政编码。

（10）国际标准书号。国际标准书号（international standard book number，ISBN），是国际通用的图书或独立的出版物（除定期出版的期刊）代码。国际标准书号由 13 位数字组成。前三位数字代表图书，中间的 9 个数字分为三组，分别表示组号、出版社号和书序号，最后一个数字是校验码。一个国际标准书号只有一个或一份相应的出版物与之对应。ISBN 码样式见图 5-12。

图 5-11 Matrix 25 码

图 5-12 ISBN 码

2）二维条码

由于条码应用领域的不断拓展，对一定面积上的密度和信息量提出了更高的要求。二维条码在水平和垂直方向的二维空间存储信息，具有密度高，信息含量大，保密、防伪性能好的特点，可以将照片、指纹、掌纹、视网膜、声音、签名、文字等可数字化的信息进行编码。因此二维条码是实现证件、卡片、档案、照片、票据等大容量、高可靠性信息自动存储、携带并自动识读的最理想的方法。

二维条码根据构成原理、结构形状的差异，可分为行排式二维条码（2D stacked bar code），如 PDF417 码、Code 49 码和 Code 16K 码；矩阵式二维条码（2D matrix bar code），如 QR code、data matrix、maxi code 等。

（1）PDF417 码。PDF417 码（图 5-13）是由美国 SYMBOL 公司发明，PDF（portable data file）意为"便携数据文件"。因为组成条码的每一符号字符都是由 4 个条和 4 个空构成，如果将组成条码的最窄条或空称为一个模块，则上述的 4 个条和 4 个空的总模块数一定为 17，所以称 417 码或 PDF417 码。

PDF417 码可表示数字、字母或二进制数据，也可表示汉字。PDF417 码最大的优势在于其庞大的数据容量和极强的纠错能力。一个 PDF417 码最多可容纳 1 850 个字符或 1 108 个字节的二进制数据，如果只表示数字则可容纳 2 710 个数字。PDF417 码的纠错能力分为 9 级，级别越高，纠正能力越强。由于这种纠错功能，使得污损的 PDF417 码也可以正确读出。当 PDF417 码用于防伪时，并不是 PDF417 码不能被复制，而是由于使用 PDF417 码可以将大量的数据快速读入计算机，使得大规模的防伪检验成为可能。我国目前已制定了 PDF417 码的国家标准（GB/T 17172—1997）。PDF417 码需要有 417 解码功能的条码阅读器才能识别。

（2）QR Code 码。QR Code 码（图 5-14）由日本 Denso 公司研制，它具有信息容量大、可靠性高、可表示汉字及图像多种文字信息、保密防伪性强等优点外，还具有超高速识读、全方位（360°）识读的特点。

图 5-13 PDF417 码

图 5-14 QR Code 码

3. 条码的应用

条码技术是生产厂家、批发商、零售商、运输业者等经济主体进行订货和接受订货、销售、运输、保管、出入库检验等活动的信息源。由于标签易于制作，对设备和材料没有特殊要求，识别设备操作容易，不需要特殊培训，且设备也相对便宜，条码技术是迄今为止最经济、实用的一种自动识别技术。条码技术由于在活动发生时能即时自动读取信息，因此便于及时捕捉到用户的需要，提高物品的流通速度，也有利于促进物流系统效率的提高，它的应用主要体现在以下方面。

（1）电子数据交换。作为 EDI 系统的基础数据，如果没有条码技术数据，一切有关商品的电子信息资料都无从开始。例如，货主（生产厂家、贸易商、批发商、零售商等）、承运业主（独立的物流承运企业等）、实际运送货物的交通运输企业（公路运输企业、铁路企业、水运企业、航空企业等）、协助单位（政府有关部门、金融企业等）和其他的物流相关单位（如仓库业者、配送中心等）等，若他们之间没有使用条码技术就无法进行信息的交流与沟通，则一切业务就无从谈起。

（2）储存管理。条码在储存中的应用见图 5-15，通过对条码的识别，掌握出入库商品的规格、数量、位置等信息资料，以支持库存管理和库内作业。根据条码技术所提供的信息进行拣货、选货或分货，实现高效率的配货作业。

图 5-15　条码在储存中的应用

小案例

自动化立体仓库

自动化立体仓库，也叫自动化立体仓储，利用立体仓库设备可实现仓库高层合理化，存取自动化，操作简便化。自动化立体仓库通常由货架，巷道式堆垛起重机、入（出）库工作台和自动运进（出）及操作控制系统组成。货架是钢结构或钢筋混凝土结构的建筑物或结构体，货架内是标准尺寸的货位空间，巷道堆垛起重机穿行于货架之间的巷道中，完成存、取货的工作。管理上采用计算机及条码技术。

（3）实施分类管理。根据条码技术信息，可以通过相关软件自动生成商品分类，从而支持了对重点商品和一般商品的分类管理，从而提高运输企业的经营管理水平，创造更多的利润。

（4）运输管理（图 5-16）。通过对条码技术的识别，掌握货物在途情况，以支持运输作业，如运输过程的监控与信息反馈、运输车辆的安排、运输成本核算等，可以提高运输企业的运输能力、降低物流成本、提高服务质量，从而实现运输方式（或承运人）的选择、路径的设计、货物的整合与优化及运输车辆线路与时间的选择。

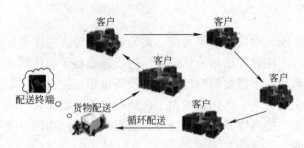

图 5-16　条码技术在配送运输中的应用

（5）供应链管理。通过条码所传递的信息，进行统计、结算、市场分析等经营管理活动。

5.1.1.2　射频技术

无线射频识别技术（radio frequency identification，RFID），也称射频技术，是 20 世纪 90 年代开始兴起的，是射频信号通过空间耦合（交变磁场或电磁场）实现无接触信息传递并通过所传递的信息无须人工干预达到识别目的技术。它可识别高速运动物体并可同时识别多个标签，具有信息量大、操作快捷方便等特点。

小贴士

RFID 中国网（http://www.rfidchina.org）是中国最早致力于为 RFID（无线射频识别）产业链及其应用服务的专业门户网站。网站自 2004 年开通至今，一直受到业内人士的广泛关注，并已发展成为 RFID 产业公认的主流领先门户网站。2007 年 4 月 18 日，中国 RFID 产业联盟将 RFID 中国网定为中国 RFID 产业联盟唯一指定官方网站。

1. RFID 技术原理

RFID 系统在具体的应用过程中，根据不同的应用目的和应用环境，系统的组成会有所不同，但从 RFID 系统的工作原理来看，系统一般都由信号发射机、信号接收机、发射接收天线等组成（图 5-17）。

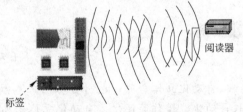

图 5-17　RFID 技术原理

1）信号发射机（标签）

在 RFID 系统中，信号发射机为了不同的应用目的，会以不同的形式存在，典型的形式是标签（TAG）。标签相当于条码技术中的条码符号，用来存储需要识别传输的信息。与条码不同的是，标签必须能够自动或在外力的作用下，把存储的信息主动发射出去。

电子标签通常由标签天线（或线圈）及标签芯片组成。天线是标签与阅读器之间传输数据的发射、接收装置。标签芯片即相当于一个具有无线收发功能再加存储功能的单片系统。

电子标签具有各种各样的形状，见图 5-18，但不是任意形状都能满足阅读距离及工作频率的要求，必须根据系统的工作原理，即磁场耦合（变压器原理）还是电磁场耦合（雷达原理），设计合适的天线外形及尺寸。在实际应用中，除了系统功率，天线的形状和相对位置也会影响数据的发射和接收，因而需要专业人员对系统的天线进行设计、安装。电子标签的类型见表 5-1。

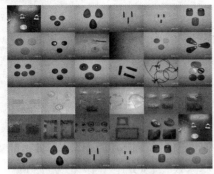

图 5-18　标签样图

表 5-1　RFID 技术中标签类型

分类标准	标签类型
工作频率	低频段电子标签
	中高频段电子标签
	超高频与微波电子标签
电能消耗	有源式电子标签
	无源式电子标签
	半无源式电子标签
储存器类型	只读电子标签
	可读写电子标签

可读写标签系统需要编程器。编程器是向标签写入数据的装置。编程器写入数据一般来说是离线（off-line）完成的，也就是预先在标签中写入数据，等到开始应用时直接把标签黏附在被标识项目上。也有一些 RFID 应用系统，写数据是在线（on-line）完成的，尤其是在生产环境中作为交互式便携数据文件来处理时。

2）信号接收机（阅读器）

在 RFID 系统中，信号接收机一般叫做阅读器。根据支持的标签类型不同与完成的功能不同，阅读器的复杂程度不同。阅读器基本的功能是提供与标签进行数据传输的途径。另外，阅读器还提供相当复杂的信号状态控制、奇偶错误校验与更正功能等。标签中除了存储需要传输的信息外，还必须含有一定的附加信息，如错误校验信息等。识别数据信息和附加信息按照一定的结构编制在一起，并按照特定的顺序向外发送。阅读器通过接收到的附加信息来控制数据流的发送。一旦到达阅读器的信息被正确的接收和译解后，阅读器通过特定的算法决定是否需要发射机对发送的信号重发一次，或者知道发射器停止发信号，这就是"命令响应协议"。使用这种协议，即便在很短的时间、很小的空间阅读多个标签，也可以有效地防止"欺骗问题"的产生。

RFID 技术有多种分类，从频率上可分为低频系统、高频系统和超高频系统；从读取方式上可分为主动式、被动式和半被动式 RFID；从信息存储方式上可分为集成电路固化式、现场有线改写式和现场无线改写式。

RFID 系统的主要性能指标是阅读距离，也称为作用距离，它表示在阅读器能够可靠地与电子标签交换信息的距离，即阅读器能读取标签中的数据的最远距离。实际系统这一指标相差很大，取决于标签及阅读器系统的设计、成本的要求、应用的需求等，范围在 0~100 m 左右。典型的情况是，在低频 125 kHz、13.56 MHz 频点上一般均采用无源标签，作用距离为 10~30 cm，个别系统的作用距离可达 1.5 m。在高频 UHF 频段，无源标签的作用距离可达到 3~10 m。更高频段的系统一般均采用有源标签。采用有源标签的系统作用距离可达到至 100 m 左右。

从纯技术的角度来说，RFID 的核心在电子标签，阅读器是根据电子标签的设计而设计的。虽然，在射频识别系统中电子标签的价格远比阅读器低，但通常情况下，应用中电子标签数量是巨大的，尤其在物流应用中，电子标签有可能是海量并且是一次性使用的，而阅读器的数量则相对要少得多。

2. RFID 的应用

RFID 技术能够广泛应用于生产、物流、交通、运输、医疗、防伪、跟踪、设备和资产管理等需要收集和处理数据的领域，而在仓储物流管理、生产过程制造管理、智能交通、家电控制等方面更是引起了众多厂商的关注。

小贴士

RAIN RFID

RAIN RFID 是一个全球性的产业联盟（官方网址：http://rainrfid.org/），促进普遍采用 UHF RFID 技术。RAIN 采用 GS1 UHF Gen2 协议，ISO/IEC 标准为 18000—63。"RAIN" 是由 radio frequency identification 衍生而来的缩写词，它旨在确认 UHF RFID 和云之间的联系，RFID 可以通过因特网存储、管理和共享数据。

RAIN 由 Impinj、英特尔、谷歌和 SMARTRAC 在 2014 年创立。其中，Impinj 公司每天将数十亿的物品连接到网络，向企业提供有关他们创建、管理、运输和销售的物品的实时信息。

20 世纪 90 年代初的金卡工程推动了国内 IC 卡的应用和发展，也为 RFID 产业的推广与应用打下了基础。进入 21 世纪，RFID，尤其是 13.56 MHz 的 RFID，已在国内得到广泛的应用，主要集中于身份识别、公共交通管理、物流管理等领域。

小贴士

金卡工程

1993 年 6 月国务院启动了以发展我国电子货币为目的、以电子货币应用为重点的各类卡基应用系统工程即我们常说的金卡工程。金卡工程广义是金融电子化工程，狭义上是电子货币工程。它以计算机、通信等现代科技为基础，以银行卡等为介质，通过计算机网络系统，以电子信息转账形式实现货币流通。

1）身份识别

电子标签可以嵌入到身份证、护照、工作证等各种证件中，用于人员身份识别，是目前 RFID 技术应用最为广泛和成熟的领域之一。我国第二代居民身份证，是基于 ISO/IEC 14443-B 标准的 13.56 MHz 电子标签。教育部学生购票优惠卡，也是基于 ISO/IEC 15693 标准的 13.56 MHz 电子标签。

2）公共交通管理

电子车票具有交易便捷，快速通过，可靠性高等优点，所以越来越多的城市正在使用电子车票并准备给它增加更多的功能。如 2006 年 5 月正式启用的北京市政交通一卡通。

在电子不停车收费系统（electronic toll collection，ETC）特别是高速公路自动收费应用上，RFID 技术可以解决原来收费成本高、管理混乱及停车排队引起的交通拥堵等问题，在这方面应用的电子标签因为要求能够远距离、快速识别，所以多工作在 UHF 或微波频段。2014 年 12 月 30 日，交通运输部出台《关于全面深化交通运输改革的意见》（交政研发〔2014〕242 号）。

《意见》称研究制定智慧交通发展框架,实现 ETC、公共交通一卡通等全国联网。

3)供应链管理

在生产环节,可实现生产线、产品加工自动控制。如德国 BMW 公司将 RFID 系统应用在汽车生产流水线的生产过程控制中,Motorola 公司在超净车间里利用 RFID 系统来控制流水线的零件流向等。

标签就是物品的"身份证",借助电子标签,可以实现商品(原料、半成品、成品)在运输、仓储、配送、上架、最终销售,甚至退货处理等环节进行实时监控。每个产品出厂时都被附上电子标签,然后通过读写器写入唯一的识别代码,并将物品的信息录入到数据库中。此后装箱销售、出口验证、到港分发、零售上架等各个环节都可以通过读写器反复读写标签。

RFID 技术提高了物品分拣的自动化程度,降低了差错率,使整个供应链管理显得透明而高效。具体来说,在零售环节,RFID 技术可以改进零售商的库存管理,实现适时补货,有效跟踪运输与库存,提高效率,减少差错。同时,电子标签能够对某些具有时效性的商品进行有效期限的监控;商店还能利用 RFID 系统在付款台实现自动扫描和计费,取代人工收款方式。在存储环节,RFID 技术最广泛的使用是存取货物与库存盘点,它能用来实现自动化的存货和取货等操作并进行实时自动盘点,从而增强作业的准确性和快捷性,提高服务质量,降低成本,节省劳动力和库存空间。在运输环节中,通过给在途运输的货物和车辆贴上 RFID 标签,可完成对设备的跟踪控制。

小贴士

NFC

近场通信(near field communication,NFC)由非接触式 RFID 及互联互通技术整合演变而来,是一种短距高频的无线电技术,在 13.56 MHz 频率运行于 10 cm 距离内。其传输速度有 106 kbps、212 kbps 或 424 kbps 三种。NFC 采用主动和被动两种读取模式。

NFC 设备在单一芯片上结合感应式读卡器、感应式卡片和点对点的功能,能在短距离内与兼容设备进行识别和数据交换。

5.1.2　电子数据交换

电子数据交换(electronic data interchange,EDI)是实现公司之间订单、发票等文件传输电子化的手段。EDI 技术是不同的企业之间为了提高经营活动的效率在标准化的基础上通过计算机联网进行数据传输和交换的方法。

5.1.2.1　EDI 概述

EDI 是计算机到计算机之间的结构化的事务数据交换。在智能运输系统的商用车辆运营和多式联运领域中,EDI 及其国际标准 EDIFACT 是不可缺少的信息技术。

1. EDI 特征及构成

国际标准化组织(ISO)将 EDI 描述为:将商业或行政事务处理(transaction),按照一个公认的标准,形成结构化的事务处理或信息数据格式,从计算机到计算机的数据传输。

国际电话与电报顾问委员会（International Telegraph and Telephone Consultative Committee，CCITT）① 对 EDI 描述为：计算机到计算机之间的结构化事务数据互换。联合国对 EDI 的定义为：用给定的标准编排有关数据，通过计算机向计算机传送业务往来信息。综上所述，EDI 是按照协议对具有一定结构特征的标准信息，经数据通信网络，在计算机系统之间进行交换和自动处理。即用户根据国际通用的标准格式编制报文，以机器可读方式将结构化的信息按照协议将标准化的文件通过通信网络传送。报文接受者按国际统一规定的语法规则，对报文进行处理，通过信息管理系统和作业管理的支持系统，完成综合的自动交换和处理。原理如图 5-19 所示。

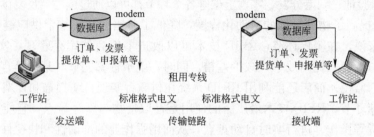

图 5-19　EDI 概念原理

EDI 具有以下特征：

① EDI 是两个或多个计算机应用进程间的通信；

② 遵循一定语法规则与国际标准；

③ 数据是自动的投递和传输处理而不需要人工介入，由应用程序对它自动响应，从而实现事务处理或贸易自动化；

④ 通信网络是 EDI 应用的基础，计算机应用是 EDI 的条件，标准化是 EDI 的关键。

EDI 是电子商业贸易的一种工具，将商业文件如订单、发票、货运单、报关单和进出口许可证，按统一的标准编制成计算机能识别和处理的数据格式，在计算机之间进行传输。

EDI 的目的是通过建立企业间的数据交换网来实现数据处理、数据加工等事务作业的自动化、省力化、及时化和正确化，同时通过有关销售信息和库存信息的共享来实现经营活动的效率化。EDI 的主要功能表现在电子数据传输和交换、传输数据的存证、文书数据标准格式的转换、安全保密、提供信息查询、提供技术咨询服务、提供信息增值服务等方面。全球大企业都应用 EDI 系统与它们的主要客户和供应商交换商业信息，因此，EDI 是信息流和物流相结合的关键技术。

小贴士

EDI 的应用

EDI 系统将订单、发货、报关、商检、银行、保险结算等合成一体，从而使整个商贸活动过程中的纸质单据凭证电子化传递存储。企业收到一份 EDI 订单，业务系统自动处理该订单，检查订单是否符合要求；审核通过后通知企业内部管理系统安排生产；向零配件供销

----

① CCITT 是国际电信联盟（International Telecommunication Union，ITU）前身。

商订购零配件等；有关部门申请进出口许可证；通知银行并给订货方开出 EDI 发票；向保险公司申请保险单等。

小贴士

电 子 发 票

电子发票是指传统纸质发票的电子映像和电子记录。纳税人可以在线开具、在线查验、在线传递发票，并可实现在线申报。

2012 年 11 月，深圳、重庆、南京、杭州、青岛五个城市依托电子商务示范城市建设工作开始试行电子发票，北京、上海、成都在政府支持下同步启动电子发票试点，陆续完成了电子发票应用系统建设，2013 年 6 月份起陆续顺利开出电子发票。2013 年 1 月 25 日税务总局公布了《网络发票管理办法》，自 2013 年 4 月 1 日起施行。全国税务机关自行开发或委托软件商开发了网络发票管理系统，应用网络发票实现了发票的领购、开具、缴销、查询、比对。2017 年 3 月份，国家税务总局发布《关于进一步做好增值税电子普通发票推行工作的指导意见》，进一步明确重点在电商、金融、快递等行业做好增值税电子普通发票推行工作。

2. EDI 软件及硬件

1）EDI 系统软件部分

EDI 所需要的软件主要是将用户数据库系统中的信息译成 EDI 的标准格式以供传输交换。由于不同行业的企业是根据自己的业务特点来规定数据库的信息格式的，因此，当需要发送 EDI 文件时，从企业专有数据库中提取的信息，必须把它翻译成 EDI 的标准格式才能进行传输。所以，对一个要被传输的 EDI 报文来说，EDI 软件必须执行三项基本功能：格式转换功能、翻译功能和通信功能。

EDI 软件系统的核心是格式转换软件、翻译软件和通信软件。其操作流程如图 5-20 所示。

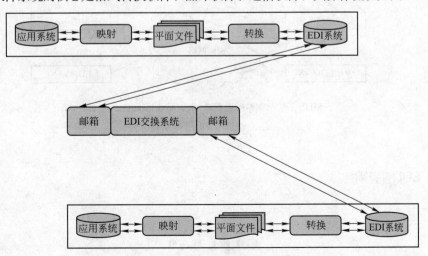

图 5-20 EDI 软件系统操作流程

（1）转换软件。从发送方来说，转换软件可以帮助发送方将原有计算机系统的文件，转换成翻译软件能够理解的平面文件；从接收方来说，将从翻译软件接收来的平面文件，转换成接收方计算机系统中的文件。

（2）翻译软件。从发送方来说，将平面文件翻译成 EDI 标准格式；从接收方来说，将接收到的 EDI 标准格式翻译成平面文件。

（3）通信软件。从发送方来说，将 EDI 标准格式的文件外层加上通信信封（envelope）再送到 EDI 系统交换中心的对方邮箱中；从接受方来说，由 EDI 系统交换中心，将接收到的文件取回。

2）EDI 系统硬件部分

（1）计算机。

（2）调制解调器和路由器。由于使用 EDI 来进行电子数据交换，需通过通信网络，因此，调制解调器和路由器是必备硬件设备。

（3）数据通信网。这是实现 EDI 的手段与技术基础。为了传递文件，必须有一个覆盖面广、高效安全的数据通信网作为其技术支撑环境。由于 EDI 传输的是具有标准格式的商业或行政文件，因此除了要求通信网具有一般的数据传输和交换功能之外，还必须具有格式效验、确认、跟踪、防篡改、防盗窃、电子签名、文件归档等一系列安全保密功能，并且在用户间出现法律纠纷时能够提供法律证据。各种数据通信网络（如公众电话网、专用网、分组交换网等）都适用于构成 EDI 的网络环境。

综上所述，EDI 服务系统构成如图 5-21 所示。

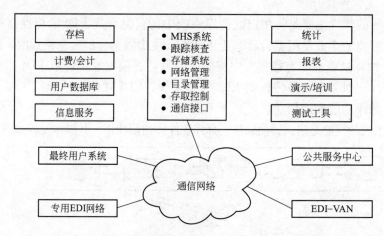

注：MHS 系统指物料搬运系统（material handling system）

图 5-21　EDI 服务系统

5.1.2.2　EDI 的应用

小资料

EDI 的应用历程

20 世纪 60 年代末，美国航运业首先使用 EDI。

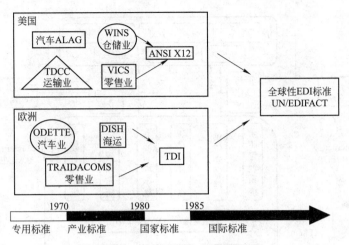

图 5-22　EDI 的应用历程

20 世纪 70 年代，出现了一些行业性数据传输标准并建立行业性 EDI。

20 世纪 80 年代，美国 ANSI X12 委员会与欧洲一些国家联合研究国际标准。

20 世纪 90 年代，出现 Internet EDI。

联合国欧洲经济委员会（United Nations Economic Commission for Europe，UN/ECE）制定颁布的《行政、商业和运输业电子数据交换规则》（EDIFACT）。EDIFACT 标准包括一系列涉及电子数据交换的标准、指南和规则。由 UN/ECE 印刷为"联合国贸易数据交换指南（UNEDID）"，它包括 10 个部分。

UN/ECE/CEFACT 是联合国欧洲经济委员会（UN/ECE）设立的行政、商业、运输业程序和惯例简化中心（CEFACT）的简称。网址为：http://www.unece.org/cefact/。

随着 UN/EDIFACT 的出现，欧经会（UN/ECE）被指定为专门管理 EDIFACT 的机构。在 UN/ECE/WP4 下设立两个专家组；第一专家组（即 GE1）负责数据元和自动数据交换的研究；第二专家组（即 GE2）负责制定处理规程和文档说明。为制定 EDIFACT 标准，GE1 指派专人（即地区 UN/EDFIACT 召集人）来负责协调各地区的报文开发、技术评估、文档建立及促进 EDIFACT 应用等方面的活动。这些 EDIFACT 召集人，由当地政府提名并由 WP4 任命。EDI 的应用历程如图 5-22 所示。

通过 EDI 技术，物流企业与客户间，以及物流企业与管理职能部门间可以实现快速数据传输交换，实现单证作业的电子化，提高作业和管理效率。EDI 技术应用的关键是 EDI 数据的标准化，企业间不同的标准使得 EDI 的应用受到限制，EDI 在公共物流信息平台上应用，必须要求各类单证的格式化和各类协议合同的规范化。

EDI 在生产及物流供应链环节的应用如图 5-23 所示。

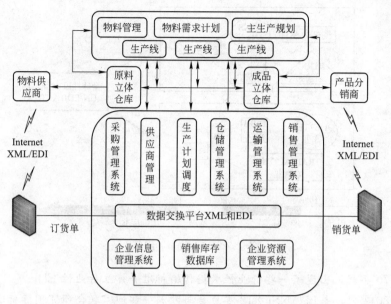

图 5-23   EDI 在生产及物流供应链环节的应用示意图

小资料

海关信息化建设和全国海关通关一体化改革

2012 年起，海关总署在全国推出通关作业无纸化改革，在进出口环节充分应用信息化和互联网技术，企业只需申报电子数据、无须递交纸质单证即可办理通关手续，相关许可证件与各部委联网核注核销，并配套实施了税款电子支付、结付汇联网核查等改革。

2014 年以来，海关总署先后在京津冀、长江经济带、泛珠四省区、丝绸之路经济带、东北地区启动区域通关一体化改革，覆盖全国 42 个直属海关，实现"多地通关，如同一关"。2016 年 6 月 1 日起，海关启动了以"两中心三制度"（风险防控中心、税收征管中心和"一次申报分步处置"通关制度、税收征管制度和协同监管制度）为核心的全国通关一体化改革试点，进一步打破关区、部门和信息化系统间的藩篱，推动跨关区、跨层级、跨海关业务部门的一体化通关，实现"全国是一关，关通天下"。

2017 年 7 月 1 日起，海关通关一体化在全国实施，企业可以在任意一个海关完成申报、缴税等海关手续，实现申报更自由，手续更简便，通关更顺畅。全国海关设立风险防控中心和税收征管中心，对全国海关风险防控、税收征管等关键业务集中、统一、智能处置，并实现对舱单、报关单风险甄别和业务现场处置作业环节的前推后移，实现通关流程由"纺锤型"向"哑铃型"的改变。

打造"网上办事大厅"，为全国企业提供报关预录入、出口退税、行政审批、知识产权备案等网上便捷服务；应用进出口企业资信库、财关库银横向联网、增值税联网核查等系统，与商务、税务、外汇、银行等部门深度合作，取消了纸质外汇核销单、退税证明联的核查，实现了对增值税抵扣信息的联网验核。

5.1.3　全球卫星定位系统

全球卫星定位系统（global positioning system，GPS）是 20 世纪 70 年代由美国陆海空三军联合研制的空间卫星导航定位系统。其主要目的是为陆、海、空三大领域提供实时、全天候和全球性的导航服务，并用于情报收集、核爆监测和应急通信等军事活动。

5.1.3.1　GPS 概述

GPS 是一个由覆盖全球的 24 颗卫星组成的卫星系统，它可以保证在任意时刻，地球上任意一点都可以同时观测到 4 颗卫星，以保证卫星可以采集到该观测点的经纬度和高度，以便实现导航、定位、授时等功能。

GPS 定位精度高。实践证明，GPS 相对定位精度在 50 km 以内可达 10^{-6}，$100 \sim 500$ km 可达 10^{-7}，$1\,000$ km 可达 10^{-9}。在 $300 \sim 1\,500$ m 工程精密定位中，1 小时以上观测的解其平面位置误差小于 1 mm，与 ME-5000 电磁波测距仪测定的边长比较，其边长校差最大为 0.5 mm，校差中误差为 0.3 mm。而且，GPS 观测时间短。目前，20 km 以内相对静态定位，仅需 $15 \sim 20$ 分钟；快速静态相对定位测量时，当每个流动站与基准站相距在 15 km 以内时，流动站观测时间只需 $1 \sim 2$ 分钟，然后可随时定位，每站观测只需几秒钟。GPS 还具有测站间无须通视[①]、可提供三维坐标、全天候作业和操作简便等特点。

GPS 全球卫星定位系统由三部分组成。

（1）空间部分——GPS 星座。GPS 的空间部分是由 24 颗工作卫星组成，它位于距地表 $20\,200$ km 的上空，均匀分布在 6 个轨道面上（每个轨道面 4 颗），以 12 小时的周期环绕地球运行，轨道倾角为 55°。此外，还有 3 颗有源备份卫星在轨运行。卫星的分布使得在全球任何地方、任何时间都可观测到 4 颗以上的卫星，并能在卫星中预存导航信息。GPS 的卫星因为大气摩擦等问题，随着时间的推移，导航精度会逐渐降低。

（2）地面控制系统——地面监控系统。地面控制系统由监测站、主控制站、地面天线所组成，主控制站位于美国科罗拉多州春田市（Colorado Springs）。地面控制站负责收集由卫星传回的信息，并计算卫星星历、相对距离，大气校正等数据。

（3）用户设备部分——GPS 信号接收机。其主要功能是能够捕获到按一定卫星截止角所选择的待测卫星，并跟踪这些卫星的运行。当接收机捕获到跟踪的卫星信号后，就可测量出接收天线至卫星的伪距离和距离的变化率，解调出卫星轨道参数等数据。根据这些数据，接收机中的微处理计算机就可按定位解算方法进行定位计算，计算出用户所在地理位置的经纬度、高度、速度、时间等信息。接收机硬件和机内软件，以及 GPS 数据的后处理软件包构成完整的 GPS 用户设备。

GPS 导航系统的基本原理是测量出已知位置的卫星到用户接收机之间的距离，然后综合多颗卫星的数据就可知道接收机的具体位置。

---

① GPS 测量不要求测站之间互相通视，只需测站上空开阔即可，因此可节省大量的造标费用。由于无须点间通视，点位位置可根据需要，可稀可密，使选点工作甚为灵活，也可省去经典大地网中的传算点、过渡点的测量工作。

小资料

中国北斗卫星导航系统

中国北斗卫星导航系统（BeiDou navigation satellite system，BDS）是中国自行研制的全球卫星导航系统。是继美国全球定位系统（GPS）、俄罗斯格洛纳斯卫星导航系统（GLONASS）之后第三个成熟的卫星导航系统。北斗卫星导航系统（BDS）和美国GPS、俄罗斯GLONASS、欧盟GALILEO，是联合国卫星导航委员会已认定的供应商。

2012年12月27日，北斗系统空间信号接口控制文件正式版1.0正式公布，北斗导航业务正式对亚太地区提供无源定位、导航、授时服务。

资料来源：http://www.beidou.gov.cn/index.html.

5.1.3.2　GPS的应用

GPS技术可以用来引导飞机、船舶、地面车辆及个人等安全、准确地沿着选定的路线，准时到达目的地。

GPS主要用于车辆动态监控系统，如图5-24所示公交车辆监控系统。在开发车辆导航应用的同时，也将带动相关的通信技术、信息技术、控制技术、多媒体技术和计算机应用技术的发展。

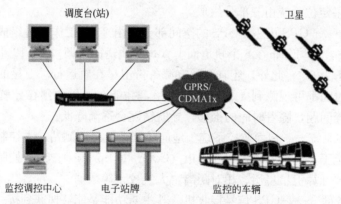

图5-24　公交汽车GPS+GPRS/CDMA1x定位监控系统

小贴士

道路运输车辆动态监管

为认真贯彻落实《国务院关于进一步加强企业安全生产工作的通知》（国发〔2010〕23号）精神，切实加强道路运输车辆动态监管工作，预防和减少道路交通运输事故，确保2011年12月31日前所有旅游包车、三类以上班线客车和运输危险化学品、烟花爆竹、民用爆炸物品的道路专用车辆（以下简称"两客一危"车辆），安装使用具有行驶记录功能的卫星定位装置（以下简称卫星定位装置）工作全部完成，2011年交通运输部印发《关于加强道路运输车辆动态监管工作的通知》。该通知要求运输企业必须为"两客一危"车辆安装符合《道路运输车辆卫星定位系统车载终端技术要求》（JT/T 794—2011）的卫星定位装置，并接入全国重点营运车辆联网联控系统，保证车辆监控数据准确、实时、完整地传输，确保车载卫星定位装置工作正常、数据准确、监控有效。自 2011 年 8 月 1 日起，新出厂的"两客一危"车辆，在车辆出厂前应安装符合《道路运输车辆卫星定位系统车载终端技术要求》（JT/T 794—2011）的卫星定位装置。

2014 年印发《道路运输车辆动态监督管理办法》，2016 年修订该办法。2016 年交通运输部办公厅下发《关于进一步加强道路运输车辆动态监管工作的通知》。

将全球卫星定位系统应用于物流运输中，可以使物流运输的各个阶段紧密衔接，合理进行车辆调度和人员安排，优化配送路线，降低运输总距离，提高运输效率。具体来说，在短途运输时，针对短途运输对时间要求严格，而多数交通要道在某一时段容易堵塞的特点，将移动定位系统与 GIS 及交通部门的实时路况信息系统相集成，对路径进行组合，为企业提供最优路径决策服务。同时在运输过程中实时地提供所选路径的路况信息，一旦发现有塞车的路况就根据车辆所在位置提供备选路径，从而大大提高运输的速度和效率。在长途运输时，考虑到其运输距离相对稳定和更注重安全的特点，将移动定位系统与 GIS、各路段发生交通事故的历史数据系统及气象信息系统相结合，为企业提供最优路径决策服务和行车安全警报信息。例如，在事故多发地段和大风、大雾等恶劣天气条件下提醒司机降低车速，提高警惕；在前方路段发生较大规模事故时提醒司机绕行；在地质灾害多发路段提前预报泥石流等灾害信息等。

小资料

全国道路货运车辆公共监管与服务平台

2012 年 7 月份国务院颁布了文件，正式提出要求建设全国货运车辆公共监控服务平台，并要求重型载货汽车和半挂牵引车车接入平台。2013 年 1 月 1 日，全国道路货运车辆公共平台正式上线，并在 9 个省份进行试点实施。2014 年公安部、交通部、安监总局将道路货运车辆动态监管工作范围扩大到全国。

平台网站：http://www.gghypt.net/；门户网站：http://news.gghypt.net/。

2016 年 12 月交通运输部办公厅印发《道路货运车辆动态监控服务商服务评价办法》，该办法自 2017 年 1 月 1 日起施行，有效期 5 年。

5.1.4　地理信息系统

地理信息系统（geographic information system，GIS），是 20 世纪 60 年代开始迅速发展起来的地理学研究技术。GIS 是一门介于信息科学、空间科学与地球科学之间的交叉学科，它将地理学空间数据处理与计算机技术相结合，通过系统建立、操作与模型分析，产生对资源环境、区域规划、管理决策、灾害防治等方面的有用信息。

小贴士

国家测绘地理信息局

国家测绘地理信息局是国土资源部管理的主管全国测绘事业的行政机构，其前身是国家测绘局。2011年5月23日，国务院办公厅正式发文，国家测绘局更名为国家测绘地理信息局。国家测绘地理信息局下设有地理信息与地图司（测绘成果管理司）。

5.1.4.1　GIS概述

GIS是以地理空间数据库为基础，在计算机软硬件的支持下，对空间相关数据进行采集、管理、操作、分析、访问、模拟和显示，并采用地理模型分析方法，适时提供多种空间和动态的地理信息，为研究和决策服务而建立起来的计算机技术系统。它具有以下三方面的特征。

（1）具有采集、管理、分析和输出多种地理空间信息的能力，具有空间性和动态性。

（2）以地理研究和地理决策为目的，以地理模型方法为手段，具有区域空间分析、多要素综合分析和动态预测能力，产生高层次的地理信息。

（3）由计算机系统支持进行空间地理数据管理，并由计算机程序模拟常规的或专门的地理分析方法，作用于空间数据，产生有用信息。

GIS是一种决策支持系统，它与其他信息系统的主要区别在于其存储和处理的信息是经过地理编码的。另外，地理位置及与该位置有关的地物属性信息成为信息检索的重要部分。在GIS中，现实世界被表达成一系列的地理要素和地理现象，这些地理特征至少有空间位置参考信息和非位置信息两个组成部分。

GIS从外部来看，它表现为计算机软硬件系统，而其内涵是由计算机程序和地理数据组织而成的地理空间信息模型，是一个逻辑缩小的、高度信息化的地理系统。

1）计算机系统

计算机系统可分为硬件系统、软件系统。

GIS的硬件部分包括执行程序的中央处理器，保存数据和程序的存储设备，用于数据输入（如数字化仪等数字化设备）、显示和输出的外围设备（如绘图仪、显示器等）。其中大多数硬件是计算机技术的通用设备，GIS的硬件系统正朝着快速、通用、低价位的方向发展。

GIS的软件系统由核心软件和应用软件组成。其中核心软件包括数据处理、管理、地图显示和空间分析等部分，通常包括了以下5个基本模块：数据输入和校验、数据存储和管理、数据交换、数据显示和输出、用户接口。而应用软件则是系统开发人员根据地理专题或区域分析模型编制的一些特殊的应用软件（包），它与核心模块紧密结合，面向一些特殊的应用问题，如网络分析、数字地形模型分析等，是系统功能的扩充和延伸。虽然GIS软件有些是通用的数据库管理系统，但大部分软件是专用的，仅限于GIS领域；一些GIS软件属于免费软件，但大多数是商业化软件系统，有知识产权问题；有些软件面向特定硬件，但大多数软件独立于特定硬件，为开放系统。

小贴士

ARC/INFO 软件系统是地理信息系统中用于地理数据管理的专用软件系统。主要由 ARC 和 INFO 两大部分组成。其中，美国环境系统研究所（ESRI）开发的 ARC 是一个空间数据管理系统；美国亨科软件公司（Henco Software）开发的 INFO 为一关系型数据库系统。ARC/INFO 系统采用混合式结构的设计思想，即由 ARC 存储和管理面（多边形）、线（直线、弧）和点的数字化数据；用 INFO 存储和管理空间实体的属性数据。由 ESRI 实现两者的有机结合。

Maptitude 是由美国 Caliper 公司研制的系列 GIS 产品中的一个。作为一个 GIS 和桌面制图系统，Maptitude 软件结合地理数据，功能强大，性能出众而又简单易用。Maptitude 的独特设计使用户可以很方便地生成和更新地图，分析地理数据，以及连接各种 Windows 应用程序的数据。

国产 GIS 软件有武汉测绘科技大学的 GeoStar、中国地质大学的 MapGIS、北京大学的 CityStar 及方正集团公司开发的"方正智绘"软件等。

无论是国产 GIS 软件，还是国外 GIS 软件，都必须具有 GIS 的基本功能，如数据接收与处理（包括数据校核、坐标变换、投影变换等），数据存储，数据库管理，空间查询与检索，空间分析，数据输出等。

2）地理数据库系统

地理信息系统的地理数据分为几何数据和属性数据。它们的数据表达可以采用栅格和矢量两种形式，几何数据表现了地理空间实体的位置、大小、形状、方向及拓扑几何关系。

地理数据库系统由数据库实体和地理数据库管理系统组成。地理数据库管理系统主要用于数据维护、操作和查询检索。地理数据库是 GIS 应用项目重要的资源与基础，它的建立和维护是一项非常复杂的工作，涉及许多步骤，需要很高的技术和经验、投入大量人力及开发资金，是地理信息系统应用项目开展的瓶颈技术之一。

5.1.4.2　GIS 的应用

GIS 的应用包括为土地利用、资源评价与管理、环境监测、交通运输、经济建设、城市规划，以及政府部门行政管理提供新的知识，为工程设计和规划、管理决策服务提供强有力的支撑。

小资料

天 地 图

国家地理信息公共服务平台"天地图"（以下简称"天地图"）是国家测绘地理信息局主导建设的网络化地理信息共享与服务门户，集成了来自国家、省、市（县）各级测绘地理信息部门，以及相关政府部门、企事业单位、社会团体、公众的地理信息公共服务资源，向各类用户提供权威、标准、统一的在线地理信息综合服务。

"天地图"属于基础性、公益性服务平台，针对不同用途设计了多种数据版本和服务模式，用户可根据自身需求选用。

资料来源：http://www.tianditu.cn/.

GIS 技术结合 CAD 技术和数据库技术，除了具有管理空间数据如配送中心、配送点的位置坐标信息功能之外，还具有建立拓扑、进行空间分析等功能（如空间数据库系统）。GIS 将地理信息与数据信息结合，为物流配送企业发展创造了巨大的空间。

1）车辆路线模型

用于解决一个起始点、多个终点的货物运输中如何降低物流作业费用，并保证服务质量的问题，包括决定使用多少辆车，每辆车的路线等。

在公共汽车站及天桥、广告牌等相关建筑物上设置 RFID 标签，使用车载 RFID 阅读器收集位置信息，与车载行驶距离检测仪的测量数据，通过 GPRS 系统实时传输，同时配合数字地图的使用，从而完成对车辆的实时监控调度，具体过程见图 5 - 25。

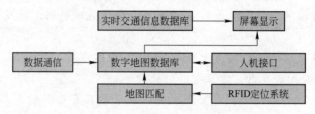

图 5 - 25　车辆实时监控调度系统

2）网络物流模型

用于解决寻求最有效的分配货物路径问题，也就是物流网点布局问题。如将货物从 N 个仓库运往到 M 个商店，每个商店都有固定的需求量，因此需要确定由哪个仓库提货送给哪个商店，所耗的运输代价最小。

3）分配集合模型

可以根据各个要素的相似点把同一层上的所有或部分要素分为几个组，用以解决确定服务范围和销售市场范围等问题。如某一公司要设立 X 个分销点，要求这些分销点要覆盖某一地区，而且要使每个分销点的客户数目大致相等。

4）设施定位模型

用于确定一个或多个设施的位置。在物流系统中，仓库和运输线共同组成了物流网络，仓库处于网络的节点上，节点决定着线路，如何根据供求的实际需要并结合经济效益等原则，在既定区域内设立多少个仓库，每个仓库的位置，每个仓库的规模，以及仓库之间的物流关系等问题，运用此模型均能很容易地得到解决。

小案例

地　图　慧

地图慧开创交互式地图、地理空间应用新形态，面向企业机构和个人用户提供在线地图与地理信息系统服务。地图慧旨在一键式制作专业地图应用，无须专家知识与编程经验。让数据内容在地理空间上展示，从而辅助业务决策，打造企业或个人专属地图应用。

地图慧隶属于北京超图软件股份有限公司。超图软件积极发展 GIS 云服务业务，通过地图慧提供大众化的在线地图绘制和地理分析服务，通过地图慧商业服务为企业客户及合作伙伴提供在线地图数据与 API 服务，为行业用户提供在线 GIS 应用服务。

　　地图慧商业服务帮助企业在地图上管理自有业务数据，基于海量的空间位置数据云存储、空间数据检索引擎、云端多账号管理、多产品自由组合定制等特点，将专业的 GIS 服务搬到云端，实现更轻巧灵活的在线即租即用模式，使企业客户直达产品服务。

　　地图慧商业服务产品体系包括网点管理、区划管理、分单管理、车辆管理、路线规划、巡店管理、销售管理、考勤管理、地址匹配、业务统计等多种云端应用产品。

　　资料来源：http://c.dituhui.com/aboutus.

小贴士

物 联 网

　　物联网（internet of things，IoT）是物物相连的互联网。物联网的核心和基础仍然是互联网，是在互联网基础上延伸和扩展的网络；其用户端延伸和扩展到了任何物品与物品之间，进行信息交换和通信。物联网通过智能感知、识别技术与普适计算等通信感知技术，广泛应用于网络的融合中。物联网是互联网的应用拓展。如 AWS IoT 解决方案是一个全托管的云平台，使互联设备可以轻松安全地与云应用程序及其他设备交互；又如中移物联网开放平台为 IoT 开发者提供智能设备自助开发工具、后台技术支持服务，为用户提供物联网专网、短彩信、位置定位、设备管理、消息分发、远程升级等基础服务；再如百度、阿里也提供了物联网的云平台解决方案。

小贴士

云 计 算

　　云计算是一种按使用量付费的模式，这种模式提供可用的、便捷的、按需的网络访问，进入可配置的计算资源共享池（资源包括网络、服务器、存储、应用软件、服务），这些资源能够被快速提供，只需投入很少的管理工作，或与服务供应商进行很少的交互。

　　如苏宁云仓、宅急送云仓定位仓储开放共享，再如菜鸟物流云、京东云定位云物流产品综合解决方案平台。

5.2　物流公共信息平台

小案例

56135.com "智慧流通网"

　　56135.com "智慧流通网" 隶属于上海陆上货运交易中心有限公司，成立于 2005 年，是中国最大的流通领域电子商务平台。

　　56135 智慧流通网致力于打造中国领先的 "智慧供应链管理平台" 和 "流通领域资源交易平台"。业务范围包括：互联网平台运营、物流资源交易、物流系统研发、大宗商品供应链管理、电商供应链管理、跨境电子商务等。

56135 旗下"中国物流交易中心"是中国最早开展物流资源在线交易的平台。提供增值服务平台包括：物流担保交易平台、智慧供应链平台、上海港集装箱运输交易平台及城市共同配送服务平台。

2015 年，56135 智慧流通网移动应用平台"56 云交易 App"正式上线。

资料来源：http://www.56135.com/.

物流公共信息平台运用现代的信息技术、计算机技术、通信技术，整合物流行业内外、服务区域的信息资源，系统化地采集、加工、传送、存储、交换企业内外的物流信息，从而达到对供应链的计划、协同、执行、监控的有效同步管理。

建设物流公共信息平台，不仅对完善现代物流功能具有重要的现实意义，而且对发展跨行业、跨地区的现代物流具有深远的意义。基于 Internet 的物流公共信息平台能真正实现物流企业之间，企业与客户之间物流信息和物流功能的共享，使商流、物流和信息流在信息平台的支持下实现互动，从而提供准确和及时的物流服务。

物流公共信息平台是指运用先进的信息技术和现代通信技术所构建的具有虚拟开放性的物流网络平台。通过对公用信息（如交通流背景资料、物流枢纽货物跟踪信息、政府部门间公用信息）进行收集、分析及处理，对物流企业信息系统完成各类功能（如车辆调度、货物跟踪及运输计划制订等）提供支撑，如为政府相关部门的信息沟通提供信息枢纽作用、为政府提供宏观决策支持功能等。物流公共信息平台的本质在于为企业提供单个企业无法完成的基础资料收集，并对其进行加工处理，为政府相关部门公共信息的流动提供支撑环境。通过公共信息平台保障物流信息的畅通，能够整合现有企业物流信息资源，优化行业物流运作，从而实现社会物流系统整体效益的最大化。

城市物流配送公共信息平台不是一个只提供信息发布、交流论坛和社区服务的网站；也不是物流企业内部的专业服务系统（包括类似 ERP 的系统）或笼统意义上的电子商务系统。从电子商务系统的角度讲，更应该是一个物流电子商务支持系统，支持由物流电子商务第三方企业具体实施物流电子商务服务。

小资料

物流公共信息平台工程

2009 年，国务院发布《物流业调整和振兴规划》（国发〔2009〕8 号）。关于物流公共信息平台工程，要求加快建设有利于信息资源共享的行业和区域物流公共信息平台项目，重点建设电子口岸、综合运输信息平台、物流资源交易平台和大宗商品交易平台。鼓励企业开展信息发布和信息系统外包等服务业务，建设面向中小企业的物流信息服务平台。

小资料

阳光捷通打造"共享仓"

阳光捷通开发应用了"跨境电商通关管理平台""跨境电商综合服务平台""跨境电商供应链服务平台"，运用共享经济模式，凝聚全球物流、仓储、支付、金融优质资源打造"共享仓"平台，为出口电商客户竭诚提供优质、高效、稳定的一站式跨境综合服务。

资料来源：www.b2s2c.com.

5.2.1　物流公共信息平台类型

下面从物流公共信息平台建设主体及平台辐射范围两方面了解不同类型的物流公共信息服务平台。

5.2.1.1　按平台构建的主要主体划分

物流公共信息平台的构建可以通过企业、政府部门、行业协会等来实现。

1. 企业主导型物流公共信息平台

企业主导型物流公共信息平台是城市现代物流信息平台的重要组成部分，由于企业的类型、经营管理水平千差万别，不可能有统一的信息平台建设模式。

小资料

曹 操 到

曹操到隶属于北京绿色翔枫信息技术有限公司，用众包模式重构配送行业，打造"互联网＋极限配送"模式。

曹操到速递以航空、高铁为运营网络，整合优化各机场、高铁站的平台网络，并在机场、高铁站设立专业人员分拨点，做到只要航空有班次、高铁有站点曹操到就有专人在分拨，真正做到多频次无缝对接，快件直达目的地不落地中转，全国实行网络干线高效运营，并且曹操到速递采用全网统一管理平台，制定高效、严谨的标准操作流程，做到点对点准时递送服务，打造高效商务信函快递业务团队，做行业的领跑者。

资料来源：http://www.caocaod.com/.

企业主导型物流信息平台主要有以下 5 种模式。

1) 供应链核心企业主导型

由供应链上的核心企业按照企业内部物流一体化的方法，将这种管理延伸到整个供应链物流管理全程，包括对物流信息化建设和物流信息系统集成的管理。

根据国内重点扶持三种类型物流企业，一是以工业原材料和零部件采购、产成品运送为主的物流企业；二是以商品贸易、批发为主的配送中心；三是以交通运输、仓储、货代等专业服务为主的第三方物流企业。

（1）生产企业物流信息平台。供应链是在相互关联的部门或业务伙伴之间所发生的物流、资金流，覆盖从产品（或服务）设计、原材料采购、制造、包装到支付给最终用户的全过程。生产企业供应链物流是现代物流的重要组成部分。通过对企业供应链物流信息平台的建设，加强企业与其供应链上供应商和合作伙伴之间的物流信息共享和整合，可以增强企业对其物流供应链的运控能力，大幅度提高企业的竞争力，因而这是企业信息化建设的重要工作内容。

小资料

重庆龙文实业集团

从 2000 年开始，重庆龙文实业集团（简称龙文集团）就开始研发以公共交换数据、电子交易、数字仓储应用、网络销售信息管理、资讯平台、加工配送、金融协同、移动服务、商业协同及商业智能等多方面系统组成的服务平台。该平台作为西南地区首家金属材料物流信息公共服务平台，现已面向全社会推广：与重庆、成都、上海、天津等城市的 11 家大型仓库达成合作，资讯平台（龙文钢材网）更成为西南地区最具权威性、影响力最大的专业性网站，注册会员和电子交易会员已达到 5 000 家。

重庆市金属材料电子交易中心有限责任公司（简称电交中心）是龙文集团的子公司。该中心自行研发的以公共交换数据系统、电子交易系统、数字仓储应用系统、网络销售信息管理系统、资讯平台、加工配送系统、金融协同系统、移动服务系统、商业协同系统及商业智能系统等组成的重庆金属材料现代物流公共信息平台，依托互联网和现代电子商务技术，采用国际先进的网络安全产品，配备高强度数据加密、身份认证等技术，构建功能强大、安全可靠的网上交易系统，对金属材料电子交易及相关配套功能（包括仓储、加工、物流配送等）提供网上平台和信息化增值服务。该系统与银行结算系统、数字仓储管理系统相衔接，形成完整、集中的网上交易中心和交收结算服务体系，可为交易双方提供高效、安全、便捷的电子交易、结算、交收及相关服务。整个平台还将有效整合重庆市现有物流仓储资源，达到物流信息充分共享，极大地提高金属材料交易效率和仓储设施利用率，降低物流成本，大大提高管理效率。

资料来源：http://www.lwsy.org/.

（2）流通企业物流信息平台。

① 连锁超市物流。连锁超市是一种发展迅速的主流商业业态，通过商业企业物流配送信息平台的建设，不仅发挥了快捷有效的配送功能，而且也减少了企业流动资金的占用，降低了企业成本。

② 电子商务物流。配合城市电子商务的规划和建设，注重虚拟电子商务网与实体物流配送网的相互结合，重点建设服务于电子商务的物流配送信息系统。

（3）第三方物流企业信息平台。第三方物流企业是现代物流产业的主体，根据物流社会化运作的需要，通过专业化改造和联合重组的方式，充分发挥社会原有的物流设施资源效用，结合传统批发企业、储运企业等的改造，规划和建设第三方物流企业信息平台。如 FedEx、UPS、宅急送等。

小案例

宅急送中标格力郑州的 VMI 项目

1994 年，宅急送诞生于北京。2015 年，宅急送明确以"为品牌商提供线上线下一站式综合物流服务"为战略指向，将通过物流、信息流、资金流、商流"四流合一"的有效整合，成为互联网经济时代企业客户主流的销售渠道服务商。

格力在全国有八大生产基地，旨在提升其生产物流供应链整体能力，2016 年格力试点郑州的供应商管理库存（vender managed inventory，VMI）项目。格力零配件供应商超过300多家，遍布全国各地，生产供应链物流要保障格力生产线不能停线，一是要有仓储管理的专业能力，二是供应商的管理能力。宅急送中标格力郑州的 VMI 项目，这主要依托于宅急送全国网络和班车体系的卡班陆运产品，通过定时、定点的班车运输满足格力遍布全国的供货商至郑州的干线运输需求，将全国各地的零配件及时地配送到由宅急送管理的格力仓库。

2）物流园区主导型

在物流企业主导型的物流信息平台中，物流园区是平台的主要构建者。其原因在于物流园区的参与主体众多，主要有园区管理中心、物流企业、客户和政府管理机构。由物流园区构建的物流信息平台可以汇集园区内企业集团的物流信息，提供本园区内企业的仓储、装卸、加工、包装、客户等物流基本信息，为物流园区内信息的有效交换与传递服务提供保障。物流园区信息平台的功能划分为基本功能和扩展功能两部分。其中基本功能包括数据交换功能、信息发布功能、会员服务功能、在线交易功能和系统管理功能。扩展功能包括智能配送功能、货物跟踪分析、库存管理系统、决策分析功能和金融服务功能。

小案例

徐州综合物流园开园暨五洲公路港正式投运

2016 年 11 月 16 日，徐州综合物流园开园暨五洲公路港正式投运，这是淮海经济区首个投运的综合型公路港。作为物流产业公共平台，五洲公路港以 O2O 模式为引领，立足于构建"一站式"物流运输体验，车辆的维护、修配，司机的衣食住行，物流企业从保险、金融及政府相关配套服务等都能得到"一站式"的满足。如贵州高速集团（ETC 办理）、快到网（专业线上配货、云配平台）、一点通、江苏银行、保险公司、万达金融及轮胎、润滑油销售等合作单位已经进驻并开始为入园企业提供高效服务。

小资料

天 地 汇

天地汇是物流产业互联网平台公司，致力于打造 O2O 线上线下联动的中国第四方公路物流平台，是服务公路物流的综合型、平台型、创新型、生态型的企业。

天地汇以"互联网＋物流（园）"的方式整合以"小、散、乱、弱、多"为特征的中国传统公路物流产业。天地汇专注于打造三张网和两朵云，即"天网、地网、车网"和"物流云""数据云"。以供应链协同为核心，以线下园区为基础管理单元，通过互联网、移动互联网、车联网、物联网等信息技术手段进行线上线下的联动，实现园区与园区之间互联互通，进而构建园区之间的高效车网并实现运输过程的透明化管理。天地汇会员的发展和服务质量的提升依赖类 SaaS 系统的物流云，依托于这个系统所产生的大数据，形成云数据，可服务于每个物流企业甚至每台车。天地汇的商业本质是"天网共享、地网互联、车网互通、生态共赢"。

资料来源：http://www.56pingtai.net/intro.html#intro.

3）物流联盟主导型

物流联盟是以物流为合作基础的企业战略联盟，它是指两个或多个企业之间，为了实现自己的物流战略目标，通过各种协议、契约而结成的优势互补、风险共担、利益共享的松散型网络组织。如大型企业为了保持其核心竞争力，通过物流联盟方式把物流外包给一个或几个第三方物流公司。

长期供应链关系发展成为联盟形式，有助于降低企业的风险。单个企业的力量是有限的，它对一个领域的探索的失败将会带来巨大损失，而如果几个企业联合起来，在不同的领域分头行动，就会减少风险。而且联盟企业在行动上也有一定协同性，因此对于突如其来的风险，能够共同分担，提高了抵抗风险的能力。

企业，尤其是中小企业，通过物流服务提供商，通过联盟整合在物流设备、技术、信息、管理、资金等各方面互通有无，优势互补，减少重复劳动，降低成本，达到共同提高、逐步完善的目的，从而使物流业朝着专业化、集约化方向发展，提高整个行业的竞争能力。

小案例

英国的 Laura Ashley 公司

英国的 Laura Ashley 公司是一家时装和家具零售商和批发商，从 1953 年的一个家庭为基础的商业企业发展到在全球 28 个国家有 540 个专卖店的企业。

从 20 世纪 80 年代，Laura Ashley 公司开始使用 FedEx 的服务来经营北美地区业务，在 20 世纪 90 年代初，Laura Ashley 面临的物流问题是陈旧和集中的存货系统使公司在正常的基础上很难提供充足数量的产品，公司的仓储和供应网络会延迟送货时间，尤其在英国以外的国家。为了提升竞争地位，增加核心竞争力，Laura Ashley 公司决定与 FedEx 结盟，外包其关键性的物流功能，如存货控制和全球物流配送。1992 年 3 月，公司外包其未来 10 年内的总计 2.25 亿美元的全球物流服务项目给 FedEx。这样 Laura Ashley 公司减少了一半的库存货物，减少了 10%～12% 物流费用。补货控制在 48 小时内，提高了产品的供货质量。尤其重要的是那些"易损"的产品现在能够更可靠、频繁和准时的配送。

4）中介物流网站主导型

该类型的物流网站由专门的物流交易中介企业建立，其企业核心业务即为相关物流企业、客户提供物流企业、物流政策、客户需求等信息，因此，较其他类型的物流网站，该类型网站具有专业性强、信息全面广泛、信息更新较快等方面的特点。

小案例

锦程物流网

锦程物流网（www.jctrans.com）成立于 2003 年，是全球最大的网上物流交易市场。锦程物流网始终以电子商务和网络公共平台为依托，以网络营销推广、网络交易、网络结算、网络物流金融、信誉体系等多元化网络服务为手段，整合国内外物流行业资源和贸易客户资源，打造贸易商面向物流提供商的网络物流集中采购渠道、物流提供商面向贸易商的网络营销渠道、物流提供商之间的同行网络采购合作渠道，打造全球最安全的物流交易和结算服务平台。

5）由港口、国际贸易等相关企业主导型

由于港口、国际贸易业务的特殊性，该类型物流信息平台是由港口、国际贸易等物流行业相关的企业构建的专业信息平台。

小案例

亿 通 国 际

上海亿通国际股份有限公司是根据市政府的决策，在市政府全力支持下，经过完整的市场化运作过程，整合了原上海市 EDI 中心、上海港航 EDI 中心和上海经贸网络科技有限公司等三家信誉卓著企业的业务、市场和客户资源，以及强大的技术和管理团队，由上海市信息投资股份有限公司、上海国际港务集团等 10 家单位联合发起，于 2001 年 7 月 28 日设立的股份制企业。亿通国际由上海市人民政府授权，负责上海电子口岸平台、上海港航 EDI 中心平台的建设和运营体。

亿通国际以上海口岸高速成长的进出口和物流企业为主要服务对象，以口岸政府监管、物流信息和电子商务统一平台的设计、开发和运营为核心，涉及贸易、监管、物流、支付等四大环节的信息技术开发和应用服务，努力促进信息技术在国际经贸领域各方面的发展与应用。自成立以来，亿通公司相继承担建设了"上海大通关平台""上海电子口岸平台""上海出口加工区联网监管系统""洋山综合信息服务平台""上海世博会物流管理信息系统""浦东空港物流园区信息系统"等一系列市级重大项目。

公司发展至今，已拥有 1 100 平方米的电信级数据中心和 600 平方米的异地容灾备份中心，平台网络连接海关、检验检疫、海事、边检、交通港口等主要口岸监管单位，并通过上海政务外网实现与工商、税务、质检、国资、商务、外汇等单位的网络互联，同时实现了 15 家金融机构的网络接入。网络覆盖上海海港、空港口岸及所有特殊监管区域，并辐射长三角区域和长江流域，与香港、台湾及其他泛亚地区的物流信息网络衔接。

2. 政府主导型公共信息平台

政府负责确立物流发展的宏观战略，组织制定建设规划；抓好物流信息标准化工作；研究制定物流信息化示范工程；建立培养物流信息化人才的环境。行业主管部门负责落实平台建设规划，明确在平台建设中的职责，确保总体规划的协调；指导平台各不同子系统的建设工作，注意各个子系统之间的协调。

小案例

湖南交通物流公共信息平台

湖南交通物流公共信息平台是国家交通运输物流信息的区域平台，承担国家物流信息基础交换网络节点的数据交换和服务交换，是湖南省交通运输厅"十二五"交通信息化建设重点项目。平台由湖南省联合运输办公室负责建设和管理，湖南交通物流信息服务有限公司负责研发、运营和维护。

湖南交通物流信息共享平台是依据交通运输部交规划发〔2013〕651号《交通运输部关于印发交通运输物流公共信息平台建设纲要等3个文件的通知》精神建设的区域性交通物流信息平台。

湖南交通物流公共信息平台作为国家交通运输物流信息的省级区域平台，承担国家物流信息基础交换网络节点的数据交换和服务交换工作，平台立足综合交通运输，全面整合交通运输的公路、水运、铁路、航空及邮政物流等各类信息资源，打造湖南"数字化交通物流"，建成开放、公平、可靠、安全的湖南交通物流公共信息平台，推进物流信息标准化建设，实现物流运作资源共享与交换，实现物流公共信息及时有效发布，实现面向中小企业的物流管理云服务和面向政府的物流运行动态监测及大数据分析，提高物流企业信息化水平，推动物流行业升级和转型，成为建设现代交通运输及物流业的重要手段。

资料来源：http://www.jt56.org/.

由于物流作业涉及的点多面广，在我国不同城市物流职能的归口管理部门不尽相同，这造成我国各地以政府为主导的物流公共信息平台的主导方式不同。有的是由发展改革委主导构建，有的则是由运输与港口管理局主导构建，还有的是由政府多部门共同构建。

小案例

江西省省级物流公共信息平台

2016年6月8日，江西省省级物流公共信息平台（http://www.jiangxiwuliu.com/）正式上线，向政府、园区、企业和个人提供"一站式"集成化物流信息服务。

2014年10月，江西省启动省级物流公共信息平台建设。该平台将企业、车辆、货源、物流仓储园区、驾驶员等与交通物流相关的信息进行整合展示，实现了全省物流信息覆盖，为中小物流企业和物流从业者提供有效的信息交换服务，轻松实现网上交易。

3. 行业协会主导型物流公共信息平台

以物流行业协会、交通运输协会等行业协会为主体构建的行业物流信息平台，对物流行业发展十分重要。该类平台主要负责提供具有行业特点的物流监管、供求，以及相关的商业化开发和增值服务。

小案例

中国物流与采购网

中国物流与采购网由中国物流与采购联合会、中国物流学会主办。中国物流与采购网、中国物流联盟网（两网合并运行）作为行业组织主办的网站，目前已成为公认的物流业权威的门户网站。中国物流与采购网、中国物流联盟网作为网络媒体，其主要特点是：涵盖行业信息的各个方面。主要栏目有联合会快讯、行业资讯、物流专家、论文荟萃、政策法规、热点讨论、教育培训、物流会展、物流规划、采购园地、科技评奖、企业认证、企业黄页等；快捷全面地发布政策法规、政府动态、业界重要新闻、国际交流与合作等重要信息；发布前瞻性信息，如最新宏观理论信息、前沿管理与技术信息、行业预测与动态等；努力为企业提供专业服务。

　　资料来源：http://www.chinawuliu.com.cn/.

5.2.1.2　按平台辐射范围划分

　　物流信息平台按辐射范围可分为城市（省）级物流公共信息平台、国家级物流公共信息平台及国际级物流公共信息平台。

小案例

全国物流信息网

　　全国物流信息网（www.56888.net）创办于 2002 年，是一家由中国交通运输协会主管，深圳市国讯通科技实业有限公司创办，深圳市国网物流信息有限公司主办，服务于中国和全球物流的网络媒体和智慧物流平台。2005 年深圳市国网物流信息有限公司成立后，由于股东和合作伙伴的驻入，全国物流信息网从一企业网演变成为真正的全国网，全国物流信息网也因此叫全国物流信息网联盟，指的是公司联合股东和合作伙伴组建的联盟组织。

1. 城市（省）级物流公共信息平台

　　物流公共信息平台的信息服务需要大量权威的政务信息，管理服务是物流相关管理部门的政府职责，这两项功能应由相关政府管理部门负责建设提供；物流公共信息平台的技术服务和交易服务则完全可以采用市场化的机制建设和运行。

　　省级物流公共信息平台负责提供：

① 省市政府监管服务；

② 省内各大物流园区和企业用户之间的物流资源整合服务；

③ 相关商业化开发和增值服务。

小贴士

安徽物流公共信息平台

　　2012 年 3 月 6 日，在徽商集团信息中心的大力支持下，经过近三个月的努力，安徽物流公共信息平台（www.ah56.org）成功升级上线。

小资料

安徽物流公共信息平台工程

　　改造提升安徽物流公共信息平台，进一步整合商务、交通、邮政、工商、税务、海关、检验检疫、银行、保险等部门的信息资源，构建形成物流公共管理信息、物流业务信息交换和物流企业信息处理三级架构的覆盖市县的物流公共信息平台。加强北斗导航、物联网、云计算、大数据、移动互联、智能交通、自动识别等先进信息技术在物流领域的应用。积极构建通联各地、覆盖全省、线上线下一体的物流云平台。鼓励物流园区和物流龙头企业搭建面向中小物流企业的信息服务平台，推动实现多种运输方式间信息互联与共享，促进货源、车源和物流服务等信息的高效匹配，有效降低货车空驶率。支持物流企业开发应用内部信息管理系统，形成集物流信息发布、在线交易、数据交换、跟踪追溯、智能分析等功能为一体的综合物流信息平台，提高企业信息化水平。

重点建设安徽洲峰电子物流信息综合服务平台、合肥中财物流公共服务平台、淮北传化公路港信息平台、宿州高新区云计算物流信息中心、蚌埠皖北物流信息中心、阜阳太和物流园区信息平台、滁州苏滁现代物流中心、六安城南现代物流园信息平台、马鞍山马钢物流信息平台工程、芜湖海元智能网仓项目、芜湖物流公共信息平台建设及推广应用项目、宣城传化物流公路港等项目。

资料来源：安徽省"十三五"物流业发展规划．

2. 国家级物流公共信息平台

国家级物流公共信息平台特点是：

① 国家政策支撑和国际物流需求的平台；

② 汇集和发布中央级政府监管信息；

③ 体现国际物流需求，可以根据物流量有针对性地建立通往美国、欧洲、澳大利亚等的物流中心频道，以便有效地利用国际物流的海、陆、空通道，协调国际、国内各区域间的物流资源。

小案例

国家交通运输物流公共信息平台

国家交通运输物流公共信息平台（简称"国家物流信息平台"，英文标识"LOGINK"）是国务院《物流业发展中长期规划（2014—2020年）》的主要任务和重点工程，是由交通运输部和国家发改委牵头，由职能部门、科研院所、软件开发商、物流企业等多方参与共建的一个公益、开放、共享的公共物流信息服务网络，是一项政府主导的交通基础设施工程和物流信息化推进工程，是互联网时代政府创新服务，企业创造市场的有力实践。

2012年交通运输部正式启动了国家物流信息平台建设，2013年交通运输部印发了《交通运输物流公共信息平台建设纲要》等3个指导性文件，明确提出建设一个国家级交通运输物流公共信息平台，在统一物流信息标准基础上，提供基础交换和公共信息两大服务，推进各类政府公共服务信息与市场物流信息的有效对接，满足企业间、政企间、行业间、国际的物流数据交换需求，促进各方信息互联互通。

国家物流信息平台是以提高社会物流效率为宗旨，以实现物流信息高效交换和共享为核心功能，由交通运输部和省级交通运输主管部门共同推进，连通各类物流信息平台、企业生产作业系统，统一信息交换标准、消除信息孤岛的面向全社会的公共物流信息服务网络。其基本特征是：公益性、基础性、开放性和共享性。主要功能包括标准服务、交换服务、数据服务。

浙江国家交通物流公共信息平台管理中心（以下简称"管理中心"）是国家交通运输物流公共信息平台网站（www.logink.org）的运维管理方。

3. 国际级物流公共信息平台

国际级物流公共信息平台的运营范围最大，越过了国家的界限，联系两个或多个国家，使得不同国家间物流作业更加便捷。

小案例

云南省开通"东南亚南亚信息港"

云南比邻东南亚、南亚诸国，是中国与东盟及南亚开展合作的重要通道。2009年7月，胡锦涛总书记考察云南之后，提出了把云南建设成中国向西南开放的重要桥头堡的指示。云南的各项建设工作全面推进，其中就包含建设与东南亚南亚的信息通道。

2010年1月1日，中国—东盟自由贸易区正式建立运行，联合会所承建的"东南亚南亚信息港"也于同年2月5日正式开通。

信息港作为一个基础网络平台，用中文及越、老、缅、泰等东盟和南亚国家的文字，反映中国有关地区的产业、资源、产品、经贸状况、法律法规等方面的信息。促进中国与区域国家的经贸合作、文化交流。

资料来源：http://www.chinadaily.com.cn/dfpd/2010 - 02/07/content_9440377.htm.

5.2.2 物流公共信息平台建设

一个有效集成的物流公共信息平台，应该能够通过平台运营方将城市物流系统参与主体的资源进行有效地有机整合，通过统一高效的沟通界面为各方提供所需的信息服务。物流公共信息平台参与主体及其应用对象如表5-2所示。

表5-2 平台参与主体应用对象

物流服务运营商	平台运营商	政府部门、中介机构、企业运营商
政府管理机构	政府管理机构	政府职能部门、行业管理协会、行业管理相关部门
物流服务提供方	物流企业	运输企业、仓储企业、配送企业、货代企业、第三方物流企业等
物流服务需求方	生产企业	供应商、制造商
	商业企业	分销商、零售商
	客户企业	企业客户、消费者

小案例

路歌互联网物流平台

合肥维天运通信息科技股份有限公司自主开发、建设并运营的，集物流服务交易、物流过程管理和协作流程对接为一体的路歌物流电子商务平台，已拥有4万多家物流或生产制造企业用户；以及300多万从事干线营运的个体重卡会员；上线运输交易金额已突破7亿元/月，是全国规模最大的物流电商平台。平台运营理念是：整合路歌物流经纪人及个体车辆以无车承运人方式提供的运输服务，提供信用积累评价体系、交易撮合功能、运费支付结算服务、金融保理服务。针对不同的用户需求，为客户量身定制路歌管车宝、路歌途视宝、路歌发货宝、路歌好运宝等多类物流信息管理软件，在信息查询、运单生成、在线监控、车辆定位、运力调度及其他增值服务等方面实行全面自动管理，一键式便捷操作。并且多款管理软件可以无缝连接，创造整合型物联网信息平台。

5.2.2.1　物流公共信息平台设计

小贴士

无车承运人

近年来，移动互联网技术与货运物流行业深度融合，货运物流市场涌现出了无车承运人等新的经营模式。无车承运人是以承运人身份与托运人签订运输合同，承担承运人的责任和义务，通过委托实际承运人完成运输任务的道路货物运输经营者。无车承运人依托移动互联网等技术搭建物流信息平台，通过管理和组织模式的创新，集约整合和科学调度车辆、站场、货源等零散物流资源，能够有效提升运输组织效率，优化物流市场格局，规范市场主体经营行为，推动货运物流行业转型升级。2016年8月26日，交通运输部办公厅印发《关于推进改革试点加快无车承运物流创新发展的意见》。

如小牛物流打造协同型运输管理平台（TMS）和基于货运人关系网络的"运输圈"App应用，并以SaaS（Software as a Service，软件即服务）方式为客户提供服务。平台为货主、3PL、专线、车队及司机之间提供了便捷和可靠的业务连接服务，帮助上下游企业间实现高效的协同运输和精确的财务对账管理。

物流公共信息平台是一个综合信息度很高的管理信息系统，它主要以网络业务管理、信息交换及信息共享为支撑，旨在建立一个综合的、开放式的信息共享平台，为用户提供在线的物流交易环境和政府职能部门的"一站式"服务的集成环境。由于城市内的物流活动较为密集复杂，下面以城市物流公共信息平台的设计为例说明。平台基本功能模块如图5-26所示。

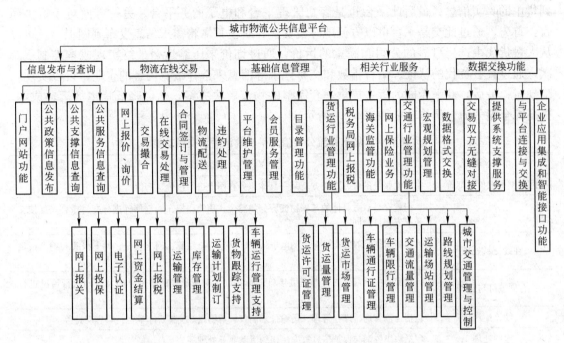

图 5-26 城市物流公共信息平台基本功能结构图

其中，信息发布与查询功能具体内容如表 5-3 所示。

表 5-3 城市物流公共信息平台信息发布与查询功能

功能	查询与发布功能涉及的信息		功能	查询与发布功能涉及的信息
门户网站功能	物流企业信息	企业服务范围	门户网站功能	相关政策法规
		企业资质		物流企业名录
		企业业务规模		市场动态
		企业地理位置		物流论坛
	行业新闻			友情链接
公共政策信息功能	物流相关政策		公共支撑信息功能	车辆信息
	行业标准			地理信息
	法律法规			路线信息
	会展信息			航班信息
	物流培训与咨询信息		公共服务信息功能	港口信息
	物流数据统计处理与分析信息			铁路信息
公共支撑信息功能	环境信息			公路信息
	路况信息			物流园区信息
	气象信息			多式联运信息
	仓库信息			

物流活动在线交易，一方面对于物流供应商而言，首先此交易平台是一个宣传企业形象的网络营销平台；其次是一个信誉平台，经过认证后的会员不但拥有了信誉指数，进而能得

到货主的真实信息；最后此平台也是客户管理平台和电子商务平台。另一方面对于货主而言，首先，通过此交易平台可以方便地寻找货代，货主只需将需求信息发布到网上，就可以从大量货代中选择可靠的公司和满意的运价，通过询价来压缩运费最终实现成本控制；其次，通过查看货代的认证、信誉指数和交易记录等信息来选择最有信誉的企业，可以实现风险规避；最后，此平台能为货主提供一套完整的物流解决方案，从而降低货主的运输成本，提高综合竞争力。具体功能如表5-4所示。

表5-4 城市物流公共信息平台物流活动交易功能

功能名称	功能描述
网上交易报价、询价	指物流服务的供方或需方就某一具体服务在网上进行报价、询价
交易撮合	指就交易双方具体的某项物流服务如舱位、用箱、拖车和仓储等进行交易撮合，促使交易双方签订合同
在线交易处理	包括对交易双方交易身份的电子认证、网上资金结算、网上投保、网上报关和网上报税等业务的处理
合同签订与管理	对交易中所需要的合同提供接口进行签订并对所形成的各种合同及合同执行情况进行管理
物流配送	包括运输管理、库存管理、运输计划制订、货物跟踪支持、车辆运行管理支持等
违约处理	包括法律咨询与保护信息查询、违约活动业务处理等

相关行业服务功能主要是各类政府相关职能部门所提供的电子政务服务。
货运行业管理信息如表5-5所示。

表5-5 城市物流公共信息平台货运行业管理信息

货运量收集	当物流供需双方达成交易协议后，通过对物流交易量的统计及物流追踪信息的反馈与发布对货物流量进行系统的统计、分析从而为相关政府部门工作提供辅助性帮助
货运许可证管理	对城市货运许可证的发放及管理活动
货运市场管理	指通过对货运流量的统计、分析，对货运场站结点进行规划管理，同时对货运市场、货运流量进行规划统计，科学管理货运业

交通行业管理如表5-6所示。

表5-6 城市物流公共信息平台交通行业管理信息

车辆通行证管理	对车辆使用资格证书的发放与管理。其中包括车型、数量、安全状况及承载量等方面的协调管理
车辆限行管理	通过定期对货物流量的统计及此段时间内车辆可运营数量的统计从而规划城市内车辆限行问题，同时可将限行信息进行及时公布
交通流量管理	对于货物配送过程中交通流量信息的管理、监控及对于城市交通流量信息的管理，以便解决城市内道路拥堵问题
运输场站管理	通过对货物运输量及货车路线选择信息的收集、管理，为城市内运输场站位置及规模的设计、规划进行决策管理
路线规划管理	通过追踪货物、车辆信息，规划安排城市内货运车辆的路线选择问题
城市交通管理与控制	对城市交通状况进行规划管理，对城市交通环境进行优化、改造

其他还有：海关网上报关与网上通关及通关数据支持；网上办理保险业务；网上报税、税务信息管理功能；宏观规划管理等。

基础信息管理功能如下。

（1）平台维护管理功能，负责各个信息子系统日常运行维护、网络检测、安全验证等。

（2）会员服务管理功能，为注册会员提供的个性化服务，主要包括会员单证管理、会员的货物状态和位置跟踪、交易跟踪、交易统计和会员资信评估等。

（3）目录管理功能，包括目录引擎功能（为物流服务采购应用提供尽可能多样的目录，并提供基于市场集市的目录集合和搜索服务）和目录精练功能（系统提供目录工厂方案给希望操作自己的目录精练的客户）。

平台数据交换功能包括以下内容。

（1）数据格式转换功能，通过数据规范化定义，支持各类不同格式和系统之间数据的转换与传输，实现各常见数据库、Web 数据、文本、图像等多种格式之间的自定义相互转换。

（2）实现物流电子商务中交易双方的无缝对接功能，在交易双方进行报价、网上磋商、订单签订等活动中，传输和转换数据，并确保交换数据的可读性、可靠性和安全性。

（3）作为 ASP 服务管理平台，为物流企业提供信息系统支持服务的功能，采取完全托管或部分托管的方式，实现 ASP 服务的应用与物流公共信息平台的平滑衔接。

（4）通过网络互联和数据转换功能，建立与其他物流信息相关平台的系统互联与信息共享。

城市物流公共信息平台还可以提供增值功能，如表 5-7 所示。

表 5-7　城市物流公共信息平台增值功能表

宏观决策支持功能	为管理部门的宏观规划决策提供历史数据及相应的分析数据	统计处理物流数据
		经济适应性分析
		统计分析物流运行状况
		企业竞争力分析
		为物流业提供宏观规划与决策分析
		发展趋势预测
		为供需企业和物流服务企业的微观决策提供实时信息支持
提供咨询决策服务	提供各种反映供求关系、价格走势及中短期货物交易的指导性数据	提供有关市场需求预测
		物流行业发展咨询
		为企业提供咨询决策服务
物流应用托管功能	以数据中心（IDC）的形式向物流行业提供应用托管业务，支持物流企业以降低成本外包信息系统。中小型物流企业能方便地应用所需的物流管理信息系统，实现仓储、运输、调度、客户和财务等作业管理与日常管理的信息化	
智能配送功能	利用物流中心的运输资源、商家的供货信息和消费者的购物信息进行最优化配送，使配送成本最低，在用户要求的时间内将货物送达	
金融服务功能	通过物流公共信息平台网络实现金融服务	提供仓单质押贷款
		授信贷款和反向担保等服务
		辅助实现系统的信用评价体系
		促进物流企业和金融企业合作

续表

人才培养、就业服务	建立人才培养基地	劳动技能培训
		岗位培训
		提供就业信息

同城快递解决了传统物流无法解决的问题。被传统快递行业拒之门外的商品，如液体、绿植、易碎品、电子产品、大件物品，甚至宠物都可以通过同城快递来解决。

社会化物流正在倒逼传统物流变革。所谓社会化物流就是利用移动互联网开创全新的智能化配送，整合社会闲散人力资源，信息化对接客户需求，对发件人所处区域内的配送人员进行有效地调度，配送人员可以更加便捷地选择离自己最近的订单，及时、精准地为客户提供配送等服务。同城社会化物流不仅可以节约运输成本，还可以减少临时仓储环节，使快件生命周期将会更短。

小资料

同城货运召车平台

蓝犀牛于 2013 年创立，是一家新型社会化运力组织成的同城货运和搬家互联网公司，旨在为市场提供更方便省心、更高性价比的搬家和同城货运服务。"蓝犀牛"平台（App）包含搬家和货运两种服务功能。蓝犀牛搬家 2015 年年底上线，有普通搬家、日式搬家、办公室搬迁和国际搬家业务等。

货拉拉，业务方向定位为同城即时整车货运，意在整合社会运力资源，搭建快速、平价、安心、专业的同城货运交易平台。货主通过货拉拉平台，可以快速匹配附近的货车资源，并以低价获得优质的货运服务；广大货车司机亦可借助货拉拉迅速对接客户需求，大大提升货车利用效率，进而获得更为丰厚的收入回报。

类似的货车召车类服务还有 GoGoVan、一号货车等。

在移动互联网环境下，物流平台设计通常采用以下两类模式。

（1）信息匹配模式：为车找货、为货找车，解决空车配货问题，如运满满、罗计物流、物流小秘等。

小资料

罗 计 物 流

作为以整车经纪业务为主体的运输解决方案提供商，罗计旨在建立智慧物流，为大客户、中小企业主及货代企业寻找需求匹配的最优承运商。于承运商而言，罗计致力于整合车队剩余运力、返程运力，提升承运商的运输效率。

罗计与企业大客户签订长期合作协议，作为客户专属物流经纪人，罗计通过承运商标准化管理体系实施招标、配载优化、线路优化、在途监控、大数据匹配算法等核心优势为客户创造价值。

对于企业货主而言，全国 50 多个城市均可实现 15 分钟内报价，并且保证运费最低。货主可以清晰地看到货物的轨迹。发现异常，罗计作为专属经纪人会及时处理。而且为货主用户提供专业保险服务。对于合作承运商来说，罗计承运商在货物运送完成后最快 24 小时即可结算提款，保证资金周转；罗计物流还可以提供深度培训、系统运营，把每一个货主的要求统一到对承运商和他们每一辆车的管理上。

资料来源：http://www.loji.com/.

（2）信息整合模式，优化供应链，提升司机、货主、物流企业各环效率，如 oTMS。

小资料

oTMS

2013 年，oTMS（隶属上海先烁信息科技有限公司）首创 SaaS TMS＋App 模式，通过云计算、移动互联网技术，基于连接共享的工作流，实现从货主到司机的全链条全渠道真实管控，产品涵盖管控、交易、金融，可以全面管理企业的 B2B、B2C 和 O2O 业务。

物流 SaaS（Software as a Service，软件即服务）是以互联网平台＋移动互联网平台为载体，将货主、三方物流公司、承运商、车队、司机和收货人连接在一起，通过从订单的导入，到调度、追踪、异常管理、对账，以实现物流管理效率提升与物流产业的信息化水平，最终完成对物流行业的改造升级。

oTMS 物流 SaaS 协同平台通过互联网模式来整合线下有效的运力资源，改善客户体验，提高运输效率，真正做到了运输过程透明、可视化、可监督。同时，运用信息技术来提升产业链的沟通与协作，更提升了整个产业链的运营效率和服务品质。oTMS 物流 SaaS 在云端构建了一个生态，为不同的企业组织建立快捷沟通和协同的基础设施，并把必要的业务信息留在生态，oTMS 的架构可以促进货流数据的线上化和标准化。随着平台上数据的积累，大数据驱动也因此成为可能。智能的报表让企业更好地感知自己的物流，而成本对标也为各个企业提供了参考。

资料来源：http://www.otms.com/.

5.2.2.2　平台运营

小资料

中 储 智 运

中储集团于 2014 年 7 月成立中储南京智慧物流科技有限公司，将前沿现代物流管理理论与尖端物流数据分析技术相结合，首创 B w B（business with business）新型电子商务模式的智慧物流电子商务平台，在同一商业生态圈内的上下游企业通过信息共享为彼此提供双向的交互式服务，运用复杂社会计算应用技术将国际前沿的现代物流管理技术、交易及支付内部化、建立信用评价机制、智慧分析等技术充分整合，保证运力资源配置过程中的经济性、安全性与时效性。

平台还拥有多项核心技术以支撑平台运转，主要包括两部分：智慧物流分析技术及智慧物流预测技术。智慧物流分析技术将前沿现代物流管理理念与云计算技术相结合，使得平台可以在收集海量车、货信息的同时，处理高维、多变、强随机性的动态业务数据。从而有效分析货主、司机分布、货物流向、线路情况等各类数据，最终向货主、司机等物流客户提供包括分布数据、流向数据、线路热门货物货量等十分有参考意义和价值的数据。智慧物流预测技术则是在分析技术的基础之上，利用已获得的量化分析数据，结合某一地区的天气、温度、社会事件等社会数据，通过复杂核心算法获得这些分析数据未来一段时间的预测需求数据、走势等预测结果。

目前，城市物流公共信息平台的建设运营方式主要有三种。

1）政府模式

政府模式即公共物流信息平台的规划、建设和运营维护都由政府负责。然而政府主导的物流公共信息平台会存在于市场结合的紧密度不够等问题。

小案例

铜陵市物流公共信息平台

铜陵市物流公共信息平台（http://www.tlwl168.com/）是铜陵市物流业发展工作领导小组的唯一官方网站，由铜陵市交通运输管理局承办。

2）企业模式

企业模式即信息平台的投资建设及运营完全由企业自己负责。

小案例

中国物通网

中国物通网（www.chinawutong.com）是北京物通时空网络科技开发有限公司旗下的物流行业网站，是国内唯一的以企业多元化物品流通需求为中心，系统整合物流企业、运输车辆、国际海运空运、铁运、快递、搬家、配货信息中介等物流服务商，通过互联网平台、车联网平台与移动互联网终端为广大发货企业提供一站式、全方位透明化门到门物流O2O服务的物流信息化交易服务平台。

网站采用了发布"接发货网点"生成"物流线路"的最先进设计理念，把物流企业的"接发货网点"搬上网络，实现了物流网点线路的网络化、信息化。网站首创互联网、手机网、下载软件、配货手机、配货平板电脑、GPS/BD双模车装机、GPS/BD双模车联网平台，实现七网同步传播的多平台立体式云信息数据交互系统。让发货企业在线轻松查找需要的各类运输车辆与物流企业，通过在线下订单，轻松解决所有物流问题；物流企业与运输车辆通过物通网平台可获得全国的发货企业与货源，让车找货难，货找物流、找车难成为历史，有效解决物流信息不对称，车货匹配效率低下等社会问题。

3）混合模式

政府和企业共同出资模式。政府以股份制的形式注入部分初始启动资金，牵头负责规划、协调，引导和吸引企业同样以股份制的形式注入资金，并在政策和技术标准等方面予以支持。在物流信息平台的建设中，政府主要负责以下几方面工作。

对于初期的物流硬件设施所需资金可以由政府投入和引导。按照"谁投资、谁受益"原则，鼓励企业参与物流信息平台建设。通过优惠政策扶植示范性企业的发展，使广大企业群体看到物流信息平台所带来的巨大经济效益，吸引众多企业参与投资平台建设。

（1）建立协调机制。物流信息平台涉及企业、政府各部门及金融保险行业，政府应成立专门的职能部门，负责物流信息平台的总体规划、制定技术标准、协调重大项目的投资建设。

（2）提供良好的物流信息基础设施。物流信息基础设施建设是企业无法单独完成的，需要政府投资或主持建设。

（3）建立完善的数据交换机制。成立数据交换中心，建立政府部门和企业数据交换机制和模式，为广大企业提供物流公共信息服务和电子商务服务。

（4）引导企业进行科技创新。通过"示范工程"等方式，进行科技宣传，引导企业加快物流信息化建设。

物流公共信息平台投入使用后，按照市场化运作，建立相应的运营机制和信息共享机制，实现物流信息平台的良性发展。依靠其高效优质的信息服务，实现自我积累与发展。持有股份的企业是公共物流信息平台的运作主体，通过政府相关政策和行业协会制度的制约，引入行业准入机制和会员制等管理方式。对于加入平台的会员企业，平台可通过收取会费、用户服务费、租赁费、广告费等方式提供有偿服务。政府主要行使宏观调控职能。因此，城市公共物流信息平台应采取政府引导、行业约束、企业自主的市场化运营模式。

小资料

曹操物流网

曹操物流网是江苏容宇网络科技有限公司投资开发的基于网络配货的物流平台；可通过网站、WAP、手机短信/彩信、手机软件来发布和查询最新物流资讯，意图打造中国最大最专业的物流信息查询平台。

资料来源：http://www.caocaowlw.com/.

本 章 小 结

为了提高城市物流配送的运作水平，需要建立城市物流公共信息平台来实现信息共享。本章介绍了城市配送中的自动识别技术、电子数据交换技术、全球卫星定位系统、地理信息系统等物流信息技术，在列举案例介绍城市物流公共信息平台类型的基础上，给出物流信息平台功能设计及建设运营的有关内容。

练习题

（1）简述信息技术的种类及对城市配送的影响。

（2）简述城市物流信息平台的类型。

（3）论述城市物流公共信息平台的用户及服务。

（4）如何对城市物流配送信息平台进行设计。

第6章
电子商务与城市物流配送

【引言】

电子商务作为促进城市物流配送活动发展的推动力，它的介入简化了城市物流配送过程，它的应用实现了整个物流配送过程的实时监控和实时决策。电子商务系统的出现不仅有助于城市物流配送企业在极短的时间对客户的需求做出响应，同时还可以帮助制订详细的城市物流配送计划。

"电子商务最后一站"使得电子商务交易的货物在城市范围内实现实体的位移变化。同时，城市物流配送成为电子商务能否实现快速响应的重要影响因素。许多电子商务企业在最后一站配送的实践中取得了很好的效果。

【知识要求】

➢ 掌握电子商务的基本概念；
➢ 熟悉电子商务与城市物流配送的关系；
➢ 了解电子商务环境下城市物流配送的优缺点及存在的主要问题；
➢ 掌握电子商务环境下的城市物流配送模式。

【技能要求】

➢ 针对不同电子商务企业分析其城市物流配送模式的特征；
➢ 分析设计不同的电子商务环境下最后一站解决方案。

导入案例

自动售菜机落户上海，家门口买菜不是梦

互联网正日益颠覆着传统的生活和消费习惯，生活服务业也已进入"互联网＋"时代。经过近两年的发展，食行生鲜、厨易时代、强丰等为代表的微菜场服务已经兴起，现已在上海市许多社区、服务点、园区、商务楼宇布局。

2014年11月22日，上海第一台自动售菜机亮相静安区南西社区。由于自动售菜机销售的蔬菜等菜品，由生态农庄直供，实行产销零距离对接，流通环节少，损耗率降低，具有价格和质量优势。

自动售菜机分为3部分，左边为肉类、海鲜等冷藏区，右边为蔬菜水果区，中间为购买

支付区。消费者要购买，只需在自动售菜机屏幕上选择"购买"按钮，再挑选要买的商品品种，并选择支付方式。支付完成后，机器便会自动抓取物品，消费者到冷藏柜下部取物口领取即可。每件食材的包装上都标明了单价、重量等信息，还有一个可用于追溯的二维码，通过扫描二维码就能追溯食材的所有信息。消费者也可以在网上下订单并支付，到自动售菜机上扫二维码取菜。

6.1　电子商务与城市物流配送概述

在电子商务环境下，信息化、网络化、电子化渗透我们生活的方方面面。大到企业之间的 B2B 贸易，小至消费者之间的 C2C 交易，无不涉及网络交易，而网络交易带来的实物空间位置的变化，必须通过物流配送来实现，城市物流配送则成为在这一过程中实现"门到门"配送的关键部分。

移动互联网平台能够对消费者进行最直接的沟通与服务，同时也是提升企业用户体验的快捷平台。

小案例

沃尔沃漫游快递

2014 年 2 月起，沃尔沃开通了 Roam Delivery（漫游快递）服务，将汽车的后备箱作为一个移动收货站，当提交订单后，快递员通过给定的 GPS 坐标找到汽车所在地，随后运行配套的安全运用获得一次性数字秘钥，用以打开后备箱，将包裹送到汽车的后备箱里。

借助 LBS 定位技术和 App 服务，便能将用户和快递员连接起来，从而做出一个轻量而高效的快递公司。通过手机中的 App，用户能够更好地掌握自己投递快件物品的各种信息，以最直接的方式得到自己所需的服务；而快递物流企业则能够通过手机 App 发布各种最新的企业信息、为客户提供更加优质全面的服务并能够直接从消费者处得到各种反馈，同时也能够及时了解客户的各种潜在需求，获取更多待挖掘消费和潜在消费者，是企业与消费者双赢的一项举措。

小案例

购物应用 Curbside，告别排队

用户可以在购物应用 Curbside 的 App 上实时搜索附近的零售商，Curbside 会通过 LBS 技术跟踪用户的足迹，当顾客到店时，Curbside 会提醒商店将货品拿出，直接递到用户手中，节省用户了寻找商品和排队付账的时间。当用户在实体店消费后，可以在 Curbside 上申请送货服务。Curbside 会将商品送到指定的自提点，用户随时可以提取。

目前，商店向 Curbside 支付一定的服务费用，而消费者则不用付额外的快递费，购买

的商品本身也不会涨价。

6.1.1　电子商务的交易流程及特征

电子商务主要是随着计算机的广泛应用、网络技术和信用卡的普及应用、电子安全协议的制定而发展起来的，经历了应用电子数据交换技术（EDI）与应用因特网两个阶段。电子商务的交易流程如图 6-1 所示。

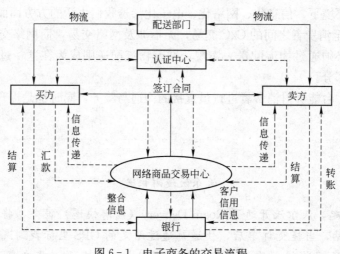

图 6-1　电子商务的交易流程

电子商务有以下三个基本特征：

① 以因特网为基础的网络环境，搭建跨国界的实际市场环境；

② 以计算机网站为基本单元，虚拟实际市场的商店、银行、税务部门等市场基本单元；

③ 实际的商务事务处理信息化，信息处理电子化，即实际的商务事务处理，包括订货、销售、支付、认证等都变成了网络上的信息处理。

6.1.2　电子商务发展态势

小贴士

全球电子商务市场规模

2013—2015 年，全球电子商务市场规模从 18 万亿美元增加到 22 万亿美元。联合国贸易和发展会议（UNCTAD）确认 2015 年全球电子商务市场规模达到 25 万亿美元，其中 90％是企业对企业（B2B）交易，剩下 10％为企业对消费者（B2C）交易。

美国是最大的电子商务市场，2015 年电子商务交易额超过 7 万亿美元，其次是日本（2.5 万亿美元）和中国（2 万亿美元）。接下来的排名依次是韩国、德国、英国、法国、加拿大、西班牙和澳大利亚。上述十大经济体的电子商务市场规模加起来超过 16 万亿美元。

在 B2C 贸易市场，中国仍然以 6 170 亿美元的规模排在榜首，领先于美国（6 120 亿美元）和英国（2 000 亿美元）。在 B2B 贸易市场，美国以 6.4 万亿美元的规模排名第一，紧随其后的分别是日本（2.4 万亿美元）和中国（1.4 万亿美元）。

根据《中华人民共和国国民经济和社会发展第十三个五年规划纲要》和《国家信息化发展战略纲要》，商务部、中央网信办和发展改革委制定了《电子商务"十三五"发展规划》，并于 2016 年 12 月发布。

详细的《电子商务"十三五"发展规划》，可登录加阅平台进行学习。

小资料

中国电子商务报告

自 2003 年以来，中华人民共和国商务部电子商务和信息化司组织编写《中国电子商务报告》，这是反映年度中国电子商务发展情况的综合性报告，截至 2017 年已经出版 9 期，最近一期是《中国电子商务报告（2016）》。

商务部、国家统计局、国家邮政局等国家机关为其提供了相关政策文件和研究报告。中国互联网络信息中心、易观国际、艾瑞咨询集团、赛迪集团等咨询机构为其提供了数据资料。中国国际电子商务中心研究院作为主编单位。

详细的《中国电子商务报告（2016）》，可登录加阅平台进行学习。

资料来源：http：//dzsws.mofcom.gov.cn/article/ztxx/ndbg/201706/20170602591881.shtml.

小贴士

中国互联网络发展状况统计报告

中国互联网络信息中心（CNNIC）定期发布《中国互联网络发展状况统计报告》。2017 年 8 月发布的第 40 次报告显示，截至 2017 年 6 月，中国网民规模达到 7.51 亿，占全球网民总数的五分之一。互联网普及率为 54.3％，超过全球平均水平 4.6 个百分点。

中国互联网络信息中心（China Internet Network Information Center，CNNIC）于 1997 年 6 月 3 日组建，现为中央网络安全和信息化领导小组办公室（国家互联网信息办公室）直属事业单位，行使国家互联网络信息中心职责。

作为中国信息社会重要的基础设施建设者、运行者和管理者，中国互联网络信息中心（CNNIC）负责国家网络基础资源的运行管理和服务，承担国家网络基础资源的技术研发并保障安全，开展互联网发展研究并提供咨询，促进全球互联网开放合作和技术交流。

6.1.3　电子商务与城市物流配送的关系

在电子商务环境下，一个完整的商务活动必须通过信息流、商流、资金流和物流四个流动过程有机构成。物流学者王之泰教授提出"电子商务＝网上信息传递＋网上交易＋网上结算＋物流配送"，很形象地表现了电子商务的大致功能及与物流配送的关系。

电子商务的出现，推进了城市物流配送的发展，企业的物流配送服务大致经历了以下三个显著变革：一是从坐地等客户走出家门，提供门到门式的服务；二是电子商务下的城市物流配送；三是城市物流配送的信息化。

电子商务的出现刺激了城市物流配送的发展，城市物流配送的发展进而又促进电子商务的发展，二者是互相促进的辩证关系。

小案例

爱 鲜 蜂

爱鲜蜂于 2014 年 5 月上线，是以众包微物流配送为核心模式，基于移动终端定位的技术解决方案提供 O2O 运营服务的公司。专注于社区生鲜最后一公里配送，主打一小时闪电送达。平台强势产品以生鲜为主，定位人群为年轻白领。

6.1.3.1　电子商务促进了城市物流配送的发展

城市物流配送活动并非是随着电子商务活动产生的，但是，城市物流配送活动之前一直未受到人们足够的重视。直至最近几年，随着电子商务的快速发展，人们对城市物流配送活动需求的日益增加，越来越多的人开始关注城市物流配送。

小资料

《全国电子商务物流发展专项规划（2016—2020 年）》

为加快电子商务物流发展，提升电子商务水平，降低物流成本，提高流通效率，根据国务院《物流业发展中长期规划（2014—2020 年）》，商务部、发展改革委、交通运输部、海关总署、国家邮政局、国家标准委 6 部门共同制定了《全国电子商务物流发展专项规划（2016—2020 年）》（以下简称《规划》）。

《规划》指出，近年来，我国电商物流保持较快增长，企业主体多元发展，经营模式不断创新，服务能力显著提升，已成为现代物流业的重要组成部分和推动国民经济发展的新动力。随着国民经济全面转型升级和互联网、物联网的发展，以及基础设施的进一步完善，电商物流需求将保持快速增长，服务质量和创新能力有望进一步提升，渠道下沉和"走出去"趋势凸显，将进入全面服务社会生产和人民生活的新阶段。加快电商物流发展，对于提升电子商务水平，降低物流成本，提高流通效率，引导生产，满足消费，促进供给侧结构性改革都具有重要意义。

《规划》全文分为现状与形势，指导思想、规划原则与发展目标，主要任务，重大工程，组织实施和保障措施五部分。

资料来源：http://www.mofcom.gov.cn/article/ae/ai/201603/20160301281265.shtml.

电子商务对城市物流配送系统的影响主要体现在以下方面。

（1）对城市物流配送供应链节点的影响。

在电子商务环境下，客户可以绕过传统物流渠道中的批发商、零售商等中间商通过网络直接面对制造商或供应链上游供应商，这给企业的实际交货能力带来很大挑战。由于货物在长途运输过程中所消耗的时间变化不大（依实际运输工具、天气状况等不定因素稍有浮动），因而城市物流配送作为连接长距离运输和最终消费者之间的纽带，是减少配送时间、降低配送成本的关键点。因此，在城市物流系统规划设计中，系统节点、运输线路等的布局、结构和功能，都将随着城市配送系统的发展而面临较大的调整改变。

（2）对城市配送系统即时信息交换提出更高要求。

电子商务的发展在很大程度上改变了消费者的购物方式。城市物流配送充分体现了现代物流的新特点，如配送品种极为繁多、批量小、多批次、高频率。这种特点使得电子商务对城市配送的即时信息交换提出了更高的要求。由于城市配送运输活动的复杂性、多变性，运输信息即时共享成为提高配送速度的关键，而电子商务的发展为运输信息的即时共享提供了可能。在很大程度上，城市物流配送信息系统的效率，也决定了电子商务的实际应用价值。

（3）对城市配送存货控制技术的影响。

在寸土寸金的城市里，企业建立大量的仓库储存货物是非常不实际且不经济的运营方式，而城市对各类货物的需求量又是非常之巨大。如何在这两者之间寻求一个平衡点，成为城市物流配送快速发展的关键点。电子商务的应用，提高了城市物流配送系统中各环节对市场变化反应的灵敏度，从而相对减少了对城市仓储数量的需求，同时也大大减少了大部分企业的库存数量及库存压力，节约了企业成本。而灵敏度的提高需要相应先进的库存管理控制技术手段的支撑，如配送需求计划（DRP）、重新订货点计划（re-order point planning，ROP）和自动补货计划（automatic replenishment planning，ARP）等，这些技术都是基于对需求信息做出快速反应的决策系统，充分体现了电子商务便捷、时效的特点。

小贴士

重新订货点计划（ROP）使用需求预测来确定订购新增数量的时间以避免库存数量下降到低于安全库存。

自动补货计划（ARP）主要包括连续库存补充计划（continuous replenishment

program，CRP）、供应商管理库存（vender managed inventory，VMI）等，这些补货模式主要都是根据库存信息或者销售情况来确定发货补货数量来实现对顾客需求变化的快速反应。

　　资料来源：中华人民共和国国家标准《物流术语》2006 年版.

小案例

到家美食会

　　到家美食会成立于 2010 年 4 月，它与品牌餐厅合作，通过自建物流提供一站式订餐送餐服务。依托专业手机客户端平台订餐支持，配以正规统一的标准外送服务，确保将丰富多样的餐厅菜品完美复制到家庭餐桌。

6.1.3.2　城市物流配送是电子商务的保证

　　受城市空间、环境、政策等因素的制约，电子商务对城市经济发展和城市居民生活的作用更加显著。然而，无论信息技术如何发展，电子商务活动所交易的有形商品的送达最终必须通过有形的交通工具实现。因此，城市物流配送是电子商务实现的保证。

　　城市物流配送以城市中心、近郊、远郊为配送范围，尽管城市物流配送活动服务于城市地区的经济与生活，然而由于货运对城市环境及交通的不良影响，城市管理者往往设置各种交通条例和规章限制货运配送车辆的自由运营。这些限制条件使得城市物流配送的节点之间的可达性受到较大影响。

小贴士

　　根据《全国电子商务物流发展专项规划（2016—2020 年）》，电子商务物流（以下简称电商物流）是主要服务于电子商务的各类物流活动，具有时效性强、服务空间广、供应链条长等特点。加快电商物流发展，对于提升电子商务水平，降低物流成本，提高流通效率，引导生产，满足消费，促进供给侧结构性改革都具有重要意义。

　　加强《电子商务物流服务规范》（SB/T 11132—2015）、《城市物流配送汽车选型技术要求》（GB/T 29912—2013）、《道路车辆外廓尺寸、轴荷及质量限值》（GB 1589—2016）的实施，引导企业推广使用符合标准的配送车型，加快开展城市配送车辆统一标识管理工作。

　　完善城市交通和配送管理政策，解决城市配送及快递车辆通行、停靠等交通管理问题。鼓励采用新能源汽车和符合标准的电动三轮车。

小案例

趣　活

　　北京趣活科技有限公司（趣活）创立于 2012 年，专注为以餐饮和生鲜为主的 O2O 从业者提供线上资源接入、微仓和最后一公里 O2O 落地运营服务。2015 年，O2O 云平台 1.0（SaaS）上线，为 O2O 从业者提供线上订单管理、线下微仓服务和运力配送的全流程系统解决方案，2016 年服务范围从餐饮外卖延伸至门店调拨补货、超市外送、洗衣代送，药品急送等领域。

资料来源：http://www.quhuo365.com/index.html.

6.2 电子商务环境下的城市物流配送

结合电子商务的特点，电子商务环境下的城市物流配送可以理解为，城市物流配送企业采用网络化的计算机技术和现代化的硬件设备、软件系统及先进的管理手段，针对城市经济合理区域内的社会需求，严格地、守信地按用户的订货要求，对物品进行拣选、加工、包装、分类、整理、分拣、组配等作业，定时、定点、定量地交给各类用户，满足其对商品需求的物流活动。

6.2.1 电子商务环境下的城市物流配送服务框架

电子商务环境下的城市物流配送服务框架包括电子商务系统虚拟物流服务和实物配送服务（见图6-2）。

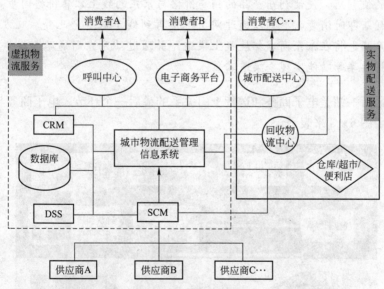

图6-2 电子商务环境下的城市物流配送服务框架

电子商务环境下的城市物流配送服务框架的核心是电子商务环境下的物流信息处理，又可以称为"虚拟物流服务"包括以下四个部分。

（1）电子商务平台和呼叫中心：部分消费者通过该系统了解商品信息并下订单，必要时通过它了解订单执行情况。

（2）城市物流配送管理信息系统：负责商品准备、配送人员安排及消费者信息的传递。

（3）供应链管理（SCM）系统：负责商品的采购、品质保证并和相应的供应商协商配送到相应的配送中心仓库、超市、便利店等。

（4）辅助管理和决策支持系统：包括客户关系管理（CRM）系统和决策支持系统（DSS），消费者的个性化需求要求物流配送以消费者为中心，关注和满足消费者需求成为企业的核心任务之一。

实物配送系统包括仓储管理、配送点、配送队伍管理和回收物流中心。城市物流配送管理信息系统通过网络方式把配送任务分配到距离存放相应商品的仓储点和离消费者最近的配送地点，且可以管理到配送人员；使配送地点的相应人员定时、定点、定量地安全配送商品给消费者，确认订单处理及收集意见；并按照相关规定进行回收物流处理。

小案例

2017 年 10 月 16 日，京东集团和中国石化销售有限公司正式签署战略合作协议。双方宣布联手打造 3 万家智能加油站，同时中石化将借助京东的电商资源，对原有的 2.5 万家易捷便利店进行改造。

根据双方的合作协议，中石化将引入京东商品、供应链、交易、物流、会员和营销等多种电商模块，借助模块组合，对原有的零售网络进行智能化升级，通过引入京东的销售预测、智能选品、仓配布局、智能补货等智慧供应链技术，从而达到加油站运营管理水平和效率提升的效果。

此次签约后，随着双方线上线下资源优势的深度融合，京东的品牌专区和专柜也将入驻中国石化旗下的便利店，使便利店产品的销售价格与京东的线上零售价格同步。借此，消费者既可以在便利店即时消费，也可以通过网上下单再到线下取货。此外，双方合作达成后，中石化的自营产品也将在京东商城拓展线上渠道，并通过"京东新通路"提供的终端网络、仓配支持、数据共享等功能实现全渠道零售。

电子商务最后一站是电子商务和送货上门关系的最后一个环节。电子商务与物流配送的衔接可直观地由图 6-3 来表示。

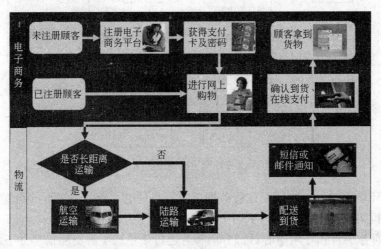

图 6-3　电子商务最后一站流程图

在电子商务最后一站的实现过程中，需要着重考虑以下几点要求。

（1）送货快捷。

电子商务实现了客户通过网络快捷便利地定制订单，并且能够通过网络实时追踪电子商务交易情况及货物配送运输情况。在电子商务带来便利性的同时，其"零距离"的特点亦增加了消费者对时间的敏感度，消费者期望他们购买的货物能够像电子商务交易那样快捷迅速交付。即便实际操作中物流绝不可能像网上虚拟物流那般迅速，然而尽可能满足客户对送货时间的要求，快捷迅速地交付货物，是电子商务最后一站配送成功的关键所在。

（2）交付可靠。

电子商务企业的信息管理平台实现了电子商务最后一站的信息化，RFID 技术、条码技术、自动分拣系统、自动存取系统、货物自动跟踪技术等实现了最后一站的自动化，GPS、GIS 等技术实现了最后一站的智能化，为配送路径的决策提供了判断依据。正是电子商务环境下城市物流配送的信息化、自动化、网络化、智能化等特点，使得最后一站按照客户预订的交付时间和地点，交付相应的货物变得更加准确。

（3）灵活选择交货地点与时间。

城市物流配送体系正逐步完善，电子商务信息可实时更新，使得客户根据自身需要更改交货地点成为可能。例如，客户只需在电子商务企业实施配送业务之前，通过网络临时调整交货地点，或者客户可以根据自身需求选择更为便利的交货地点如住所、单位、储物仓或自提点等。类似地，客户可选择交货时间，如天猫超市日用百货类商品可以选择定日达，即抵达时间可选择下单隔日后 7 天内任何一天送达。

（4）物流信息透明化。

基于客户期望即时了解货物物流配送情况的心理，物流配送企业、电子商务企业都建立了相应的信息查询平台，客户可以通过网络、电话及短信等形式，实现对电子商务最后一站的实时追踪，以便客户做好接货准备等。

小资料

国家邮政局正式发布《快递电子运单》邮政行业标准

为规范快递电子运单的生产和使用，国家邮政局正式发布《快递电子运单》邮政行业标准（YZ/T 0148—2015）。该标准为推荐性行业标准，自 2016 年 3 月 1 日起施行。

《快递电子运单》标准规定了国内快递电子运单（以下简称电子运单）的类别、组成及规格、区域划分及信息内容、技术要求、环保、试验方法、运输和贮存等要求。根据标准的定义，快递电子运单是将快件原始收寄等信息按一定格式存储在计算机信息系统中，并通过打印设备将快件原始收寄信息输出至热敏纸等载体上所形成的单据。

标准规定，电子运单分为两联电子运单和三联电子运单两类。

小资料

国家邮政局勒令顺丰恢复接通菜鸟数据接口

2017 年 5 月 31 日晚上 6 点，菜鸟接到顺丰发出的数据接口暂停告知。6 月 1 日凌晨，顺丰就关闭了自提柜的数据信息回传。6 月 1 日中午，顺丰又进一步关闭了整个淘宝平台物流信息的回传。顺丰暂停数据接口后，淘宝上顺丰包裹的物流详情无法正常回传，商家无法确定买家是否已经收货，买家也不能跟踪商品的实时信息。

6月3日凌晨，国家邮政局发布官方微博，宣布在6月2日晚，召集双方高层到北京，协调数据接口关闭的问题，双方同意从6月3日12时起，全面恢复业务合作和数据传输。

6.2.2　电子商务环境下的城市物流配送特征

小案例

丰　巢

丰巢智能快递柜提供快递行业最后一公里服务方案，面向所有快递公司、电商物流使用的24小时自助开放平台，以提供平台化快递收寄交互业务。

2015年6月，顺丰、申通、中通、韵达、普洛斯5家物流公司宣布投资5亿元成立丰巢科技。同年7月，丰巢开放自助寄件功能，且具备开放接口功能，11月开创微仓模式。2016年4月提供末端多样化物流服务，推出专业市场版柜机，运用于高校、厂区；7月上线丰巢收发系统，支持拓展共同配送新业务；12月拓展上门收件功能。

资料来源：http://www.fcbox.com/index.html.

电子商务环境下的城市物流配送具有以下特征。

（1）信息化。

物流配送信息化主要表现为配送信息的商品化、信息收集的系统化、信息处理的电子化和计算机化、信息传递的标准化和信息更新的实时化、信息存储的数字化，以及数据库、数据挖掘技术在城市物流配送信息处理中的应用等。

小案例

百世云仓

百世云仓，应用物流数据分析和网络化分仓，管理运输、快递资源，为品牌企业提供仓配一体化的物流外包服务。

以食品美妆行业实践为例，利用百世全国仓储和运输资源，为客户提供从工厂到仓库、经销商、门店和消费者的全链路供应链优化，包括生产计划、工厂提货、仓库选址、运输方式和资源配置。为客户提供"总仓＋分仓"操作模式。根据客户的运作特点，选择区域分仓、季节性分仓和活动分仓等方式。百世WMS系统及业务流程全面支持FIFO/FEFO等效期管理原则，实现品牌商对售卖商品效期的严格管控，避免产品质量风险。百世针对产品属性和常见订单组合，制定多种产品组合包装方案，提供包材和填充物设计、选择和采购，包裹强度测试，避免在运输过程中破损。

资料来源：http://www.800best.com/supply-chain/.

（2）自动化。

一方面，电子商务环境下城市物流配送的仓储、运输、装卸、搬运等作业活动标准化；另一方面，诸如条码、RFID、语音自动识别系统、自动分拣系统、自动存取系统、货物自动跟踪系统等技术的应用，提高了城市物流配送的响应速度。

小案例

京东无人仓

2017年10月，京东首个全流程智能无人仓在上海亮相，其占地面积40 000平方米，物流中心主体由收货、存储、订单拣选、包装四个作业系统组成，存储系统由8组穿梭车立体仓库系统组成，可同时存储商品6万箱。在货物入库、打包等环节，京东无人仓配备了3种不同型号的六轴机械臂，应用在入库装箱、拣货、混合码垛、分拣机器人供包4个场景下。

在京东无人仓的整个流程中，从货到人码垛、供包、分拣，再到集包转运，应用了多种不同功能和特性的机器人，而这些机器人不仅能够依据系统指令处理订单，还可以完成自动避让、路径优化等工作。

全流程智能无人仓依靠智能算法精确推荐包装材料，可以实现全自动体积适应性包装，做到节省每1厘米包装材料。

（3）网络化。

网络化主要指物流配送体系的计算机通信网络化和企业组织网络化。传统的物流配送过程由多个业务流程组成，受人为因素和时间的影响很大；新型的物流配送业务流程都由网络系统连接。当系统的任何一个神经末端收到业务信息的时候，该系统可以及时做出反应并拟订详细的配送计划通知各作业环节执行。城市物流配送中心能够灵活组织和实施物流作业，充分实现配送活动的柔性化。新型的物流配送业务还可以实现整个过程的实时监控和实时决策，并且这一切工作都是由计算机根据人们事先设计好的程序自动完成。

小案例

达美乐

达美乐比萨成立于1960年，在全球80多个国家和地区拥有超过12 100家餐厅，每天外送超过100万个比萨！达美乐比萨作为外送专家，承诺外送服务"30分钟送到"，以及堂食外带"15分钟上桌"，力求为消费者带来更新鲜的美味。

1996年达美乐网站上线（www.dominos.com）。1998年达美乐推出达美乐HeatWave技术，采用专利技术保热包装让比萨在送至客户门户时仍保持着烤箱的热度。2007年达美乐推出网上与手机订餐服务。2008年推出比萨生成器和达美乐比萨跟踪器来彻底改善用户体验。前者允许用户在计算机屏幕上看到比萨的制作过程，可以实时选择配料和比萨饼底；后者允许客户追踪订单的进度，从订单下达到客户接受。

（4）智能化。

面对城市土地资源紧缺、城市交通拥挤等现状，城市物流配送系统必须充分实现智能化以满足电子商务环境下城市物流配送发展的要求。近年来，在汽车业和智能交通双重驱动下，车载导航应用产业迅速发展。目前先进的车载导航系统结合了GPS和GIS技术和现代计算机技术，实现车辆的实时定位、智能导航，使车辆在陌生的地理环境中顺利通行，极大地提高了车辆的运行效率和安全，减轻了驾驶员的工作强度，使驾驶员能够准确及时地控制车辆到达预定的目的地。此外，物流配送作业中需要运用大量的运筹学和决策方法解决一些企业实际运作问题，如库存水平的确定、运输搬运路径的选择、自动导向车的运行轨迹和作业控制、配送中心经营管理的决策支持等。

小案例

快 运 滴

"快运滴"是一款货运 O2O 的 App 软件，用于运输物流，找车、找货的车货智能配载服务平台，相当于货运版的"滴滴出行"。功能包括：货源车源联动，拼货轻而易举，车辆位置和附近货源实时关联，增加车主产能；车辆精准匹配；优化计费方法；实现货物运输过程闭环关联；及时提醒天气状况，交通路况；智能语音提醒。

资料来源：http://www.zhongwuzhifu.com/gywm.

（5）个性化。

城市末端物流配送具有"多品种、多批次、少数量、短周期"等特点。城市配送企业若要满足客户个性化需求，必须与城市物流配送服务链的上下游客户保持良好的实时联系与沟通，并及时地进行信息交换。

小资料

人 人 快 送

人人快送（原名人人快递），代办跑腿神器，专注同城极速送、极速买、极速帮忙。用户通过人人快送 App、微信公众号（renrenkd-fw）、支付宝服务窗快捷下单，即可享受专人最快 10 分钟内上门的同城帮买、帮送、帮忙服务。发展至今，人人快送覆盖了全国 40 多个城市，服务超过几十万商家、上千万个人用户，已成为中国最大的众包服务平台。

人人快送平台致力于解决本地商家最后三千米配送问题，同时也希望帮助众多面向消费者的线上平台实现 O2O 的商业闭环，因此向公众提供开放 API，让您提高配送效率、节约配送成本。

资料来源：http://www.rrkd.cn/.

（6）增值化。

除了传统物流配送的拣选、加工、包装、分类、整理、分拣、组配等作业以外，电子商务环境下的城市物流配送还向配送服务链的上游延伸到市场调研与预测、协助商品采购及订单处理、消费者信息传递等服务功能，向下延伸到物流咨询、物流方案决策支持、库存控制决策、客户关系管理、物流教育与培训等附加功能。

小案例

行李寄存与行李速运服务

如北京的空手到、广州的行李帮、厦门的行李生、台湾的行李特工等通过线上下单、线下寄送的形式提供行李寄存与行李速运服务，倡导徒手出行概念。

6.3　电子商务的最后一站解决方案

由于城市物流配送需求方的需求、供给方的供给能力及运营决策的差异，使得电子商务环境下城市物流配送最后一站解决方案不同。以下分别介绍典型的电子商务最后一站配送模式。

小案例

小 麦 铺

小麦铺是基于对社区、办公生活园区、高校、医院、工厂等不同区域民众需求的深度把握，优化现有社会便利店的成本结构、商品结构、店铺结构和设计、运营特点，并结合人工智能、大数据等新兴技术，打造具有互联网基因的24小时一式智能便民服务站。

智能便利店7×24小时营业，1千米5分钟服务半径，600多种商品，整店物联网温湿度自动调节。采用扫码技术（二维码、条码）、图像识别技术（人脸识别、轨迹识别、动作识别）、物联网和人工智能（店长管理）。

资料来源：http://www.imxiaomai.com/.

6.3.1　企业主导的配送模式

小案例

中粮我买网

中粮集团于2009年投资创办食品类B2C电子商务网站，是中粮集团"从田间到餐桌"的"全产业链"战略的重要出口之一。

我买网采用自建配送、第三方配送来满足更多用户的生鲜蔬果购买需求。

资料来源：www.womai.com.

电子商务的物流一般是通过快递模式实现，其一般操作流程如图6-4所示。

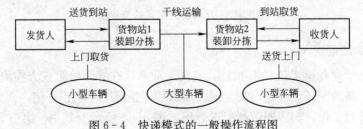

图6-4　快递模式的一般操作流程图

麦 考 林

麦考林（MecoxLane）是一家以会员营销方式为主，专注于为用户提供与健康美丽相关的产品和服务的多渠道、多品牌零售和服务企业。麦考林前身为成立于1996年的上海麦考林国际邮购有限公司，是中国第一家获得政府批准的从事邮购业务的三资企业。2010年10月，麦考林作为"中国B2C第一股"在美国纳斯达克上市，以目录邮购＋线下门店＋线上销售，多渠道向消费者提供物有所值的快时尚产品。2014年5月加入三胞集团后，麦考林重新定位，以满足消费者对健康美丽生活的高品质需求为核心，通过严选产品、专业服务、高效沟通、良好互动体验等方式，构建消费者、分享者、经营者三位一体的生活家会员体系，致力于成为互联网时代中国领先的健康美丽产品、服务、解决方案社交营销新平台。

资料来源：http://www.wm18.com/.

1. 自营物流配送

中国新蛋网

中国新蛋网是依托著名的美国新蛋网而创立的新一代专业电子商务消费服务网站，利用强大的全球化集约采购优势、丰富的电子商务管理服务经验和先进的互联网技术为用户提供新潮、广受好评的电脑配件、数码产品和时尚用品。

新蛋奥硕快递是中国新蛋网自有快递公司，为新蛋客户提供优质、便捷和高效的配送服务。

企业自筹资金建立属于自身的配送系统并且由自身承担所有的配送业务，如图6-5所示。采用这种配送模式的企业不仅要负责城市配送的最后一站，还要负责货物从供应商到配送中心的运输业务。

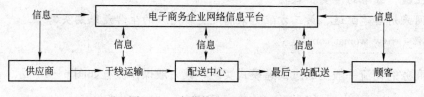

图6-5　自营物流配送的流程图

2. 第三方物流配送

淘宝网的电子商务模式是C2C模式，其配送业务往往完全由第三方物流配送企业承担，由其完成最后一站的配送业务，而淘宝网的卖家通常情况下不承担任何一部分运输业务，只专注于店铺的管理工作，淘宝网商品配送流程如图6-6所示。其中，第三方物流企业承担配送业务的流程如图6-7所示。

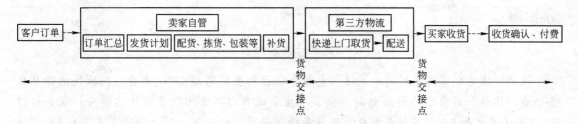

图6-6 淘宝网商品配送流程图

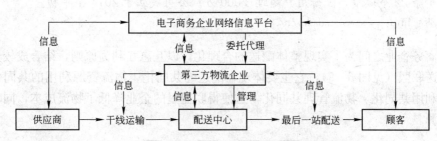

图6-7 第三方物流企业承担配送业务的流程图

3. 与第三方物流配送企业共同承担

小案例

当当网商品配送

在配送模式上当当网选择了第三方物流企业承担部分配送业务的配送模式。当当网的做法是航空、铁路、城际快递、当地快递公司齐上。尽管管理和协调的难度增加，但却解决了最短时间内送货上门的问题。当当网主要是依靠专业快递公司进行配送，与民营快递公司合作，并在一些大城市扩建了自己的仓储中心，通过选择配送公司，以更快的速度为消费者提供更高质量的服务且降低了运营成本。

与第三物流配送企业分工合作，共同承担物流配送业务。在这种解决方案中，电子商务企业往往负责城市配送过程中集货、仓储、分拣等工作，而运输工作（城市配送最后一站和远程运输）则由第三方物流企业承担，如图6-8所示。

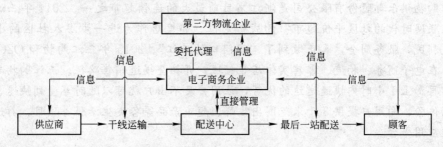

图6-8 第三方物流企业承担部分配送业务的流程图

4. 企业联盟共同配送

小案例

达达—京东到家

达达—京东到家是中国同城快送信息服务平台和生鲜商超 O2O 平台。同城快送信息服务平台"达达"目前已经覆盖全国 360 多个重要城市，拥有 300 多万达达骑士，服务超过 80 万商家用户和 3 000 万个人用户，日单量峰值超过 400 万单。其生鲜商超 O2O 平台"京东到家"，包含超市便利、新鲜果蔬、零食小吃、鲜花烘焙、医药健康等业务，覆盖北京、上海、广州等 22 个城市，注册用户超过 3 000 万。公司成立于 2014 年年初。

　　资料来源：http：//www.imdada.cn/.

电子商务企业之间为了实现整体配送的合理化，以互惠互利为原则，结合成较为稳定的集约化配送联盟（见图 6-9），它主要体现在配送的共同化、物流资源利用的共同化、物流设施设备利用共同化、物流管理共同化，这使得联盟里的企业降低了物流成本，同时也节约了社会资源。

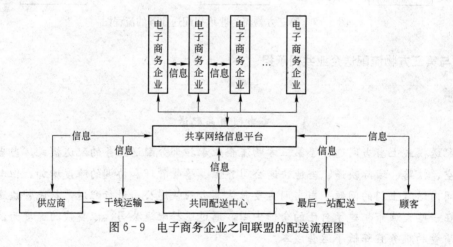

图 6-9　电子商务企业之间联盟的配送流程图

小案例

三 江 购 物

三江购物俱乐部股份有限公司是浙江省目前最大的连锁超市之一。2014 年三江购物明确"做互联网时代的社区平价超市"的战略定位。邻里店作为进一步渗入社区的小型店业态，便民利民，服务周全，真正做到了"家门口的三江"。2015 年三江购物和 O2O 企业共同携手，在电子商务、物流、零售实体店等领域，开拓全渠道销售路径。三江购物丰富的产品储备，再加上 1 小时内快速送达的优势，让用户足不出户就可以随时享受到快速、便捷的线上购物体验，向用户提供 3 千米范围内生鲜、超市产品等各类生活服务项目，打造生活服务一体化应用平台。

　　资料来源：http：//home.sanjiang.com/.

电子商务企业与当地零售商合作形成合作伙伴，并且由当地零售商承担物流配送的任务，见图 6-10。采用这种形式，电子商务企业可以根据客户需要，从当地合作的零售商处进行调货，大大缩短了配送时间，降低了物流成本，如新零售平台多点在北京地区与物美集团的合作。

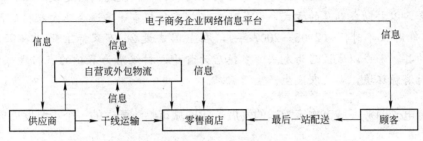

图 6-10 电子商务企业与零售商的联盟配送的流程图

6.3.2 政府主导的配送模式

政府应运用其"有形的手"，合理配置社会资源，并出台一些相关政策辅助城市配送最后一站的发展。

鲜活农产品运输"绿色通道"

目前全国高速公路绿色通道鲜活蔬菜免费政策的依据是交通运输部等部委 2010 年联合下发的《关于进一步完善鲜活农产品运输绿色通道政策》（交公路发〔2010〕715 号）文件，此文件在 2009 交公路发〔2009〕784 号的基础上，将马铃薯、甘薯（红薯、白薯、山药、芋头）、鲜玉米、鲜花生等蔬菜收入，形成最新的《鲜活农产品品种目录》。

为贯彻落实《中共中央国务院关于 2009 年促进农业稳定发展农民持续增收的若干意见》（中发〔2009〕1 号）确定的"长期实行并逐步完善鲜活农产品运销绿色通道政策，推进在全国范围内免收整车合法装载鲜活农产品车辆的通行费"政策，为农村改革发展创造良好的政策环境，交公路发〔2009〕784 号明确对《全国高效率鲜活农产品流通"绿色通道"建设实施方案》（交公路发〔2005〕20 号）中确定的国家"五纵二横"鲜活农产品运输"绿色通道"，各地要坚决落实各项相关政策，免收整车合法装载运输鲜活农产品车辆的车辆通行费。根据交公路发〔2005〕20 号文件的有关规定，享受"绿色通道"政策的鲜活农产品是指新鲜蔬菜、水果，鲜活水产品，活的畜禽，新鲜的肉、蛋、奶。

2005 年绿色通道出台的初衷，是由于当时国家的高速公路还不完善，导致鲜活农产品运输路途较长，无法保证新鲜。

在城市物流配送最后一站发展的起步和培育时期，政府干预非常必要为弥补市场机制的缺陷，政府可以出台一些相关政策鼓励、保证城市配送最后一站快速健康的发展，并积极引导民营企业加强对最后一站的关注等。

小资料

"万村千乡"市场工程

"万村千乡"市场工程是指 2005 年开始实施的农村现代流通网络建设工程。国家通过安排财政资金，以补助或贴息的方式，引导城市连锁店和超市等流通企业向农村延伸发展"农家店"，力争用三年时间（2005—2007 年），在全国建设 25 万家标准化"农家店"，覆盖 75% 以上的县，形成以城区店为龙头、乡镇店为骨干、村级店为基础的农村现代流通网络，以改善农村消费环境，满足农民生产生活需求。

伴随着电子商务、城市物流配送的发展，我国城市物流配送的一个重要发展方向是社区配送。

社区服务是一项社会区域性的便民措施。在我国，城市社区服务是指地方政府倡导，以街道居民委员会、小区物业等基层性质社区组织为依托，为满足社区成员的多种需要，解决社区问题而开展的具有福利性质的新兴事业。社区服务业是在社区服务的基础上逐步发展起来的，是城市化、社会化大生产和社会分工专业化的产物，是各类社会主体共同兴办的以满足社区成员的生活需要和扩大就业、拉动经济发展、保持社会稳定为宗旨的，以基层社区为依托的具有公益性、经营性、地缘性的多元化服务体系。

小案例

促进便民消费，推进"15分钟便民生活服务圈"

《国内贸易流通"十三五"发展规划》提出，促进便民消费，提升居民生活品质，继续推进"15分钟便民生活服务圈"建设，完善"一站式"便民服务功能，统筹建设和改造餐饮、洗染、美容美发、维修、文化、娱乐、休闲等生活性服务网点，促进网点功能多元化、综合化。推进电子商务进社区，整合线上线下社区服务资源，加强电子商务企业与社区商业网点融合互动，开展物流分拨、快递收取、电子缴费等服务，创建一批覆盖面广、服务好、可持续发展的智慧社区服务示范中心，促进社区生活性服务智能化、便利化。

中国邮政作为中国传统的物流运输业者，尤其在我国偏远地区及广大农村，其服务网络覆盖范围极广的巨大优势是一般第三方物流企业所无法比拟的。

小资料

《关于促进农村电子商务加快发展的指导意见》（国办发〔2015〕78号）摘录

农村电子商务是转变农业发展方式的重要手段，是精准扶贫的重要载体。通过大众创业、万众创新，发挥市场机制作用，加快农村电子商务发展，把实体店与电商有机结合，使实体经济与互联网产生叠加效应，有利于促消费、扩内需，推动农业升级、农村发展、农民增收。

到 2020 年，初步建成统一开放、竞争有序、诚信守法、安全可靠、绿色环保的农村电子商务市场体系，农村电子商务与农村一二三产业深度融合，在推动农民创业就业、开拓农村消费市场、带动农村扶贫开发等方面取得明显成效。

有关政策措施提出加快完善农村物流体系。加强交通运输、商贸流通、农业、供销、邮政等部门和单位及电商、快递企业对相关农村物流服务网络和设施的共享衔接，加快完善县乡村农村物流体系，鼓励多站合一、服务同网。鼓励传统农村商贸企业建设乡镇商贸中心和配送中心，发挥好邮政普遍服务的优势，发展第三方配送和共同配送，重点支持老少边穷地区物流设施建设，提高流通效率。加强农产品产地集配和冷链等设施建设。

小案例

中国邮政开拓农村市场

中国邮政拥有在中国农村推行三农服务站的一套完整的农资产品销售渠道和网络体系。

百全超市是由中国邮政集团和美国地平线集团共同开发的中邮地平线项目，旨在打造农村现代商业连锁平台，繁荣农村商贸流通领域。经营场所主要是利用邮政网点现有场地改造装修的，因此面积大小不等，平均在 200～300 平方米，最小的 120 平方米，最大的 600 平方米。百全超市的商品种类也会根据店面大小而增加或者减少，大约在 1 800 至 2 800 种之间。而区别于其他超市的，则是其 300 到 400 种的农资产品，包括化肥、农药、种子等。除了农资产品，其余商品是日用百货品和食品。而其购物环境、装修、商品陈列、收银系统等，跟一般超市没有区别。

6.3.3　客户主导的配送模式

小案例

7-Eleven 店铺

7-Eleven 店铺全年 365 天、全天 24 小时不间断营业。日本 7-Eleven 为广大顾客提供免税服务、自动柜员机（ATM）、Wi-Fi 无线上网、信用卡结算、洗手间等便民服务，并汇集食品、酒类饮品及化妆品等多种商品。台湾 7-Eleven 店铺提供更为完善全面的零售、电子和物流服务。

最后一站解决方案中充分调动消费者配合完成的方式，如图 6-11 所示。这种解决方案不仅满足了消费者的需求，也大大提高了最后一站配送的灵活性。

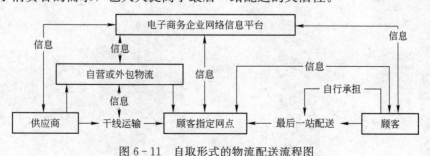

图 6-11　自取形式的物流配送流程图

这种方式具有其他解决方案所无法比拟的优势，即其可以充分利用社会已有资源，建立一个可以深入城市各个角落的城市配送网络，电子商务企业将客户需求的商品配送到客户指定的网点（连锁超市、便利店、报亭、邮局等），这些网点可以是在客户家的附近，亦可以是客户上下班途径的地点。

小案例

亚马逊测试"生鲜送货到车"服务

亚马逊生鲜取货店是个"开车提货点"（drive-by grocery delivery service）。用户通过手机选择亚马逊的生鲜类商品，包括高品质的肉类、生鲜制品、面包、牛奶和家庭必需品等。用户订单预定取货时间和取货店。订单准备就绪后，用户可以开车去提货店的停车场，由亚马逊的员工将商品送到用户的车上。

目前亚马逊只在西雅图 Ballard 和 SoDo 社区的两家杂货店提供服务。另外，在加利福尼亚大学伯克利分校，亚马逊还设有装箱站点，用于用户免费退货。

本 章 小 结

本章从介绍电子商务的内涵、特征及发展态势出发，阐明了电子商务与物流配送的相互促进、相互影响的关系。接着引出电子商务环境下的城市物流配送情况，介绍了其中的典型案例——电子商务最后一站解决方案。最后，分别从以企业、政府、客户为主体的角度分析了电子商务最后一站解决方案下的配送模式类型，并给出了典型的应用案例，具有很好的实践指导意义。

练习题

(1) 简述电子商务的概念及其未来发展态势。

(2) 论述电子商务与城市物流配送的关系。

(3) 概述电子商务环境下城市物流配送的特点。

(4) 调查不同电子商务企业的城市物流配送模式。

参 考 文 献

[1] 叶怀珍. 现代物流学 [M]. 北京：高等教育出版社，2006.

[2] 贾争现. 物流配送中心规划与设计 [M]. 北京：机械工业出版社，2009.

[3] 邓蓉. 城市物流规划探析 [D]. 武汉：华中师范大学，2007.

[4] 何明珂. 物流系统论 [M]. 北京：中国审计出版社，2001，290-380.

[5] 叶素文. 物流经济地理 [M]. 杭州：浙江大学出版社，2010.

[6] 徐贤浩，刘志学. 物流配送中心规划与运作管理 [M]. 武汉：华中科技大学出版社，2008.

[7] 曹翠珍，汤晓丹，陈金来. 供应链管理 [M]. 北京：北京大学出版社，2010.

[8] 刘娜. 物流配送 [M]. 北京：对外经济贸易大学出版社，2004.

[9] 孙焰. 现代物流管理技术 [M]. 上海：同济大学出版社，2004.

[10] 丁立言，张铎. 物流配送 [M]. 北京：清华大学出版社，2007.

[11] 董千里，陈树公，王建华. 物流运作管理 [M]. 北京：北京大学出版社，2010.

[12] 刘斌. 物流配送营运与管理 [M]. 上海：立信会计出版社，2006.

[13] 陈思勇. 供应商选择与货物配送路径规划研究及其应用 [D]. 北京：北京交通大学，2009.

[14] 熊梅，李严锋. 物流营销 [M]. 重庆：重庆大学出版社，2009.

[15] 郑力，历嘉玲. 供应链管理 [M]. 北京：中央广播电视大学出版社，2006.

[16] 董千里，陈树公. 物流营销学 [M]. 北京：电子工业出版社，2005.

[17] 华中生. 物流服务运作管理 [M]. 北京：清华大学出版社，2009.

[18] 孙明贵. 物流管理学 [M]. 北京：北京大学出版社，2002.

[19] 刘延平，李卫东. 物流统计学 [M]. 北京：北京交通大学出版社，2006.

[20] 帅斌. 物流经济 [M]. 成都：西南交通大学出版社，2005.

[21] 吴健，唐志英. 现代物流学 [M]. 北京：北京大学出版社，2010.

[22] 景奉贤. 市场调研和预测方法 [M]. 广州：暨南大学出版社，1999.

[23] 魏炳麒. 市场调查与预测 [M]. 大连：东北财经大学出版社，2010.

[24] 吴承建，傅培华，王珊珊. 物流学概论 [M]. 杭州：浙江大学出版社，2004.

[25] 刘凯. 现代物流技术与管理 [M]. 北京：北京交通大学出版社，2005.

[26] 王晓东，胡瑞娟. 现代物流管理 [M]. 北京：对外经济贸易大学出版社，2001.

[27] 王燕，蒋笑梅. 配送中心全程规划 [M]. 北京：机械工业出版社，2005.

[28] 张锦. 物流规划原理与方法 [M]. 成都：西南交通大学出版社，2009.

[29] 杨锴. 城市物流中心规划的决策模型及实证研究 [D]. 长沙：中南大学，2008.

[30] 陈菊. 城市物流通道系统布局优化理论与方法研究 [D]. 成都：西南交通大学，2007.

[31] 王淑琴. 枢纽城市物流系统规划关键技术研究 [D]. 南京：东南大学，2005.

[32] 王东. 城市现代物流信息平台规划与和谐制造研究 [D]. 上海：上海交通大学，2003.

[33] Giampaolo Dezi，Giulio Dondi，Cesare Sangiorgi. Urban freight transport in Bologna：Planning commercial vehicle loading/unloading zones. Procedia Social and Behavioral Sciences 2，2010：5990 - 6001.

[34] OLIVEIRA L K，NUNES N T R，Antonio Galv o Naclério Novaes. Assessing model for adoption of new logistical services：An application for small orders of goods distribution in Brazil [A]. Procedia Social and Behavioral Sciences 2，2010：6286 - 6296.

[35] KUSE H，ENDO A，IWAO E. Logistics facility，road network and district planning：Establishing comprehensive planning for city logistics. Procedia Social and Behavioral Sciences 2，2010：6251 - 6263.

[36] LINDHOLM M. A sustainable perspective on urban freight transport：Factors affecting local authorities in the planning procedures. Procedia Social and Behavioral Sciences 2，2010：6205 - 6216.

[37] RUSSO F，COMI A. A classification of city logistics measures and connected impacts. Procedia Social and Behavioral Sciences 2，2010：6355 - 6365.

[38] TAMAGAWA D，TANIGUCHI E，YAMADA T. Evaluating city logistics measures using a multi-agent model. Procedia Social and Behavioral Sciences 2，2010：6002 - 6012.

[39] VISSER J，HASSALL K. What should be the balance between free markets and a not so 'Invisible Hand' in urban freight regulation and land use：Dutch and Australian experiences. Procedia Social and Behavioral Sciences 2，2010：6065 - 6075.

[40] 吴卫华. 基于电子商务的企业物流系统分析与研究 [D]. 成都：西南财经大学，2006.